KB044576

사찰에는
도깨비도 살고
삼신할미도
산다

일러두기

- OPEN 공공누리 공공저작물 자유이용허락 이 책에 사용된 문화재청, 국립중앙박물관, 국립공주박물관 등 공공 기관의 사진은 공공누리 제 1유형(출처표시, 상업적-비상업적 이용 가능, 변형 등 2차적 저작물 작성 가능)으로 개방한 것을 이용한 것입니다. 해당 사진과 사용 기관 등 표시는 책 말미에 해 두었습니다.
- 출처를 표기하지 않은 것은 모두 불광미디어 사진 아카이브 자료입니다.
- 상기 두 가지 경우 외에 사용된 사진은 역시 책 말미에 각각 개별 출처표기를 하였습니다.
- 게재된 사진에 문제가 있거나 오류가 있을 경우 출판사로 연락주시기 바랍니다.
  바로잡거나 소정의 고료를 지급하겠습니다.

사찰에는
도깨비도 살고
삼신할미도
산다

노승대 지음

불광출판사

목차

책머리에

인생에서 좋은 스승을 만난다는 것은 커다란 축복입니다. 저에게도 인생의 길잡이가 되신 두 분의 큰 스승님이 계셨습니다. 한 분은 문서포교와 도심포교의 선구자이신 고 광덕 큰스님이시고, 또 한 분은 에밀레박물관을 세우시고 일평생 우리의 모태문화 연구와 보급에 정열을 바치셨던 고 조자용 관장님입니다.

광덕 큰 스님은 많은 사람들에게 이 세상에서 빛으로 살아가는 법을 일깨워 주셨고 저 역시 크나큰 사랑과 은혜를 입었습니다. 조자용 관장님께는 그야말로 첫눈에 반했습니다. 평양사범학교를 졸업하고 미국 하버드대학원에서 구조공학을 전공한 건축가이셨지만 근엄함만을 내세우지 않으셨습니다. 두주불사이기도 하셨지만 박학다식에 달변, 그리고 유머까지 갖추신 분이었습니다. 도깨비기와를 열성적으로 수집하고 연구해 왕도깨비라는 별명을 갖고 계셨는데, 문하의 제자들을 농담 반 진담 반 새끼도깨비라고 불렀고 저도 기꺼이 새끼도깨비가 되었습니다.

관장님께서 항상 하시는 말씀 중 하나가 바로 '책상머리에서 글 쓰지 말라'는 것이었습니다. 항상 '보고, 딛고, 글로 정리해야 한다'고 말씀하셨습니다. 관장님이 살아 계실 때도, 그리고 관장님이 떠나신 지금도 그때 그 말씀은 제 글쓰기 원칙이기도 합니다. 1993년부터는 뜻이 맞는 동호인들과 함께 '보고, 딛는' 모임 '바라밀문화기행'을 시작했고 지금까지 이어오고 있습니다.

2,500년 전 인도에서 일어난 불교는 다른 나라로 전파되며 그 나라의

전통문화와 어울리면서 그 나라만의 독특한 불교문화를 형성하였습니다. 그래서 남방불교, 티베트불교, 중국불교, 일본불교가 각각 다른 불교문화를 형성하였습니다. 한국불교 역시 마찬가지입니다. 저는 1600년이라는 긴 시간을 거치며 한국불교에 나타난 문화 현상 – 용과 도깨비, 삼신할미, 악착보살이나 야차, 민화, 온갖 동물들과 식물 등 – 에 대해서 그 연원이 어떻게 흘러온 것인지 밝혀보고 싶었습니다. 저와 함께 오랜 기간 문화기행을 함께 해온 가족 같은 동호인들과 함께 가졌던 의문이기도 했습니다. 그들은 때론 질문자가 되어 주었고 때론 답변자가 되어 주었습니다. 1993년부터 27년간 문화기행을 진행해 오는 동안 들고 나는 사람도 있었지만 거개는 10여 년 이상을 함께 인연을 이어온 귀중한 분들입니다. 그분들 덕에 이 책이 세상에 나오게 되었다고 말씀드리는 것이 정확한 표현일 것입니다.

인생을 살아가는 법을 가르쳐주신 광덕 큰스님, 문화적 안목을 틔워주신 조자용 관장님, 그동안 저와 함께 문화기행에 동참하셨던 가족 같은 동호인 여러분께도 다시 한 번 고맙다는 말씀을 전합니다.

마지막으로 어려운 시기에 흔쾌히 출판을 맡아주신 불광출판사에도 깊은 감사를 드립니다.

2019년 9월 노승대

I

사령과 사신

거북·호랑이·용

거북

사신(四神)과 사령(四靈)

사방을 수호하는 사신이나 네 가지 신령스런 동물인 사령은 동양의 고대 문명에서 연원하였다. 사신은 청룡·백호·주작·현무이고, 사령은 용(龍)·봉(鳳)·구(龜)·린(麟)이다. 고구려에 전래된 사신은 고분벽화 등에 등장하고, 나라가 태평할 때 나타난다는 상서로운 동물인 사령은 오랫동안 길상화로 그려져 왔다.

그런데 사신·사령 두 군데 겹쳐서 나타난 동물이 있다. 바로 용과 거북이다. 사신 중 현무(玄武)는 북방의 수호신이다. 그림에는 흔히 거북의 몸을 커다란 뱀이 둥글게 감고 거북과 뱀이 서로 머리를 마주 보고 있는 모습으로 나타난다. 고대 중국 사람들은 수컷 거북은 없다고 생각했다. 그래서 머리 모양이 거북과 유사한 뱀을 그렸다. 그 둘이 서로 마주 보면서 기(氣)가 통하면 (현무가) 잉태한다고 믿었다. 사령의 거북도 우리가 흔히 보는 거북의 모습은 아니다. 거북의 몸에 용의 얼굴을 하고 있고 입에서 상서로운 기운을 토해낸다.

상고 시대에는 거북의 등딱지를 불에 태워서 갈라지는 틈을 보고 길흉을 판단했는데, 이를 귀복(龜卜)·귀점(龜占)이라고 불렀다. 또 4,000년 전에 중국 낙수(洛水)에서 신령스러운 거북이 등에 그림을 지고 나타났다. 문왕(文王)이 살펴보니 우주 만물의 생성과 조화, 천지 운행의 이치가 구체적으로 나타나 있어 이를 낙서(洛書)라고 부르게 되었다. 이렇게 거북은 고대 중국에서부터 신령스런 동물로 인식되었기에 자연스레 한반도에 넘어와서도 역시 귀한 동물로 대접받았다.

십장생에 거북이 들어 있는 것에서도 알 수 있듯이 거북은 장수를 상징하는 동물이자, 알을 수백 개씩 낳기 때문에 다산을 상징하기도 한다. 또한

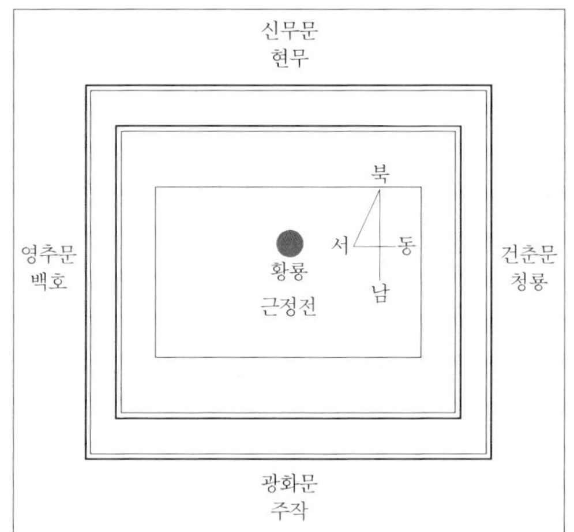

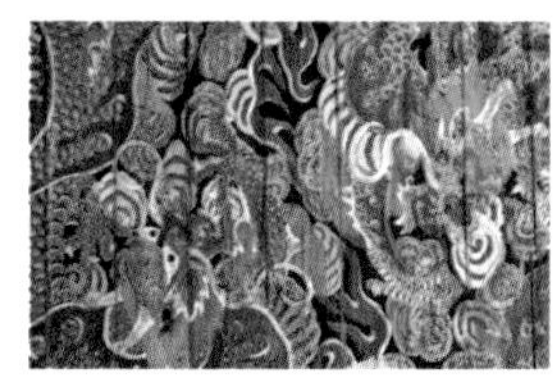

경복궁 사신 배치도

등껍질과 배 껍질이 단단해 다른 동물이 쉽게 잡아먹을 수 없어 견고함을 상징하기도 한다. 이렇게 장수와 견고라는 상징성이 있기 때문에 임금의 상징물인 옥새에도 나타난다. 또 임진왜란 당시 이순신 장군이 이끈 수군의 전함도 거북선이었다. 그러나 고대 중국에서 거북은 장수·힘·불굴을 상징했지만 하대로 내려가면서 차차 그 의미가 변해갔고, 현대에 와서는 좋지 않은 의미를 지니게 되었다. '왕바단(王八蛋, 거북이가 뱀과 교미해 낳은 알이라는 유래가 있음)'이라 하면 '부인이 외도해서 낳은 사생아'라는 뜻이고, '거북 같은 놈'이라 하면 '바람난 아내를 둔 바보 같은 남자'라는 의미의 지독한 욕이다.

한국에서는 어르신께 장수하시라는 뜻으로 순금 거북을 만들어 선물하지만 중국에서는 이렇게 하면 큰 모욕이 된다. 심지어 이름에도 '거북 구(龜)' 자를 잘 쓰지 않는다. 기피 단어가 된 것이다. 이것이 지금의 중국 풍속이다. 한·중 수교 이후 한국인이 중국에 진출하여 사업을 진행하면서 사업 파트너에게 거북 목걸이를 선물했다가 곤욕을 치렀던 일들은 바로 이러한 문화적 차이 때문이었다.

거북바위의 등장

그러나 한민족의 거북 사랑은 고대부터 지금까지 한 번도 변한 적이 없다. 어쩌다 바다에서 거북이가 뭍에 올라오면 마치 용왕의 사자가 나타난 듯 온갖 대접을 다해서 바다로 돌려보냈다. 장수·다산·견고라는 상징을 갖는 거북이를 응용해 온갖 물건들-비석의 좌대, 옥새, 술병, 십장생, 대문 빗장, 연적, 열쇠고리, 목걸이-을 만들어 장식하고 사용하고 선물했다. 정초 민속놀이인 거북놀이, 판소리 〈수궁가〉의 주인공 별주부까지 다양한 장르에 거북이가 등

북한산 비봉 거북바위. 우둘투둘한 돌에 목만 살짝 다듬어 거북바위를 조성했다. 등에는 알터가 보인다.

장한다.

우리 민족이 이렇게 끈질기게 거북 사랑을 지켜온 데에는 전통적 상징 외에 특별한 사연이 있다. 그것도 아주 오랜 세월 동안 거북에게 우리 민족이 부여한 상징적 의미였기에 지금도 현장에서 발견할 수 있는 귀중한 문화유산이다. 유교나 불교가 한반도에 들어오기 이전 한민족이 뿌리를 두고 있던 모태신앙은 바로 산악신앙이다. 백두산이 우리 민족의 성산이듯이 우리의 전통신앙은 산신신앙이다. 지금도 답답하고 일이 안 풀리면 산으로 들어간다. 기독교에서 운영하는 기도원도 대부분 산속에 있다. 지금은 다 없어진 풍속이지만 아이가 태어나면 대문에 솔잎이나 고추, 숯을 매단 새끼줄을 걸었다. 이를 지역에 따라 감줄·금줄·검줄이라고 부르는데, 한문으로는 '신승(神繩)'이라고 번역한다. 곧 감·금·검의 뜻이 '신령한 신(神)'이라는 의미를 갖고 있는 우리의 옛말인 것이다. 만신들의 대사에 흔히 나오는 인왕산대감, 삼각산대감은 나라에서 벼슬하는 대감이 아니라 바로 큰 신령님, 대신(大神)이라는 말이다. 김금화 선생님의 무가집에 나오는 '검으나 땅에 희나 백성'이란 말도 바로 '신령스런 땅에 밝고 맑은 백성'이라는 뜻이 된다.

그러나 이러한 '신령하다'는 뜻을 가시적 사물로 표현하기는 어렵다. 정신세계의 작용을 글로 쓰기도 어려운데 사물로 표현한다는 것은 더욱 어렵기 때문이다. 여기에 바로 한민족의 거북 사랑 비밀이 숨어 있다.

감·금·검의 고어는 '곰'이고, 이와 유사한 발음이 '거붐'이다. 거붐은 바로 거북의 옛말이다. 곧 거붐 → 거붑 → 거북으로 변해온 것이다. 거북은 고대로부터 상서로운 동물이었으므로 우리의 선조들은 신성 지역을 나타내는 상징으로 거북을 이용하는 묘수를 찾아냈다. 그래서 신성 지역인 산봉우리·기도터에 거북바위를 모시게 되었다. 거북을 닮은 바위가 없을 경우 적당한 돌을 찾아내 목을 다듬든지, 손을 다듬든지 해서 누가 봐도 거북이로 보이게

끔 정성들여 손질하였다. 이렇게 거북이로 다듬는 행위에 대하여 어떤 기록도 없기 때문에 필자의 스승이신 고 조자용 에밀레박물관 관장님은 '점신(點神)'이라고 명명하셨다. 물론 불교 의식에서 불상의 눈을 그려 넣는 것을 점안(點眼)이라 하고, 용 그림에 마지막 눈동자를 그리는 것을 화룡점정(畵龍點睛)이라고 하는 데서 따오신 것이다. 곧, 거북바위를 조성함으로써 그곳이 바로 신성 지역인 기도터임을 누구라도 알 수 있게 한 것이다.

이런 연유로 거북이의 생태와는 전혀 상관이 없는 산상에 거북바위가 등장하게 되니 속리산 수정봉 거북머리가 그렇고, 영동 천태산 망탑봉 주위의 거북바위들이 바로 그 증거물들이다. 가장 압권인 거북바위는 바로 북한산 비봉 거북바위이다. 예부터 비봉은 수많은 사람들이 올라와 치성을 드리는 신성 지역이었다. 우둘투둘한 돌에 목만 살짝 다듬어 기가 막힌 거북바위를 조성했다. 신라 진흥왕도 이 뜻을 알고 순수비를 이 봉우리에 상징적으로 세움으로써 백제로부터 빼앗은 한강 유역이 실질적으로 신라 땅으로 굳어졌음을 선포한 것으로 추정된다.

국사봉은 구수봉(龜首峰)이다

현재 남한에는 200여 개가 넘는 국사봉이 있다. 국시봉, 국수봉이라 부르기도 하고 국사당산이라는 이름도 남아 있다. 한문으로는 국사(國祠, 國師), 국수(國首, 國守) 등으로 쓴다. 국사봉은 마을 인근의 산으로 마을을 수호하는 신을 모시는 국사당(國祠堂)이라는 당이 있던 곳이다. 그러나 국사 칭호를 받은 스님을 모신 곳도 아니고 나라 지키는 신령님만 모신 곳도 아니다. 본래의 어원은 구수봉(龜首峰)이다. 거북 구(龜) 자는 향찰의 음차로 '검'으로 읽었고

•
김해 구지봉

수(首) 자는 역시 향찰의 음차로 '마루'로 읽었다. '검마루'는 곧 거북의 머리가 아니라 '신성한 산의 마루'라는 뜻이다. 대표적인 유적으로 남아 있는 곳이 바로 김해의 구지봉이다. 이 구지봉은 김해의 진산인 분성산(327미터)이 서쪽으로 거북이가 고개를 내밀듯 돌출해 솟아 오른 나지막한 봉우리이다. 일연 스님의 『삼국유사』에 실려 있듯이 〈구지가(龜旨歌)〉가 불렸던 봉우리로 구지봉이라고 하지만, 이 고장에서는 구수봉(龜首峰)이라고도 일컬었다.

서기 42년 아홉 명의 부족장이 이 구지봉에 올라 '거북아, 거북아, 머리를 내놓아라. 내놓지 않으면 구워서 먹으리'라는 〈구지가〉를 부르고 춤을 추었더니 하늘에서 자줏빛 새끼줄이 내려와 땅에 닿았고, 줄 끝에 묶여 있는 붉은 보자기에 싸인 금 상자를 열었더니 둥근 황금알 여섯 개가 들어 있었다.

훗날 이 여섯 개 알에서 여섯 명이 태어나 6가야의 시조가 되었다는 것이 바로 구지봉 설화의 내용이다. 그러나 이 〈구지가〉의 거북이를 옛말 '곰'으로 해석하고 머리를 '마루' 곧 왕으로 해석한다면 이렇게 번역할 수도 있다.

'신령이시여, 신령이시여, 왕을 내어 주십시오. 왕을 내어 주지 않으면 구워 먹으리.' 여기에서 '구워 먹으리'를 '다 태워서 판을 다 걷겠다'는 뜻으로 이해한다면 좀 더 확실한 이해가 되겠지만 그러한 연구는 전문가들의 몫이다.

어찌 되었든 거북이가 갖는 상징은 장수·다산·견고 외에 신령함도 중요한 부분의 하나라는 것이다. 그래서 전국에는 국사봉 외에도 수많은 거북산이나 구산(龜山)이 있고, 거북을 닮은 '자라 오(鰲)' 자가 들어간 오산도 있다. '거북 구(龜)'자가 들어간 지명이나 인명도 많다. 영구암(靈龜庵), 구암사(龜岩寺) 등 사찰 이름도 여럿이 있다. 결국 거북을 상서롭고 신령스러운 동물로 인식하게 된 것은 옛말 '곰'과 연결이 되고 여러 상징들과 함께 더욱 더 복합적으로 인식하게 된 데에 따른 것이리라.

거북은 수신(水神)이다

거북은 또 수신(水神)의 상징이기도 하다. 용도 수신이지만 상상의 동물이라서 보기 어려운 반면 거북은 실제로 바다에 사는 생물이고 장수하는 동물이기에 수신으로 모시기에 적당한 조건을 갖추고 있다. 게다가 인간에게 피해를 주는 일도 없나. 사실 거북은 종류도 다양해서 물에서 사는 것도 있고 육지에서 사는 것도 있다. 하지만 대다수 거북 종류는 물에서 살기 때문에 수신으로 모셔져 왔다. 또 중국 전설 속에 영주산·방장산·봉래산이라는 삼신산이 있는데, 이 세 신산(神山)을 각각 등에 지고 있는 것도 거대한 거북이라는 기록이 『열자』에 나타나 있다.

용의 아홉 아들 중 첫째 비희가 거북의 몸에 용의 얼굴을 하고 무거운 것 지는 것을 좋아한다고 했는데, 수신(水神)이면서도 무거운 것을 잘 지고 있는 거북이의 모습은 절집 안에도 곳곳에 숨어 있다.우리의 전통 사찰 건물

하동 쌍계사 진감선사 탑비

영암 도갑사 도선국사·수미선사비

불영사 대웅보전 앞 거북. 사찰 자료에 따르면 불영사가 있는 자리가 화산(火山)이라 불의 기운을 누리기 위해 물의 신인 용왕을 모신 것이라 한다. 좌우에 한 기씩 있다.

은 대부분 목조여서 화재에 취약하다. 게다가 임진왜란 중에 승군의 활약에 곤욕을 치룬 일본군은 대부분 사찰들을 소각하였다. 그래서 왜란이 끝난 후 사찰을 재건하며 다시는 화재를 겪고 싶지 않은 염원의 뜻으로 절집 건물에 자주 등장하게 된 동물 중의 하나가 바로 거북이다. 주춧돌에도 새겨지고, 축대에도 새겨지고, 법당 안에는 나무로 조각되어 천장에 부착된다. 심지어 스님의 승탑(부도)에도 새겨진 경우가 있다. 특히 법당의 축대 양쪽 아래에 마치 법당을 지고 있는 듯이 두 마리 거북을 배치한 사찰도 있다.

삼신산을 지고 있듯이 거북은 무거운 것을 잘 지고 있고 또한 수신이기도 하니 법당 건물이 오래도록 화재 없이 장수하기를 바라는 마음에서 이렇게 배치한 것이다. 또 법당 수미단 양쪽 아래에 배치돼 수미단을 지고 있는 두 마리의 거북도 발견된다. 축대 아래에 있던 두 마리 거북이가 법당 안으로 들어와 불단을 지키는 역할을 맡게 된 것이다.

청도 운문사 관음전 수미단.
하단 중앙에는 용이, 좌우에는 거북이가 보인다.

황룡사 당간지주. 당간지주 사이에
거북이 자리 잡고 있다.

미황사 대웅전 주춧돌에 새겨진 거북

드물게 일주문에 나타난 거북이도 있는데, 이는 사찰이 오래도록 법등(法燈)을 이어 가기를 바라는 뜻에서 배치하였을 것이니 여염집 대문에 거북 모양 문빗장을 달아놓은 것과 같은 의미다.

남원 선원사 칠성각 처마의 자라와 토끼

수궁가와 자타카

판소리 〈수궁가〉는 우리에게 친숙하다. 이 〈수궁가〉를 소설화한 작품이 바로 『별주부전』으로, 『토끼전』, 『토생원전』이라고도 부른다. 그러나 이 이야기의 원본은 불교의 『자타카(Jataka)』, 곧 부처님 전생의 수행 이야기를 담은 『본생담』에 들어 있는 내용이다.(물론 『자타카』 속 이야기 역시 꽤 많은 부분이 고대 인도 설화에서 영향을 받은 것이다.)

화엄사 구층암 천불보전 처마의 토끼와 자라 조각

> 어느 해변에 열매가 많이 열리는 잠보나무가 있었는데 여기 한 마리 원숭이가 살고 있었다. 나무 아래에는 자주 찾아오는 악어가 있어 원숭이가 던져 주는 열매를 얻어먹고 서로 친하게 되었다. 악어의 아내는 남편이 갖다 주는 열매를 먹어 보곤 '이 향기로운 열매를 먹고 사는 원숭이의 간은 얼마나 맛있을까?' 하고 생각하였

상주 남장사 극락보전 내부 벽화. 『별주부전』의 내용을 그렸다.

다. 결국 악어 아내는 원숭이 간을 먹고 싶다고 계속 채근하였고, 아내의 등살에 악어는 할 수 없이 한 가지 꾀를 내었다.

악어는 원숭이에게 가서 '내가 그동안 신세를 많이 졌으니 한번 대접을 하겠다'고 말하곤 원숭이를 등에 태워 원숭이가 돌아올 수 없는 먼 바다로 나갔다. 악어는 원숭이가 바다에서 도망칠 수 없음을 알고 안심하여 '네 간이 필요하다'고 솔직하게 말한다. 그러자 약삭빠른 원숭이는 '그런 사연이라면 왜 진작 말하지 않았느냐'고 악어를 탓하면서 '내 간은 귀중한 것이라서 잠보나무 구멍에 감추어 놓고 다닌다'고 말한다. 그럴 듯한 말에 속은 악어가 잠보나무 근처로

데려다 주자 원숭이는 재빨리 나무 위로 올라가서 '이 세상 어느 누가 간을 빼놓고 다니는가'라고 하며 악어를 조롱한다.

이 『본생담』이 중국으로 건너온다. 그런데 중국에는 악어가 흔하지 않으므로 악어 대신 용으로 대체하여 용과 원숭이 전생담으로 바뀌게 된다.

다시 우리나라로 건너와서는 악어의 아내가 용왕이 되어 토끼의 간을 원하고 용은 자라로, 원숭이는 토끼로 변신하게 된다. 곧 악어나 원숭이는 우리나라에서 볼 수 있는 동물이 아니므로 쉽게 볼 수 있는 동물로 대체하여 대중에게 친근하게 접근할 수 있도록 꾸민 것이다. 그럼 왜 자라가 토끼를 등에 태우고 용궁으로 가는 장면이 그림이나 조각으로 만들어져 절집 안에 나타

통도사 명부전 벽화. 토끼와 자라

나게 된 걸까? 용왕의 신묘한 능력으로 만들어진 용궁은 불교에서 바닷속에 있는 또 하나의 불국정토로 인식되었기 때문이다. 그 내용을 기록한 경전도 있다. 『해룡왕경(海龍王經)』에 '해룡왕이 부처님 설법을 듣고 신심에 차서 부처님께 용궁에 오시기를 청하니 부처님이 응낙하였다. 해룡왕은 신통조화로 바닷속에 들어가 큰 대궐을 짓고 무량보주로 장식하였으며, 부처님은 모든 비구·보살과 함께 용궁에 들어가 용왕을 위하여 설법하였다'고 하였다. 곧 자라가 토끼를 등에 태우고 용궁으로 가는 모습은 보살이 중생을 불국정토로 인도하는 장면으로 간주되었기 때문이다. 이런 연유로 토끼를 태운 거북이나 자라 그림이 벽화로 그려지고, 수미단의 조각으로도 나타나고, 나무 조각으로 만들어져 법당의 외부에 배치되기에 이른 것이다. 또 용궁은 수중세계이니 법당을 화재로부터 보호하려는 소망도 함께 담아 낸 것이라 하겠다.

거북은 이처럼 고대에서부터 지금에 이르기까지 한민족에게 상서로운 동물로 믿어져 왔으며 불교 집안에 들어와서도 다양한 장소에 장식되어 장수로 상징되는 긴 생명력을 누리고 있다. _◑

호랑이

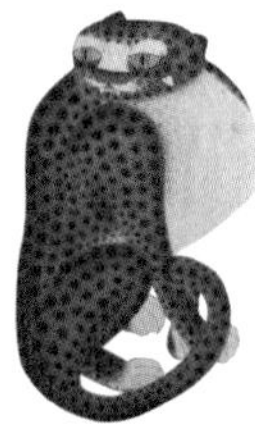

단군과 호랑이

우리 민족이 백두산 신단수 아래에 처음 자리를 잡은 이래로 호랑이는 늘 우리의 역사와 함께 했다. 단군 신화 속 곰과 함께 인간이 되고자 했던 호랑이 이야기에서부터 수많은 호랑이 전설, 민담, 동화 등이 기록이나 구전으로 전해져 내려와 우리 민족과 끊을 수 없는 오랜 인연을 이어 왔다.

'호랑이에게 물려가도 정신만 차리면 산다'

'하룻강아지 범 무서운 줄 모른다'

'호랑이 담배 피던 시절'

'호랑이는 죽어서 가죽을 남기고 사람은 죽어서 이름을 남긴다'

일상에서 흔히 쓰는 이러한 속담이 말해 주듯 우리 민족과 호랑이는 하나의 문화를 형성했고 그 문화가 밑바탕이 되어 1988년 서울올림픽 마스코트로 선정되면서 '호돌이'라는 애칭으로 불렸다. 그럼 호랑이는 어떻게 우리의 전통문화 속으로 들어오게 되었을까?

우리 국토의 70퍼센트 이상이 산악 지역이다. 또 북쪽의 높은 산들은 만주·시베리아와 연결되어 있어 백두산 지역이나 시베리아에 서식하던 호랑이가 쉽게 한반도 남쪽까지 내려올 수 있었다. 그래서 우리 호랑이는 시베리아 호랑이라고도 부르지만 보통 백두산 호랑이, 한국 호랑이, 조선 범이라고도 부른다.

불규칙한 검은색 줄무늬가 많고 수컷의 이마에는 '왕(王)' 자가 새겨져 있는 특징이 있으며 먹이를 찾아 하룻밤에 80~100킬로미터를 돌아다닌다. 급한 산비탈도 잘 오르고 바위도 잘 타는 데다 사납고 용맹스럽고 민첩하기 때문에 동북아시아에서는 야생동물의 왕이었고 먹이사슬의 정점에 있었다.

호랑이의 순 우리말은 '범'이며 '호랑(虎狼)이'는 한자와 우리말을 섞어서 부르는 이름이다.

우리 민족이 한반도 일대에 정착하면서 가장 두려워했던 동물은 당연히 호랑이였다. 호랑이는 깊은 산중보다 물이 있는 습지나 초지, 물가에서 주로 활동하는데 이곳이 바로 먹잇감이 되는 초식동물의 서식지이기 때문이다. 농경 생활은 바로 이러한 곳을 개간하고 터를 닦아 나가는 것이어서 필연적으로 다른 동물들과의 마찰이 일어날 수밖에 없었고, 또한 호랑이와도 부딪힐 수밖에 없었다.

그러나 호랑이는 사람을 쉽게 해치지는 않는다. 건강한 호랑이는 사람을 피하는 것으로 기록되어 있다. 다만 호랑이가 늙거나 병이 들었을 때, 다른 동물과 다투어 몸에 상처가 생겼을 때는 다른 동물을 사냥할 수 없기 때문에 가장 약한 동물인 사람을 공격한다. 그런 공격이 일회성으로 끝나지 않기 때문에 호랑이는 조상들에게 가장 두려운 존재가 되었다.

조상들은 이런 호랑이를 차츰 두려움의 대상에서 외경의 대상으로 삼아 빌기 시작했고, 더 나아가 산의 신령님으로까지 대접하게 되었다. 받들어 섬기면서 산군(山君), 산신(山神)으로 모시게도 되고 건물이 없는 산신단에서 출발해 당(堂)을 지어 모시고 각(閣)을 지어 절집에까지 들어왔다. 급기야 점점 친근한 모습으로 다가와 산신 할아버지, 산신 할머니라 부르게 됐고 중생을 보살펴 주기를 바라는 마음으로 불교에서는 호법신중으로 받아들였다.

결국 호랑이는 산신이나 산신의 사자(使者)로 격상되어 절집의 산신탱화나 무속의 산신도에 그려져 지금도 그 자리를 지키고 있다. 산촌의 마을 제당에 모신 신위가 대개 '산신지위(山神之位)'이며, 절에 가도 산신각이 있거나 삼성각 안에 칠성님, 독성님과 함께 모셔진 것을 어디에서나 볼 수 있는 것이 이런 이유 때문이다.

• 감사 삼성각 외부

• 감사 삼성각 내부 산신

• 감사 삼성각 내부 칠성

• 감사 삼성각 내부 독성

음양오행설 쉽게 알기

풍수에서 흔히 말하는 것이 좌청룡 우백호이다. 원래는 사신(四神)에서 출발한 관념으로 사신은 동쪽의 청룡(靑龍), 서쪽의 백호(白虎), 남쪽의 주작(朱雀), 북쪽의 현무(玄武)를 일컫던 것이다. 사신에 대한 관념은 중국 전국 시대부터 진한 시대에 걸쳐 정착된 것으로 믿어진다. 서쪽의 백호도 쉽게 볼 수 있는 동물이 아니지만 나머지 셋은 다 상상의 동물이다. 동서남북 네 방위의 신인 사신은 수호신이기도 하지만 훗날 오행설과 결합해 풍수지리에 적용되기도 했다.

풍수(風水)는 장풍득수(藏風得水)에서 나온 말로, 찬바람을 막고 쉽게 물을 구할 수 있는 자리를 얻고자 하는 바람에서 산천과 계절을 연구하고 고찰해서 태어난 이론이다.

음양오행설은 음양설과 오행(五行)설이 합쳐진 것으로, 음양설은 서로 상반되는 두 개의 기(氣)에 의해 천지자연의 운행이 이루어진다는 이론이고, 오행설은 우주에 두루 충만해 있는 다섯 가지의 에너지 원소가 서로 상생상극하면서 만물의 변화가 이루어진다는 이론이다.

뒷날에 이르러서는 태극이 음양을 낳고 음양이 오행을 낳으니 음양과 오행의 결합에 의하여 만물이 형성된다는 이론으로 발전하게 된다.

그러나 이 이론은 중국인들이 중국의 풍토에 맞추어서 만든 이론이기 때문에 지구의 남반구에 있는 나라에는 적용되지 않는다. 북반구하고는 방위가 다 달라지기 때문이다. 우리나라는 중국과 가까운 나라로, 이 오행설이 다 그대로 적용된다고 보면 된다.

그럼 이 오행설을 쉽게 이해해 보자.

동쪽에서 해가 뜨면 나뭇잎이 푸르러진다.

(방위는 동쪽이고 오행은 목(木)이며 색은 청색이다.)

해가 한낮에 남쪽으로 가면 불에 타듯 몹시 뜨겁다.

(방위는 남쪽이고 오행은 화(火)이며 색은 적색이다.)

해가 서쪽으로 가면 쇠처럼 차가와진다.

(방위는 서쪽이고 오행은 금(金)이며 색은 백색이다.)

해가 들지 않는 북쪽은 항상 깊은 물처럼 어둡다.

(방위는 북쪽이고 오행은 수(水)이며 색은 흑색이다.)

이렇게 해가 뜨고 지는 하루의 순환은 모두 누런 땅 위에서 일어난다.

(방위는 중앙이고 오행은 토(土)이며 색은 황색이다.)

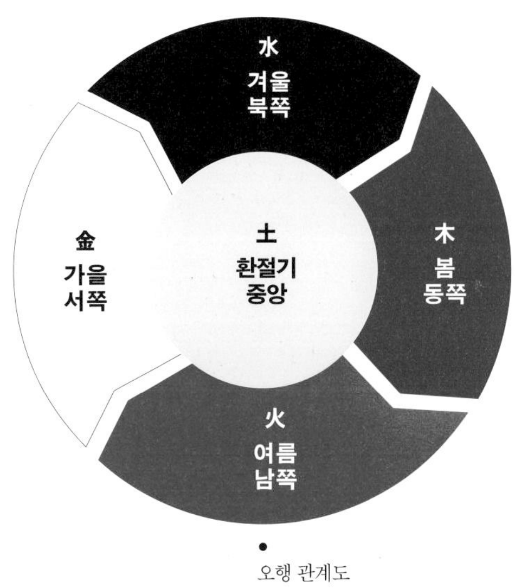

오행 관계도

이 오행에 맞춰 사신(四神)을 배치하니 바로 청룡·백호·주작·현무이고, 중앙은 바로 황룡이 차지하게 된다. 그리고 그 이름에 오행의 색이 다 나와 있다.

그럼 상생상극은 어떻게 이해할까? 먼저 상생을 보자.

차가운 쇠에 물방울이 맺히니 금생수(金生水)요
물이 있어야 나무가 자라니 수생목(水生木)이며
나무는 땔감으로 불을 일으키니 목생화(木生火)며
불 땐 후 남은 재는 흙이 되니 화생토(火生土)이며
흙 속에서 모든 쇠를 채취하니 토생금(土生金)이다.

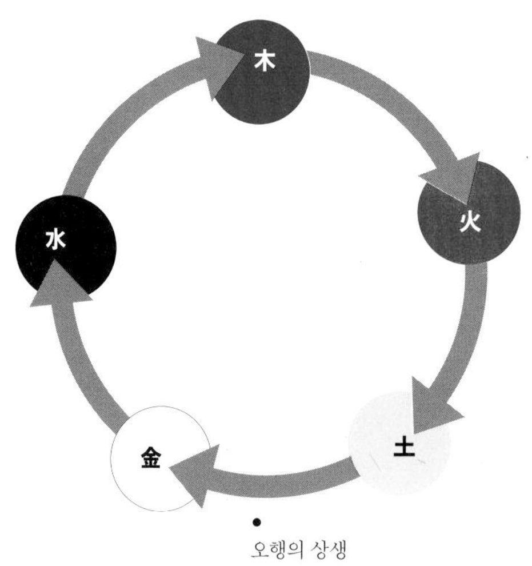

오행의 상생

또 상극은 이러하다.

쇠도끼로 나무를 쪼개니 금극목(金克木)이요
나무는 단단한 땅을 이기며 자라니 목극토(木克土)며
흙으로 둑을 쌓아 물을 가두니 토극수(土克水)이며
물로써 불을 끄니 수극화(水克火)이며
불은 모든 쇠를 녹이니 화극금(火克金)이다.

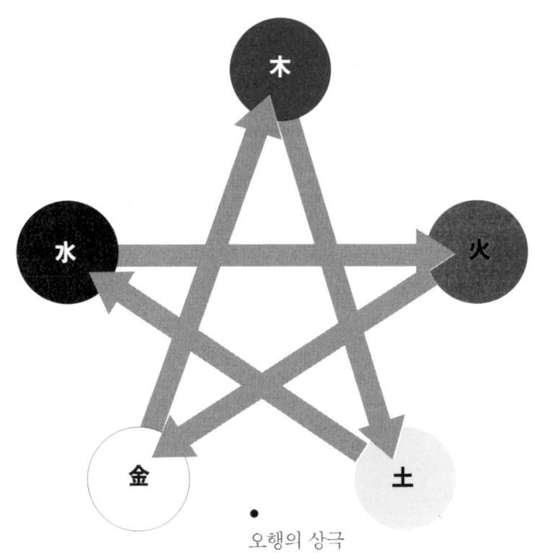

오행의 상극

이처럼 오행은 서로 상생상극하며 만물을 이루기도 하고, 소멸되기도 하면서 순환한다.

좌청룡 우백호

우리나라에 사신(四神)이 가장 먼저 나타난 것은 고구려의 고분벽화다. 무덤 내 피장자의 수호신으로 사방 벽에 그렸다. 이 전통은 백제 시대 고분까지 전해졌지만 시대가 내려가면서 고분의 벽화 속에서는 사라져 버렸다. 대신 민간의 풍수에서는 좌청룡 우백호로 살아남아 지금도 집자리나 무덤을 쓸 때 좌우의 산세를 두고 청룡맥이니, 백호맥이니 하며 따져 보고 있는 것이다.

흔히 집자리 명당을 말할 때 배산임수(背山臨水), 즉 집 뒤 북쪽엔 산이 가려 주고 남쪽으로는 시내가 흘러가야 좋은 터라 하는데, 뒷산은 바로 현무

강서중묘(6세기 후반 ~ 7세기 전반) 백호도

•
강서대묘(6세기 후반 ~ 7세기) 현무도

강서대묘(6세기 후반 ~ 7세기) 청룡도

강서대묘(6세기 후반 ~ 7세기) 주작도

가 되고 남쪽 시내는 주작이 된다. 이렇게 동서남북 사방이 조화로워야 명당이 되어 복이 모이고 자손이 번성한다고 판단하는 것이다. 어쨌든 이러한 풍속은 자연스럽게 절집에도 큰 영향을 미쳐서 법당 좌우 외벽에 청룡과 백호를 그리는 문화가 오랫동안 지속되었다. 법당을 지으면 부처님을 모신 왼쪽 외벽에는 청룡, 오른쪽 외벽에는 백호를 그렸다. 그만큼 수호신을 그리는 것이 중요하였지만 지금은 이런 벽화를 찾아보기 힘들다. 벽화를 그리지 못할 경우 법당 건물의 전면 추녀 양쪽 아래에 청룡과 백호를 깎아 배치하는 경우도 있었다. 물론 동쪽에 청룡 조각을, 서쪽에 백호 조각을 설치한다.

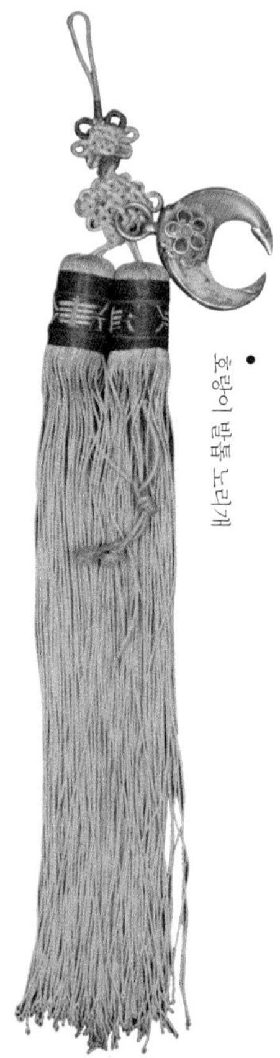
호랑이 발톱 노리개

또한 옛사람들은 호랑이가 사납고 용맹해 호랑이의 발톱이나 이빨, 가죽 등을 지니고 있으면 삼재(三災)를 물리치는 힘이 있다고 생각했다. 특히 발톱은 여성들의 노리개로도 귀하게 쓰였다.

호랑이가 삼재를 물리친다면 용은 오복을 가져온다고 해서 함께 한 쌍을 이루어 '호축삼재(虎逐三災) 용수오복(龍輸五福)'이라 하였고, 민간에서는 새해가 되면 대문 양쪽에 호랑이와 용 그림을 각각 그려 붙였다. 이런 그림을 문짝에 그려 붙인 그림이라고 해서 문배(門排) 그림이라 불렀다. 그러다가 일제강점기에 들어와서는 문배 그림을 붙이는 풍속은 차차 없어지고 간단히 용(龍)·호(虎) 두 글자를 한문으로 써서 붙이던 풍속이 겨우 남아 있게 되었다. 절집에서는 법당 좌우에 용과 호랑이를 배치하기도 하고 일주문 위에다 설치하기도 하는데, 물론 수호신의 성격과 함께 삼재를 물리치고 오복은 받아들인다는 의미를 부여하고 있는 것이라 하겠다.

•
개암사 대웅보전 전경

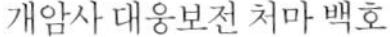

•
개암사 대웅보전 처마 백호

•
개암사 대웅보전 처마 청룡

절집 곳곳의 호랑이들

절집 안에서 가장 흔하게 호랑이를 볼 수 있는 곳은 산신각이다. 산신은 이 땅에 불교가 들어온 이후 호법신중의 한 명이 되긴 했지만 따로 모시지는 않았다. 그러다가 조선에 들어와서 국가 이념이 바뀌고 불교가 쇠락하자 백성들을 절집으로 이끌기 위해 칠성, 용왕과 함께 민간에 깊이 뿌리내린 산신을 따로 모시기 시작한 것이다. 지금은 삼성각이라는 이름으로 한 전각 안에 산신, 칠성, 용왕(혹은 독성)을 함께 모신 절이 많지만 이 또한 조선 중기 이후에 나타난 변화다.

원래 한국의 산신은 여성성이 강하다. 아픔을 보듬고 안아 주는 역할은 자비로운 어머니가 하는 것이라는 생각이 강하기 때문이다. 『동국여지승람』 등 문헌에는 여성을 가리키는 이름의 산신이 많이 등장한다. 지리산 지리성모(智異聖母), 월악산 월악신모(月岳神母), 속리산 여신 대자재천왕(大自在天王), 부산 금정산의 할미당인 고당(姑堂) 등의 이름이 그러하다. 산신 할아버지라 부르며 남성 산신이 대거 등장한 것은 조선 시대 유교의 가부장적 제도의 영향 때문이다.

절집에 남아 있는 산신탱화에는 산신과 함께 반드시 호랑이가 그려진다. 호랑이는 산에 사는 영물로 산신 대접을 받기도 하지만 산신의 사자로도 믿어지기 때문이다. 산신탱화에 그려진 호랑이는 발톱을 세우고 포효하는 사나운 모습은 없고, 대개 유순하고 점잖은 자세로 편하게 앉아 있는 모습이 대부분이다. 산신도 단군 스타일부터 유교 스타일, 불교 스타일 등 다양하게 나타나듯 호랑이도 아주 다양한 모습으로 나타난다. 작은 암자에도 산신각은 꼭 있는 것에서 알 수 있듯이 산신신앙은 이 땅에 불교가 들어오기 이전부터 자리잡고 있던 신앙이었다. 그리고 이를 흡수한 불교는 산신각을 만들고

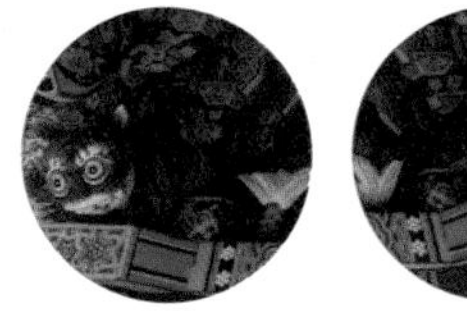

창원 불곡사 일주문. 좌우에 용과 호랑이가 보인다.

산청 대원사 산왕각 외부

산청 대원사 산왕각 내부. 여산신을 모시고 있다.

•
산신탱화(조선 시대)

남양주 흥국사 십육나한도 부분. 동자로부터 영약을 받아 먹어야 산신의 사자가 된다는 내용의 그림이다.

조선 시대 십육나한도. 역시 동자에게 묘약을 받아먹는 호랑이가 등장한다.

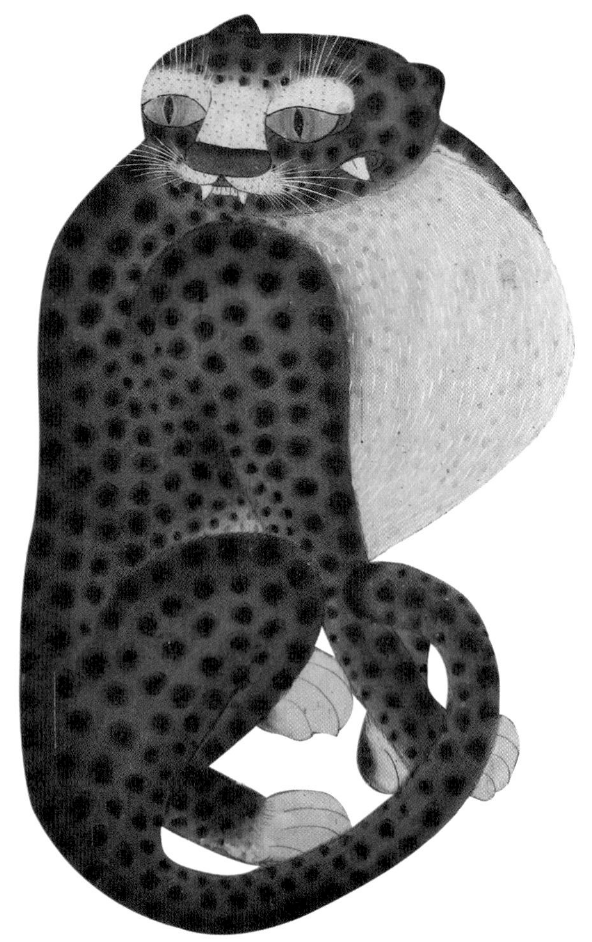

김룡사 산신각 산신도 부분

그 안에 다정하고 구수한 호랑이를 배치해 참배객을 맞아 준다.

나한전에 가도 호랑이를 길들인 고양이처럼 귀엽게 다루고 있는 나한님을 흔히 볼 수 있다. 사나운 짐승도 쉽게 항복시키는 신통력을 보여 주려는 듯 무릎 위에 얌전히 앉아 있는 귀여운 호랑이를 보면 절로 웃음이 나온다. 나한탱화에도 많이 등장하는데 대개 다소곳한 모습으로 앉아 있거나 엎드려 있는 등 용맹한 호랑이 모습은 찾아보기 어렵다.

죽은 영가들을 천도하기 위해서 사용하는 감로탱화에도 호랑이가 사람을 해치는 장면이 자주 등장하는데, 그만큼 호랑이에게 피해를 입은 영가도 많았다는 의미가 되겠다.

이외에도 명부전 시왕의 시동들이 호랑이를 가볍게 다루는 조각도 있고 암벽에 그린 산신도에 나타난 호랑이 등도 있다. 이래저래 절집에는 호랑이가 곳곳에 자리 잡고 앉아 삼재를 물리치는 임무를 담당하기도 하고 어려운 중생들의 아픔을 안아 주기도 하면서 여전히 살아가고 있다. _◑

•
의성 고운사 우화루 용마루 호랑이 망와

용 1

용들의 천국

용과 보름달

용은 상상의 동물이지만 동·서양의 고대 설화에 모두 등장할 정도로 유구한 역사를 갖고 있다. 그러나 동·서양의 용에 대한 인식과 취급은 확연히 다르다. 서양의 용, 드래곤(Dragon)은 성경에도 나타난 사탄의 생물로 악과 어둠을 상징하며 인간에게 고통과 공포를 가져다주는 존재로 인식되지만, 동양의 용은 위엄 있고 신성한 영물로 구름과 비를 부리는 신령스러운 동물로 인식된다. 아시아의 사원이나 왕궁에서 수많은 용을 볼 수 있는 것도 이 때문이다. 또한 임금을 상징하기도 하니 용안(龍顔:임금의 얼굴), 용상(龍床:임금이 앉는 의자), 곤룡포(袞龍袍:용을 수놓은 임금의 일상복)라는 용어를 보면 알 수 있다.

쉽게 말해 서양의 영웅이 '드래곤을 때려잡은 사람'이라면 동양의 영웅은 '용과 같이 뛰어난 사람'이라고 이해하면 된다. 이러한 상반된 인식은 서로 다른 문화의 토양 위에서 형성되어 온 것이라 어느 쪽이 옳다, 그르다고 평가할 수는 없다.

보름달을 비교해 보아도 그렇다. 한국·중국·일본에서 보름달은 매우 길한 징조로 여겨왔고 특히 가을걷이가 시작되는 음력 8월 15일, 둥근 보름달이 휘영청 뜨는 날은 한가위라 하여 민족의 큰 명절로 지내왔다. 음력 1월 15일 역시 정월 대보름이라 하여 오곡밥을 먹고 부럼을 깨는 풍속이 이어져 왔다. 심지어 예전에는 여자의 밝고 아름다운 얼굴을 비유하여 '보름달 같은 얼굴'이라고도 하였다.

그러나 서양에서 보름달은 동양과는 정반대다. 보름달이 뜬 날은 음산하고 광기에 뒤덮인 날로 악마가 활동한다고 믿었다. 늑대인간이 늑대로 변하는 날이 보름날이고, 악마 같은 인간이 태어나는 날 역시 보름날이다.

또 동양의 용과 서양의 드래곤은 생김새도 다르다. 용의 생김새는 얼굴은 낙타, 뿔은 사슴, 몸통은 뱀, 머리털은 사자, 비늘은 물고기, 발은 독수리, 귀는 소를 닮고 입가에는 긴 수염이 있으며 동판을 두들기는 듯한 울음소리를 내고 하늘을 자유로이 날아다닌다고 묘사된다. 이와 달리 드래곤은 날카로운 치아와 강한 다리, 박쥐와 같은 큰 날개를 갖고 있으며 입으로 불을 뿜어 낼 수 있고 항상 악마의 편에 서 있다. 동양의 비천(飛天)은 사리와 간단한 옷만 걸치면 자유롭게 하늘을 날아다니지만 서양의 천사는 날개가 달렸다. 마찬가지로 서양의 용은 날개를 이용해 날고, 동양의 용은 날개가 없이도 허공을 날고 걸림 없이 물속을 왕래한다.

이렇게 상서로운 용이 오랜 문화적 배경 속에서 왕궁이나 민가에 자주 등장하는 것은 이해가 되지만 절집이 용들의 천국이 된 데에는 어떤 사연이 있을까?

나가와 석가모니 부처님

불교의 계율을 집대성한 율장『마하박가』에 이런 기록이 있다.

> 석가모니 부처님이 깨달음을 얻은 후 이 나무, 저 나무로 옮겨 가며 일주일씩 자신의 깨달은 바를 되짚으며 법열에 잠겨 있을 때였다. 다섯 번째 일주일째 다른 나무 밑으로 옮겨 갔는데 첫날부터 비가 쏟아지고 추위와 폭풍이 몰아쳤다. 마침 이 나무 아래에 살던 나가 무찰린다(뱀의 왕이라는 뜻)는 밖으로 나와 석가모니 부처님의 몸을 일곱 번 감싸고 부처님의 머리 위로 자신의 거대한 머리를 우산처럼 펼쳐서 부처님의 몸이 비에 젖지도 않고 추위에도 얼지 않도록 보

호하였다. 그러면서 나가 무찰린다는 폭풍이나 비, 벌레가 부처님을 방해하지 않기를 간절히 기도했다. 7일이 지나 날씨가 온화해지자 나가 무찰린다는 부처님을 감았던 몸을 풀고 홀연히 뱀의 모습을 벗어 던진 후 젊은 바라문으로 변하여 부처님에게 합장하였다.

태국 사원의 부처님.
머리가 일곱 개인 무찰린다가 부처님을 보호하는 모습

동남아시아 사원에 가면 나가 무찰린다가 부처님을 보호하는 모습, 커다란 뱀이 부처님 몸 뒤에서 킹코브라 같은 큰 머리를 들어 올려 목 부위를 넓게 펴서 그늘을 만들어 주고 있는 조각상을 흔히 볼 수 있다. 이 나가 무찰린다는 시대가 흘러갈수록 더 신령스러워졌다. 머리가 일곱 개라고 여겨지기도 했고, 그냥 나가가 아니라 아예 무찰린다 용왕이라고도 부르게 된다. 인도불교에서의 이 나가(Nāga)는 중국으로 들어와 뱀의 몸을 가진 신령한 용으로 변한다. 인도불교에 등장한 나가 무찰린다는 동남아시아에서는 물의 신 나가의 모습으로, 동아시아에서는 용의 모습으로 형상화된 것이다. 그럼 이 나가 무찰린다가 용으로 번역되고 부처님을 보호한 호불용, 또는 부처님의 법을 지키는 호법용으로 부르게 되었다면 지금은 어디에서 이 용을 찾아볼 수 있을까? 두말할 것도 없이 법당 부처님 머리 위 닫집 안에 반드시 등장하는 호법용이라고 필자는 생각한다.

닫집은 부처님이 살고 계신 궁전을 의미하여 적멸궁, 내원궁, 도솔궁이라는 이름을 달고 있기도 하지만 보개(寶蓋)라고 해서 부처님이 비나 햇살에 드러나지 않도록 보배로운 덮개 역할을 한다는 의미도 있다. 인도불교에서

이 보개 역할을 한 것이 바로 나가 무찰린다 아닌가? 그러하니 닫집에 호법용을 조각해 모시는 것은 당연한 수순이었을 것이다. 어느 법당에 가도 부처님 머리 위에 닫집이 있다면 반드시 호법용이 나타나서 부처님의 몸과 법을 보호하고 있으니 인도에서 먼 길을 달려왔어도 그 의미는 변색되지 않은 것이리라.

익산 숭림사 보광전 닫집

완주 화암사 극락전 닫집

그러나 법당 안에는 호법용만 있는 것이 아니다. 닫집 안에 아홉 마리 용이 배치된 곳도 있고 법당 안 여기저기에 아홉 마리 용이 도사리고 있는 곳도 있다. 불단 좌우 양쪽 기둥에 청룡·황룡이 그려진 곳도 있고 대들보에 걸쳐진 충량에 청룡·황룡을 조각한 법당도 많다. 말 그대로 때를 만난 용의 세상인데 차례대로 의미를 살펴보자.

•
장흥 보림사 명부전 용마루의 쌍룡

구룡토수로 몸을 씻다

싯달타 태자가 태어나자 제석천과 범천이 더운물과 찬물을 부어 가며 태자를 목욕시켰다는 간단한 기록이 뒷날로 갈수록 더욱더 내용이 불어나게 된다.

> 제석천이 손에 보배로운 햇빛 가리개 일산을 가지고 오고 대범천왕도 흰 먼지털이 불자(拂子)를 가지고 와서 좌우에 섰다. 이때 난타 용왕과 우바난타 용왕이 공중에서 물을 뿌리는데 한 줄기는 따듯한 물로, 한 줄기는 시원한 물로 태자의 몸에 부었다.

이러한 탄생설화는 중국에 들어와 더욱 신비로운 현상으로 각색되어 '태자

•
논산 쌍계사 대웅전 내부. 세 분의 부처님 위에 각각 닫집이 있고 그 안에서 용들이 호위하고 있다.
주존불인 석가모니 부처님 닫집에는 용이 아홉 마리다.

법주사 팔상전 팔상성도 비람강생 일부. 아홉 마리의 용이 태자를 목욕시키고 있다.

指天指地唯我獨尊
九龍吐水

가 태어나자 아홉 마리 용왕이 나타나 향수를 토하여 태자를 목욕시켰다'고 나온다. 바로 구룡토수(九龍吐水)다. 중국에서는 9라는 숫자를 어디에도 치우치지 않는 숫자로 보기도 하는데 1~8까지의 팔괘를 빼고 나면 마지막 숫자 9가 남기 때문이다. 또한 9가 영원하다는 뜻의 구(久)와 발음이 같다고 하여 아홉 마리 용이 조각된 구룡벽을 황실 건축에 설치한 후 국가와 황실의 영원함을 기원했다. 불교가 중국에 들어오면서 탄생 설화에 아홉 용이 등장해 결국 구룡토수가 정착되고 한국에서도 이 설화를 차용하면서 법당 건축에 그대로 응용하였으니 논산 쌍계사 대웅전 닫집에 이런 내용이 잘 나타나 있다.

논산 쌍계사 대웅전은 원래 2층의 통층 불전이었는데 1738년 중건하면서 단층으로 고쳐서 지었다. 이 안의 불상은 대웅전 중건보다 이른 1605년에 조성되었다. 소조(나무틀에 진흙을 붙여 만든 것)로 만들어진 삼세(과거, 현재, 미래)불상인데 임진왜란 직후의 불상 조성 양식을 잘 반영하고 있다. 임진왜란 직후에는 전쟁으로 돌아간 영가들을 위하여 아미타불을, 현세의 중생을 위하여 석가모니불을, 전쟁 중에 아프고 다친 중생들을 위하여 약사불을 모신 사찰이 늘어났는데 논산 쌍계사 대웅전 역시 같은 형식이다. 물론 과거불은 약사불이고 미래불은 아미타불이며 현세불은 석가모니불이다. 논산 쌍계사 대웅전 세 분 부처님도 바로 이 양식에 따라 모셔졌고 각 부처님 머리 위 닫집에는 호법용들이 당연히 모셔졌다. 아하, 그러나 자세히 살펴보면 주존불인 석가모니 부처님 닫집에는 용이 아홉 마리다. 싯달타 태자가 태어났을 때의 구룡토수 설화를 닫집에 응용하여 바로 석가모니 부처님임을 확실히 증명하고 있는 것이다.

또 법당 안에 구룡토수 설화를 응용하여 아홉 마리 용을 곳곳에 설치한 곳도 있다. 삼존불 닫집 안의 세 마리 호법용을 합해 무려 열두 마리 용이 옹기종기 살고 있는 법당이 바로 부안 개암사 대웅보전이다.

•
부안 개암사 대웅보전. 닫집에 세 마리를 포함해 모두 열두 마리의 용이 있다.

•
부안 개암사 대웅보전 부분

마곡사 천왕문 황룡

청룡·황룡도 들어오시게

용은 고대 중국에서 기린·봉황·거북과 함께 사령(四靈)으로 불린 신령한 동물이지만 물과 비, 구름을 관장하는 상징성 때문에 만물 생성의 근원이며 모든 생명체의 근본이 된다고 믿어졌다. 근본인 물이 없으면 만물이 없으니 정치상의 군주인 황제와 연관 지어 황제의 상징이 되었다.

오행이 유행하면서는 사방의 수호신 격으로 청룡·백호·주작·현무가 나타나고, 그 중에 청룡은 '동방을 수호하는 신성한 용'으로 봄날 해가 동쪽에서 떠올라 나무를 푸르게 하듯이 만물의 성장을 책임지는 중대한 의미를 가지게 되었다. 오행 사상이 더 발전하면서는 아예 오방룡이 등장하게 되고 황룡이 다섯 용 중의 가장 우두머리라는 주장이 나온다. 동방의 청룡, 남방의 적룡(赤龍), 서방의 백룡(白龍), 북방의 흑룡(黑龍)이 사방의 용이고 중앙은 대

직지사 천왕문에 새겨진 황룡

마곡사 천왕문 청룡

지를 상징하는 황토색의 황룡(黃龍)으로, 이 황룡이 오행의 중심이 된다. 목조 건축물은 화재에 취약하기 때문에 그 예방이 가장 중요했고 자연스레 물을 관장하는 용이 사찰의 전각에 등장한다. 그리고 오룡 중에서도 가장 의미있는 청룡과 황룡이 법당 내·외부에 들어오게 된다.

그래서 고찰 법당 안의 수미단 양쪽 기둥에는 청룡·황룡을 그렸고 대들보 위에 걸쳐진 충량에도 청룡·황룡을 그리든지, 조각해서 모셨다. 법당 밖으로는 전각 현판 좌우에 청룡·황룡을 조각해 모시거나 목판에 정면 얼굴만을 새겨 현판 좌우에 부착하기도 한다. 용마루 양쪽 끝에도 간단히 용두를 설치하기도 하지만 아예 용의 몸까지 다 만들어 얹은 용마루도 나타난다. 그래도 미진하면 법당 건물 추녀 밑 네 귀퉁이에 또 용을 조각해 모시니 이래저래 법당은 갖가지 사연의 용들이 모여 사는 용의 천국이 되었다. _◑

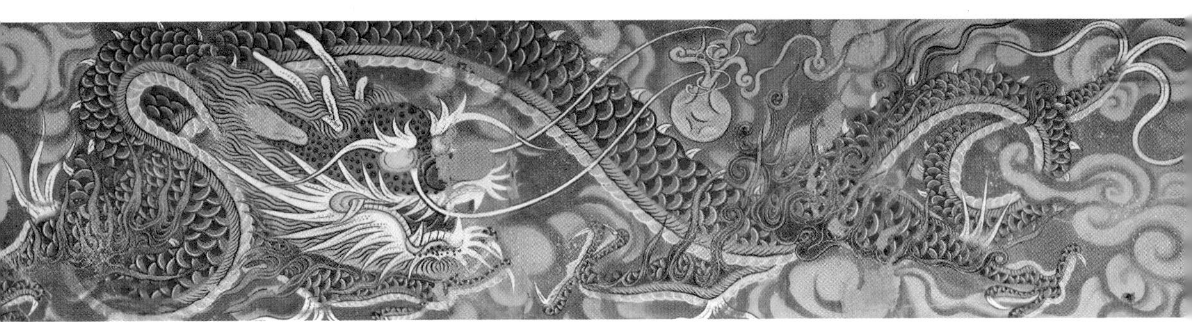

직지사 천왕문에 새겨진 청룡

용
2

용의 아홉 아들

물은 어떻게 생겨났나

우리가 일어나서 잠들 때까지 먹고, 씻고, 요리하면서 항상 옆에 있는 물. 너무 흔하기에 그다지 중요하게 느끼지 못하지만 인체의 70퍼센트 이상이 물이듯이 모든 생명체에게 가장 중요한 요소는 바로 물이다.

또한 지구 표면의 70퍼센트 정도는 물로 덮여 있고, 수많은 생명들이 물과 산소에 의지해서 살아간다. 물이 없다면 지구에 생명체는 존재할 수가 없다. 과학자들이 우주 탐험에 나서는 것도 결국 물이 존재하는 행성을 찾아내기 위해서다. 그럼에도 지구의 물과 똑같은 성분을 가진 화합물이 있는 행성을 아직 발견하지 못하고 있다.

그럼 지구의 물은 어떻게 생겨났을까?

본래부터 지구에 있었던 것처럼 생각하지만 전혀 그렇지 않다는 것이 과학자들의 견해이다. 그래서 나온 학설로는 지구의 화산 폭발로 생겨났다는 설, 물과 얼음으로 이루어진 혜성이 지구에 떨어지며 물을 공급했다는 설, 소행성과의 충돌로 생겨났다는 설 등이 있지만 아직까지도 확실한 결론에 도달한 것은 아니다. 결국 우리의 생명을 유지시켜 주는 물이 어떻게 생겨났는지는 더 연구해 봐야 한다는 것이다.

• 경주 기림사 뒤편에 있는 용두연. 만파식적의 전설이 태동한 곳이다.

사실 물은 신비한 물질이다. 고체(얼음)도 되고, 액체도 되고, 기체도 된다. 땅 위에도 있고, 땅속에도 있고, 하늘에도 있다. 비로도 내리다가 눈으로도 변신한다. 때로는 얼음이 되어 하늘에서 떨어지는 우박이 된다. 다양한 형태로 어느 곳에서나 출현할 수 있는 물, 신비롭지 아니한가?

고대 수렵 사회에서 정착 농경 사회로 넘어오면서 물의 중요성은 더욱 부각되었고 물을 관장하는 상징적 신령도 자연히 출현하였으니 그것이 바로 용이다. 가뭄이 계속되면 용 그림을 걸어 놓고 기우제를 지내고, 용이 산다는 연못에 가서 치성을 드리기도 한다. 물을 관장하는 용이니 바다에도 살고, 강에도 살고, 계곡에도 살고, 하늘도 자유롭게 날아다닌다. 바로 물의 속성과 맞아 떨어진다. 물에서 용이 나온 것은 아주 자연스런 현상이다.

칠성과 산신, 그리고 용왕

불교나 유교 도입 이전의 우리 민족 고대 사상을 보통 삼재 사상이라고 일컬어 왔다. 삼재(三才)란 바로 천(天)·지(地)·인(人)으로, 하늘·땅·사람을 지칭하는데 여기서 인(人)은 천지간에 존재하는 모든 만물을 말한다.

삼재는 이 세상을 크게 셋으로 나눈 것이지만 셋이 개별적으로 존재할 수 있는 것은 아니다. 하늘이 있으면 땅이 있고, 땅이 있어야 만물이 성장한다. 셋이 서로 함께 어울려 공존하는 관계이기 때문에 하나의 운명 공동체이다. 이러한 삼재 사상이 신앙적으로 변모하면 삼신신앙(三神信仰)이 되니 삼신은 바로 칠성·산신·용왕이다.

옛 선조들은 하늘을 주관하는 칠성과 땅을 주관하는 산신을 세웠고, 만물을 낳고 유지시켜 주는 물을 관장하는 주관자로 용왕을 세웠다. 칠성은 수명장수를 관장하기 때문에 칠성님에게 아이를 빌기도 하고, 무병장수를 빌기도 했다. 죽으면 칠성님이 수명을 거두었다 해서 북두칠성 모양으로 일곱

사찰 지붕의 칠성점. 모두 일곱 개의 점이 찍혀 있는데 북두칠성 신앙과 관련이 있다는 주장도 있다. 유교식 건물에는 점이 여섯 개부터 여덟 개까지로 다양하지만 사찰에서는 대개 일곱 개를 사용한다.

개의 구멍이 뚫린 칠성판 위에 뉘어 놓고 장례를 치렀다.

땅의 주인은 토지신인데, 우리나라는 국토의 70퍼센트가 산인지라 산마다 산신이 있어 그 지역을 관장한다. 그러기에 무덤을 쓰면서도 산신에게 제물을 올리고, 터를 잡고 절을 세우면서도 항상 ○○산 ○○사라는 호칭을 쓴다. 무령왕릉에서 나온 매지권도 토지신에게 땅을 샀다는 상징적 문서 아닌가. 한국은 전통적으로 어느 고을에나 정해진 진산(鎭山)이 있고, 어느 마을에나 동제당((洞祭堂)이 있어 음력 정월에는 사람들의 안녕과 풍요를 비는 제의를 이어 왔다. 물론 산신을 모시는 경우가 대부분이다.

용왕은 농사에 가장 중요한 물을 관장하기 때문에 필요할 때마다 많은 제의를 올렸던 신령이기도 하다. 우리나라 말로 용은 '미르'인데, 이는 물에서 온 말이라고 학자들이 밝히고 있다. 또 은하수를 순수 우리말로 '미리내'라고 부르는데 미르의 시내, 곧 '용천(龍川)'이란 말이다. 그만큼 용왕 신앙은 우리 생활에서 밀접한 관계에 있었다는 것을 말해 준다고 하겠다. 용왕은 바다·강·계곡·하늘 등 도처에서 활약하기 때문에 그 신통력도 폭이 넓다. 이는 용이 여의주(如意珠)라는 신비한 구슬을 갖고 있기 때문이다.

여의주는 불교의 여의보주(如意寶珠)에서 온 말인데, 소원하고 바라는 것을 뜻대로 이루게 한다는 구슬이다. 용은 이 여의주를 가지고 있어 번개·천둥·폭풍우를 마음대로 동원하고 가뭄을 내려 중생들에게 큰 고통을 주기도 한다. 또 용은 하늘 위나 지하 깊은 곳도 순식간에 오가며 몸의 크기와 형태를 마음대로 바꾸기도 한다.

이렇게 신통력이 뛰어나기도 하지만 자식도 많이 낳아 아홉 명이나 된다. 실제로 용이 자식을 낳은 것은 아니겠지만 인간의 상상으로 용도 만들었는데 아홉 자식을 만드는 것이야 어려운 일도 아니었을 것이다. 아무튼 용의 자식이라고 다 용이 되는 건 아니다. 이무기가 물속에서 500년을 지낸 후 여의주 한 개를 얻어야 용이 된다고 하듯이 용의 자식이라도 성장해서 다 용이 되는 건 아니다. 이를 '용생구자불성룡(龍生九子不成龍)'이라 한다.

그래도 용의 자식이기 때문에 특이한 성격과 능력을 갖고 태어났다. 그럼 그 아들들은 어떤 모습일까?

수원 팔달사 용화전 앞 용왕상

아홉 아들의 특징

첫째는 비희(贔屓)인데, 몸통은 거북을 닮고 머리는 용을 닮았으며 무거운 짐 지는 것을 좋아한다. 흔히 비석을 지고 있는 거북 모습으로 나타난다. 거북은 수명이 길기 때문에 영원함과 상서로움을 상징한다. 중국에서는 이 거북을 만지면 복이 온다고 믿었다. 그래서 사람들의 손길로 반질반질해진 비석의 거북 머리를 자주 볼 수 있다. 거북 모양의 받침대라고 해서 '귀부(龜趺)'라고 흔히 부르는 비석 받침이 바로 이 비희를 가리킨다.

강진 월남사지 진각국사비.
비를 이고 있는 것은 귀부 혹은 거북받침돌이라고 부르지만 거북이 아니라 용의 첫째 아들 비희다. 입에는 여의주를 물고 있다.

둘째는 이문(螭吻)이다. '이(螭)'는 이무기를 말하며 '문(吻)'은 입술을 의미한다. 이 이문은 높은 곳에 올라 먼 곳을 바라보는 것을 좋아하며 불을 끄는 데 탁월한 능력이 있다고 한다. 당연히 궁궐이나 사찰의 용마루 양쪽 끝에 앉아서 화재를 누르고 재앙을 피하는 업무를 맡게 되었다. 치문(鴟吻), 또는 치미(鴟尾)라고도 부른다.

셋째는 포뢰(蒲牢)이다. 용의 모습을 하고 있지만 용보다는 크기가 작고 소리 지르는 것을 좋아한다. 바다에 살고 있는데 고래를 제일 무서워하여 고래가 다가오면 더욱 크게 운다고 한다. 사찰 범종의 꼭대기에 고리 모양으로 용을 만들어

부산 삼광사. 지붕마다 이문이 올라서 있다.

•
수덕사 범종루 고래 모양 당목

•
중국 산시성에 남아 있는 옛 감옥 입구의 폐안

청자 양각 도철 무늬 향로

앉혀 놓은 것이 바로 포뢰이다. 가끔씩 종을 치는 당목을 고래 모양으로 다듬은 것을 사찰에서 볼 수 있는 것도 이 이야기에서 연유한 것이다.

넷째는 폐안(狴犴)이다. '폐(狴)'는 감옥을 말하고 '안(犴)'은 들개를 의미하는데, 들개처럼 사납게 감옥을 지킨다는 뜻이 아닌가 한다. 얼굴은 호랑이를 닮았고 위엄 있게 정의를 지키는 것을 좋아하기 때문에 감옥이나 법정으로 들어가는 문 위에 새긴다. 죄 지은 사람에게 법의 위엄을 보이고 두려움을 느끼게 하려는 뜻이 있다고 하겠다.

다섯째는 도철(饕餮)이다. 도철은 음식에 대한 탐욕이 많아 과도하게 먹고 마시는 것을 좋아한다. 귀면와에 새겨진 얼굴이 도철이라는 주장도 있었지만 지금은 많이 약해진 견해다. 흉악한 괴수로 늑대를 닮았다고 하며, 사람

•
여수 흥국사 무지개 다리. 다리 가운데 공복이 보인다.

창덕궁 금천교. 상단 양쪽이 공복, 중앙이 귀면, 그리고 그 밑에 해태로 보이는 조각이 있다.

손잡이 부분에 용이 새겨진 칼

경복궁 근정전 앞 향로 다리에 장식된 산예

불국사 회랑 문고리

의 탐욕을 경계하기 위하여 솥이나 그릇에 새겨 넣는다고 한다.

여섯째는 공복(蚣蝮)이다. 물을 좋아해서 물속에서는 왕이지만 물 밖에 나가면 개미에게도 놀림을 받는다고 한다. 물을 가로지르는 다리의 기둥이나 아치 부분에 주로 새겨 넣는데 개울을 따라 들어오는 악귀를 막아 준다고 한다. 돌로 된 다리의 아치 부분 아래에 머리만을 조각해 끼워 넣기도 하지만, 짐승 모양으로 조각해 물가에 배치하는 경우도 있다.

일곱째는 애자(睚眦)이다. '애(睚)' 자나 '자(眦)' 자나 모두 눈초리라는 의미여서 노한 눈으로 노려본다는 뜻이 포함되어 있다. 승냥이처럼 몹시 험상궂게 생긴 얼굴인 데다 죽이는 걸 좋아한다. 전쟁에서는 힘과 용기를 북돋운다고 하여 칼의 손잡이나 콧등, 창날 부분에 새긴다.

여덟째는 산예(狻猊)이다. 산예는 마치 사자와 같은 형상을 하고 있으며 불과 연기를 좋아하고 또한 앉아 있는 걸 즐긴다. 그래서 항상 불과 연기가 피어나는 향로의 다리에 많이 새긴다.

아홉째는 초도(椒圖)이다. 개구리와 소라를 닮았다는 기이한 형상의 용으로 문을 닫고 숨는 것을 좋아한다. 그래서 문의 문고리에 주로 장식한다.

이렇게 용의 아들들은 다양한 모습과 성격으로 옛 문화 속 여기저기에 숨어 있다. 이는 건축술이 발달하면서 많은 건축물이 지어지자 그 건축물의 특성과 보호를 위해 여러 상징물이 출현하게 되고, 그것들을 신령한 용의 아들들로 만들어 간 것이 아닌가 한다. 그래야만 그 건축물의 위엄과 성격이 더 잘 드러날 수 있었기 때문이다. _◑

용 3

귀면와나 용면와나

수호신 키르티무카

지금까지 용에 대한 글을 읽는 독자라면 신라 시대의 귀면와(鬼面瓦), 흔히 도깨비 기와라고 불러왔던 도깨비의 얼굴과 용의 얼굴이 어떻게 다른 것인가 하고 궁금증이 일어났을 것이다. 사실 귀면와라고 불러왔던 벽사용 얼굴에 대해서 여러 가지 학설이 있어 왔다. 첫째는 인도신화에 나오는 키르티무카가 불교에 수용되어 수호신으로 나타난 얼굴이라는 설이다. 키르티무카는 '영광의 얼굴'이라는 뜻인데 인도신화에 따르면 시바 신이 자신의 몸에서 만들어 낸 분노의 신이다. 그 신화의 내용은 이렇다.

> 시바 신은 히말라야 산신의 딸 파르바티와 결혼할 예정이었으나 오만방자한 마왕 잘란다라는 시기심이 끓어올라 시바신의 이 결혼을 받아들일 수 없었다. 마왕 잘란다라의 사자로 온 라후는 시바를 만

네팔 카트만두의 민가 문에 새겨진 키르티무카

나 '가난한 시바는 파르바티와 결혼해서는 안 된다. 마왕 잘란다라가 파르바티와 결혼해야 하며 또 시바는 요기(Yogi:요가 수행자)이니 아름다운 여성이 필요 없으며 수행을 위해 가정집을 전전하며 탁발해야 한다'고 전한다.

몹시 화가 난 시바는 자신의 이마에서 공포의 괴물을 탄생시켰는데 그 모습이 사자의 얼굴에 눈은 불꽃같이 타오르고 머리카락은 곤두서 있었다. 이 괴물이 마치 벼락 치는 듯한 포효 소리를 내며 사신으로 온 라후를 잡아먹으려 하자 라후는 시바에게 자신의 목숨을 구해 달라고 애걸한다. 시바가 괴물에게 라후를 잡아먹지 못하게 명령했으나 배고픔에 시달린 괴물은 무엇이라도 먹게 해 달라고 시바에게 요구한다. 시바는 괴물에게 괴물 자신의 몸뚱어리를 먹으라고 명령했고 괴물은 자신의 꼬리부터 먹기 시작해 흉측한 얼굴만 남게 되었다.

시바는 이 괴물을 대견하게 생각해 '키르티무카', 곧 '영광의 얼굴'이라 이름하고 시바 신전 출입문에 이 얼굴을 남겨 영원히 기릴 수 있도록 명하였다.

사자의 얼굴을 본뜬 키르티무카의 얼굴은 훗날 지금의 인도, 네팔, 인도네시아 등 힌두교 문화가 남아 있는 곳에 항상 출입문 위나 기둥에 조각되어 있다.

불교가 일어난 후 이 키르티무카가 불교에 흡수되어 사찰을 수호하는 얼굴로 정착되었다고 보는 견해가 바로 사면설(獅面說), 사자의 얼굴이라는 설이다. 이 키르티무카가 자신의 몸뚱이를 먹은 것은 아집과 편견에 휩싸인 자신의 오만을 없애고 무아를 성취한 것을 상징하기 때문에 영광의 얼굴이라는 이름이 붙은 것이라고 주장하기도 하는데, 어쨌든 사찰을 지키는 벽사용 얼굴 모습으로 살아남았다고 보는 것이다.

용면와의 등장

일본인 학자들이 귀면와라고 명명하고 우리말로 도깨비 기와라고 불러왔던 벽사용 얼굴 모습의 유래에 대해 다양한 주장이 있어 왔다. 짐승 얼굴, 도철, 귀면, 치우천왕의 얼굴이라고 제각각 불러 왔지만 요즈음에 이르러 용의 정면 얼굴이라는 주장이 강력하게 부상하고 있다. 가만히 생각해 보면 지붕에 올라간 귀면와뿐만 아니라 목조 건축물에 설치된 비슷한 얼굴들을 무조건 도깨비 얼굴이라고 불러온 오류가 있었던 것도 사실이다.

용의 머리를 입체적으로 조각해 설치한 것은 누구나 쉽게 용으로 분별할 수 있지만 화반이나 목판에 그리거나 새겨진 얼굴도 무조건 도깨비 문양이라고 불러 왔고, 심지어 상여에 붙어 있는 용수판(龍首板)도 이미 한자로 용의 얼굴이라고 써 있는데도 불구하고 귀면 문양이라 부르기도 했다.

신라 시대 용 얼굴 모양 기와

장수 신광사 대웅전

장수 신광사 대웅전 화반 좌측, 중앙, 우측

•
장수 신광사 명주전

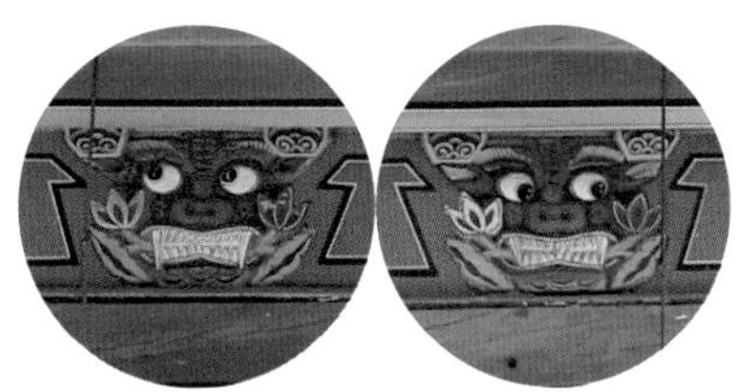

절집이나 민간에서 흔히 볼 수 있는 나무판에 새겨진 도깨비 문양을 용의 정면상이라고 주장하는 학설은 매우 타당성이 있다고 필자도 믿는다. 그런 증거물도 우리나라 건축 문화재에서 흔히 발견할 수 있다.

필자는 장수 신광사 대웅전 화반에 얕게 새겨진 조각을 보고 일찍이 용의 정면상이라고 생각했다. 신광사 대웅전은 작은 법당이지만 기와 대신 편편하고 얇은 돌을 기와처럼 지붕 위에 얹은 특이한 구조를 갖고 있다. 너새기와라고 부르는데 법당 용마루에만 기와가 얹어져 있다. 법당 지붕에 너새기와가 얹어져 있는 건물은 전국에서 이 건물 하나뿐일 것이다.

이 대웅전을 정면에서 보면 세 개의 화반(공포와 공포 사이에 놓여서 위의 목재가 아래로 처지는 것을 방지하기 위해 설치한 부재)에 귀면 세 개를 얕게 조각하고 채색하였다. 누구나 도깨비나 귀면으로 생각하고 글을 써 왔고 그렇게 믿어 왔으나 이는 분명 도깨비나 귀면이 아니라 용의 정면상이다.

입체적 용머리를 조각해 현판 양 옆 기둥 위에 설치한 청룡·황룡이 없는 대신 화반에 청룡·황룡을 설치한 것이고, 화반이 셋이다 보니 흑룡이라고 생각되는 용을 한 마리 더 설치하게 되었던 것이다.

같은 절 명주전에도 이와 똑같은 구조로 화반에 용이 얕게 조각된 뒤 채색이 되어 있다.

용이 입에 문 것은

일단 절집 법당 내부나 외부에 장식된 벽사의 얼굴을 용이라 부르기로 하고 용이 입에 물고 있는 것을 고찰해 보자.

첫째로 눈에 많이 띄는 것은 물고기를 물고 있는 용이다. 용이 물고기를 물고 있는 도상은 법당 내·외부뿐만 아니라 요사채의 화반이나 상여의 용수판 등에도 많이 남아 있다. 용이 여의주가 아닌 물고기를 물고 있는 것에 대해서 확실하게 써 있는 자료가 없기 때문에 당연히 여러 가지 주장이 있어 왔다. 물고기 어(魚)는 여(餘)와 발음이 같고, 또 같을 여(如)와도 통하기 때문에 여의주를 의미한다는 주장도 있고, 용은 비·번개·우뢰를 관장하고 물속을 자유롭게 왕래하기 때문에 화재 방지 차원에서 이 도상을 설치하였다는 주장도 있다. 수룡(水龍)이 사는 법당에 불이 날 수 없다는 의미로 법당 천장에 물고기·게·연꽃 등을 조각해 설치함으로써 물속에 사는 중생들이 부처님의 법문도 듣고 화재로부터 법당을 지키라는 상징과 일맥상통하는 주장이다. 또 다른 주장은 영기화생론(靈氣化生論)이다. '만물의 근원은 물이며, 물이 모든 물질의 본질'이라는 관점에서 출발한 이론이다. 우주에 충만한 대생명력은 바로 물로부터 비롯되고 이 물의 신령스러운 기운, 곧 영기(靈氣)가 모여 이루어진 것이 풀잎줄기 같은 영기문(靈氣文)이며, 이를 상징하는 대표적 모습이 바로 용이라는 이론이다. 영기로 이루어진 용이니 그 입에서 나오는 것도 물과 관련이 있고, 물고기는 바로 물이 나온다는 것을 의미한다고 해석한다.

• 김해 은하사 범종각 처마의 연잎과 풀잎을 물고 있는 용.

풀줄기 같은 것을 물고 있는 용도 많은데 이것도 새로운 영기의 싹이 나고, 자라고, 퍼져 나가면서 만물이 생성되어 나가는 것을 상징한다고 풀이한다. 연꽃이나 꽃을 물고 있는 용도 보이는데 이 도상도 영기 싹이 나와 변해서 나타난 것

불국사 대웅전 처마. 용이 물고기를 물고 있다.

불국사 대웅전 처마. 용이 여의주를 물고 있다.

이라고 해석하며 동·서양의 조형 예술을 모두 영기화생론으로 해석하여 읽을 수 있다고 주장한다. 결국 용은 눈에 보이지 않는 우주의 대생명력인 영기가 모여 변화해서 이루어진 모습이고 거기서 다시 물고기·풀줄기·연꽃 등을 문 모습으로 나타나지만 다 그 뿌리는 물이 근본이라는 것이다.

그래도 남는 의문들

절집에 많이 남아 있는 도깨비 문양이나 귀면 문양이 용의 정면상이라는 것은 충분한 논거가 있어 이제는 이해가 된다. 석가모니 부처님을 보호하던 나가 무찰린다가 닫집 안의 호법용으로 변하고, 싯달타 태자의 탄생 시 구룡토수 설화가 닫집이나 법당에 응용되어 나타난다. 오행상 중요한 청룡과 오룡의 우두머리인 황룡이 부처님 법을 지키는 호불용으로 불교에 유입된 것도 확실하다. 그럼 도깨비 문양이나 귀면 문양은 본래 없었던 것일까? 백제 시대 전돌의 연화대좌 위에 당당히 서 있는 도깨비는 무엇일까?

귀신이나 도깨비 그림이 없다고 하지만 실상사 백장암 동자 도깨비나 강진 토동 입석에 나타난 도깨비 모습은 또 무엇인가?. 운문사 작압전 안 다문천왕 아래에 양 어깨를 짓눌린 채 앉아 있는 도깨비 형상의 악귀는 어떻게 보아야 하나? 또 사천왕 중에 증장천왕은 한 손으로 용을 틀어쥐고 한 손으로 여의주를 빼앗아 가볍게 들고 있는 모습으로 조성되는데 허리띠 앞면 중앙 부분에 마치 큰 버클 같은 곳에 조각된 큰 도깨비 얼굴 모습은 무엇이라고 해야 하나? 이미 용을 가볍게 제압하고 있는데 그 용의 얼굴을 장식용으로 또 허리에 장식했다면 그 논리가 맞다고 할 수 있을까?

더구나 어떤 장식에는 그 도깨비가 용을 물고 있는 장면도 있고, 기다란

천은사 천왕문 사천왕 중 증장천왕. 증장천왕 가슴 아래 큰 도깨비 얼굴을 한 조각이 보인다

•
마곡사 천왕문 광목천왕 배 부분. 기다란 혀를 빼어 콧물을 닦고 있다.

혀를 빼어서 콧물을 닦으려는 듯 콧구멍을 후비고 있는 유머러스한 장면을 새겨 놓은 것도 있다.

특히 수미단 하단부에 새겨진 도깨비 얼굴의 경우, 용의 얼굴과는 다르게 가로로 긴 형태로 얼굴을 새기고 이마에 왕(王) 자를 써 놓은 것도 있다. 어쨌든 학계에서도 절집이나 궁궐 등 한국 전통 문화재 전반에 나타난 벽사의 얼굴 문양에 대해 단정적 결론에 다다른 것은 아니다. 다만 용의 얼굴이든, 짐승의 얼굴이든, 치우의 얼굴이든, 도깨비 얼굴이든 간에 사악하고 잡된 것을 물리치기 위한 벽사의 용도로 만들어진 것만은 확실하다. _◑

육지와 수중의 생물

물고기 · 게 · 수달 · 토끼 · 돼지 · 코끼리 · 사자

물 고 기

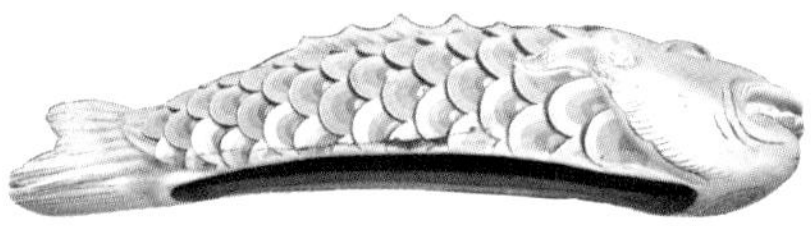

절집에서 가장 흔하게 만날 수 있는 상상의 동물이 용이라면 실제 동물 중에서는 물고기가 으뜸이다.

특히 임진왜란(1592~1598) 후에 중건한 법당 건물 조각 중에는 연꽃과 함께 물고기·게·자라 등 수중중생을 흔히 발견할 수 있다. 물론 7년 임진왜란 기간에 너무 많은 고찰들이 소실되는 아픔을 겪었기에 다시는 화마로부터 그런 재해를 당하지 않으려는 바람도 있었지만 수중중생들도 항상 부처님 법문을 듣고 보리심을 내어 해탈하라는 발원을 담아내고자 나타난 것이라고 볼 수도 있다.

또한 물고기는 고대부터 우리 역사와 오랜 인연을 맺어 왔다. 그 중에 가장 오래된 설화는 가락국의 왕비 허황후와 관련된 것이다. 이와 관련된 유물로는 쌍어문양이 남아 있다.

가락국의 시조 김수로왕과 결혼한 허황후(AD 32~AD 189)는 스스로 '아유타국의 공주'라 했다. 그런데 김해 김수로 왕릉인 납릉(納陵) 정문 문설주 위에는 파사석탑을 가운데 두고 두 마리 물고기가 서로 마주보고 있는 그림이 있다. 아유타국의 대표적 문장(紋章)으로 전해지며 가락국의 국장(國章)이기도 하다.

그럼 쌍어문은 어떤 의미를 가지고 있을까? 어디서 기원한 것일까? 그 해답은 고대 페르시아 신화에 있다.

인류의 4대 문명 발상지 중 한 곳은 유프라테스강, 티그리스강 유역의 메소포타미아 지역이다. 기원전 이 지역에서 명멸했던 수메르·바빌로니아·아시리아 등의 신화에도 대홍수 이야기와 함께 물고기와 관련된 신들의 이야기가 있지만 후대에 이 지역을 점령한 페르시아의 신화에는 두 마리 물고

•
김수로왕릉 정문 문설주 위 쌍어.
파사석탑을 마주보고 두 마리 물고기가 있다.

기에 대한 자세한 이야기가 전한다.

바닷속에서 자라는 거대한 고케레나 나무의 열매는 인류의 질병을 고치는 영약이었다. 인류를 파멸시키려는 악신(惡神) 아리만은 이 나무의 뿌리를 없애려고 큰 개구리를 파견해 그 뿌리를 먹어치우도록 하였지만 결국 실패하였다. 나무뿌리를 지키고 있는 두 마리 신령한 물고기가 개구리를 격퇴하였기 때문이다. 그 물고기의 이름이 바로 가라(Kara)이다. 이 가라가 고케레나 나무를 보호한 덕분에 열매와 잎이 무성해졌고 인류는 멸망하지 않고 번성하게 되었다.

이 신화에 의하면 가라가 바로 신어(神魚) 아닌가!

이 페르시아 신화는 그 후 인도뿐만 아니라 러시아(스키타이)·티베트 등으로 퍼져 나간 것으로 추정되고 이 신화의 내용이 그대로 전래되지는 않았지만 두 마리 물고기가 마주 보는 쌍어문은 상서로운 문양으로 정착되어 나간 것으로 믿어진다. 특히 인도의 고대 신화에 의하면 대홍수가 일어났을 때 대부분의 사람들이 죽었지만 몇몇 사람들은 커다란 물고기의 도움으로 살아남았기 때문에 물고기를 인류를 구원한 신성한 동물로 숭배하게 되었다고 한다. 그때 구원을 받은 '마누'라는 사람의 후손이 먼 훗날 아요디야의 왕이 되었으며 당연히 쌍어문양이 나라의 상징 문양이 되었다고 한다. 그런 까닭에 허황후가 말한 아유타국으로 추정되는 인도 북부의 아요디야 지역은 힌두사원을 비롯해 쌍어문양이 곳곳에 있다.

또 가락국을 의미하는 가야와 가락이 모두 드라비다 계통의 언어로 물고기라는 뜻이라고 보기도 한다. 학자들의 의견에 따르면 가락은 구(舊) 드라비다어, 가야는 신(新) 드라비다어로 모두 물고기라는 뜻이다. 드라비다어는 인도 남부의 타밀어가 뿌리이므로 허황후는 인도 남동부 해안의 아요디야 쿠빰(Ayodhya Kuppam) 출신이라고 주장하기도 한다. 허황후가 묻힌 수로왕비릉 앞에 있는 파사석탑(婆娑石塔)의 석질이 바로 이곳에서 산출된다는 주장도 있다. 허황후가 가락국으로 들어올 때 파사석탑을 모시고 왔고 그 탑의 영험으로 풍랑을 만나지 않고 무사히 올 수 있었다고 하나 지금은 많이 훼손되어 본래 모습은 알기 어렵다. 그 당시 허황후는 오빠인 장유 화상도 모시고 왔고 그로부터 가야불교가 시작되었으니 이것이 사실이라면 공식적인 불교 도입 연대는 고구려 소수림왕 2년(AD 372)보다 훨씬 앞서게 된다.

허황후가 가락국에 오기 전 머물던 지역과 가락국으로 이동한 경로에 대해서는 앞의 설명 외에도 지금의 태국 방콕 옆의 아유타야에서 출발했다

김해 허황후릉 파사석탑

합천 영암사 절터에 남아 있는 쌍어문양

고 하는 설, 인도에서 중국 사천성 보주(普州)를 거쳐 왔다는 설 등이 있다.

어찌 되었든 허황후가 본국에서부터 가져온 성스러운 쌍어문양은 가락국에서도 중요시되었다. 그래서 가락국의 진산인 산의 이름도 신어산(神魚山)이라 명명했을 것이다. 파사석탑과 장유 스님, 쌍어문이 한 배에 실려 들어오면서 물고기도 불교와 친연성을 가지게 되었을까? 옛 가야 지역의 만어사(萬魚寺)나 부산 금정산 범어사(梵魚寺), 포항 오어사(吾魚寺) 등도 버젓이 고기 어(魚) 자(字)가 들어간 고찰들로 각기 물고기과 얽힌 전설들을 간직하고 있다.

또한 절집에서는 모든 중생은 평등하다는 생각에서 동물을 기르지 않는 것이 전통인데 연못을 파고 자연스레 물고기들이 살고 있는 풍경을 볼 수 있다. 하기야 물고기 없는 연못이 무슨 의미가 있을까? 절집 안의 연못에서는 물고기가 자유롭게 노닐며 어부의 그물을 걱정할 것 없이 제 수명을 다 할 수 있고 수시로 불경을 듣고 법문을 들으니 다음 생에서는 보리심을 내어 해탈을 기약할 수도 있지 않을까?

티베트 불교의 여덟 가지 상서로운 팔길상(八吉祥) 문양 중 금빛 물고기 두 마리가 마주 보고 있는 쌍어문양은 물고기가 물속에서 자유롭게 헤엄치듯 모든 중생이 괴로움의 바다를 벗어나 대자유를 얻는 것을 상징한다. 그러므로 연못의 물고기는 중생이 하루빨리 수행을 통해 해탈해야 한다는 것을 일깨워 주는 의미도 있다.

목어(木魚)에서 목탁(木鐸)으로

쌍어문양이 가락국과 연관된 지역에서만 볼 수 있는 것이라면 목어와 목탁은 어느 사찰에서나 쉽게 볼 수 있는 법구(法具)이다. 특히 목탁(木鐸)은 불교

●
티베트 팔길상. 정면 상단부터 시계 방향으로 보병,
연꽃, 법라, 매듭, 보개, 법륜, 일산, 한 쌍의 금빛 물고기.

의 상징적 법구로서 조석예불이나 각종 법회 의식에서 가장 흔하게 쓰이는 기물이다. 목탁이라는 용어는 『논어』 「팔일(八佾)」 편에 이미 나오고 있다.

> 위나라 의(儀) 지방의 관리들이 공자가 그곳에 온 것을 알고 뵙기를 청하여서 수행제자들이 그들을 공자에게 안내하였더니 그들이 공자를 뵌 후 밖으로 나와 제자들에게 말하기를 '그대들은 왜 공자께서 벼슬하지 않은 것을 걱정하시오. 천하의 예의와 도덕이 땅에 떨어진 지 오래 되었으니 하늘이 장차 공자로 하여금 (세상을 깨우쳐 바른 길로 인도할) 목탁으로 삼으실 것이오.' 하였다.

원래 노(魯)나라에서는 새로운 법령을 발할 때 목탁을 울려 사람을 모이게 했다. 이때의 목탁은 나무를 종 모양으로 깎아 내고 안에 쇠줄을 매달아 소리가 나도록 하였다고 한다. 곧 지금 절집에서 쓰는 목탁하고는 모양과 쓰임새가 완전히 달랐다고 할 수 있겠다. 그러면 법당에서도 사용하지만 휴대하기도 편한 한국의 둥근 목탁은 어떻게 만들어진 것일까?

그 유래는 바로 목어에서 찾아야 한다. 목어는 나무를 기다란 물고기 모양으로 깎고 아랫배 부분을 깊게 파낸 후 아침저녁 예불 시작 전에 두 개의 둥근 막대기로 두드리면서 수중중생들도 모두 해탈할 수 있기를 발원하는 중요한 법구이다. 사찰의 범종각에서 흔히 만날 수 있다. 이 목어가 탄생하게 된 유래담도 절집 벽화에 많이 그려져 있고 그 유래담도 여러 종류다. 가장 많이 알려져 있는 것이 스승과 제자의 인연담이다.

• 목탁

목어의 유래를 그린 사찰 벽화

어느 스님에게 몇 명의 제자가 있었다. 그 제자들 중에 유난히 스님의 말씀을 따르지 않고 말썽만 피우는 제자가 있었는데 일찍 병이 들어 죽었다. 그 후 어느 날 스님이 배를 타고 강을 건너는데 등에 커다란 나무가 자란 물고기가 다가와 뱃전에 머리를 들이밀고 슬피 울었다. 게다가 바람이 불 때마다 등 위의 나무가 흔들리니 물고기는 더욱 괴로워하였다. 스님이 가만히 물고기의 전생을 살펴보니 바로 말썽만 피우다 죽은 그 제자였다. 측은한 마음이 들어 스님은 제자를 위해 수륙재를 베풀고 물고기의 몸을 벗어나게 해주었다.

그날 밤 스님의 꿈에 제자가 나타나 '스님, 저의 등에 난 나무를 베어 저같이 생긴 물고기 모양을 만들어서 나무막대로 쳐 주십시오. 그리고 수행자들에게 제 이야기를 교훈 삼아 들려주십시오'라고 말하였다. 이로부터 나무로 목어를 만들어 누드리게 되었다.

당나라 현장법사(AD 602~AD 664)와 연관된 이야기도 있다. 현장법사는 직접 불경을 구하러 천축국이라 불리던 인도를 다녀와 『대당서역기』라는 기행문을 남겼는데, 이 책을 토대로 유명한 『서유기』가 만들어졌음은 독자들도 다 아실 것이다.

현장법사가 천축국에서 고국으로 돌아오는 도중에 어느 장자(長者)의 집에 머물게 되었다. 마침 이 집에서는 새로 들어온 안주인이 남편이 사냥을 떠난 사이에 전처소생의 갓난아이를 강물에 던져 버렸다. 집에 돌아온 남편은 이 사실을 모른 채 죽은 아이를 위해 천도재를 지내려던 참이었다. 때마침 나타난 현장법사에게 장자는 아이의 천도재를 위해 준비한 귀한 음식을 대접하려 하였지만 현장법사는 물고기가 먹고 싶다며 강에서 큰 물고기를 잡아다 달라고 부탁하였다. 이윽고 큰 물고기를 잡아오자 현장법사는 그 배를 가르게 하였는데 바로 이 집의 귀한 아들이 살아 있는 채로 배에서 나왔다. 현장법사는 '이 아이가 전생에 불살생계를 지녀 지금까지 죽지 않았다'고 하였다.

장자가 감동하여 물고기의 은혜를 갚을 방법을 물으니 현장법사는 '나무로 물고기 모양을 만들어 매달아 놓고 재를 올릴 때마다 두드리라'고 말해 주었다. 이 일을 연유로 목어를 만들게 되었다.

이와는 반대로 물고기를 벌주기 위해 목어를 만들었다는 이야기도 전한다.

한나라 때 자광(慈光) 대사와 두 스님이 황제의 명으로 천축국으로 갔다. 이들은 온갖 고초를 겪고 경전을 얻어 배에 싣고 바다를 건너 돌아올 때 거대한 풍랑을 만났는데, 이때 바닷속에서 흉악하게 생긴 큰 물고기가 별안간 나타나 뱃머리에 있던 경전을 물고 달아나 버렸다. 이를 본 두 스님이 급히 바다로 뛰어들어 격투 끝에 그 큰 물고기를 잡아 배 위로 끌어올렸다. 그러자 바람이 잦아들고 파도가 잔잔해져 대사 일행은 큰 물고기를 끈으로 묶어 무사히 절로 되돌아

해남 대흥사 대웅보전 수미단

•
통도사 용화전 천장 수생식물과 수생동물

> 왔다. 그러곤 매일 물고기를 치면서 삼킨 경전을 내놓으라 꾸짖으며 '아미타불' 염송하기를 계속하자 결국 물고기 머리가 부서져 버렸다. 할 수 없이 나무로 물고기 모양을 만들어 놓고 날마다 쳤는데 이것이 목어를 두드리며 경전을 염송하는 절집의 풍속으로 굳어졌다.

또 이와 비슷한 이야기도 있다.

> 옛날 한 비구 스님이 신도들의 공양물을 아끼지 않고 아무렇게나 써버린 죄로 죽은 후에 마가다국(부처님 당시 인도에 있던 나라 중 하나)의 큰 물고기가 되었다. 물고기가 되어서도 작은 물고기를 탐내어 이곳 저곳에서 동족을 많이 잡아먹었다. 그 업보로 지옥에 떨어져 한량없는 고통을 받게 되었다. 이런 연유로 절에서는 나무로 만든 물고기를 치면서 스님들의 흐트러진 마음을 경계하도록 하였다.

이처럼 목어의 유래담은 여러 가지가 있지만 정확히 언제 만들어졌는지는 확실히 알 수 없다. 그러면 우리나라에서는 언제부터 목어를 만들어 사용했을까? 현재 한국에 남아 있는 목어 유물은 조선 시대 중기 이전으로 올라가는 것은 없는 것으로 생각된다.

목어를 만든 확실한 기록은 당나라 백상 선사(AD 720~AD 814)가 선원 생활에서 지켜야 할 생활 규칙과 승려로서 지녀야 할 계율을 정해 놓은 『백장청규』에 나와 있다. 목어를 만들어 식당이나 행랑에 걸어두고 공양 시간을 알리거나 대중을 모이게 하는 신호용으로 쓴다고 기록되어 있다. 또 물고기 모양으로 만든 이유에 대해 물고기는 항상 밤이나 낮이나 눈을 뜨고 있어 수행승들에게 혼미한 마음을 경계하도록 한다고 하였다. 그렇다면 선종이 신라

•
파주 보광사 목어

말에 들어와 고려 시대에 꽃피었으므로 이런 시기에 본격적으로 만들어진 것은 아닐까? 지금 한국의 절집에서는 불전사물(佛殿四物)이라고 하여 범종각에 범종뿐만 아니라 목어, 운판(雲板), 법고(法鼓)를 갖추어 놓은 곳이 많은데 이렇게 한 자리에 모인 것은 조선시대로 보고 있다.

목어는 처음에 잉어 같은 모양으로 만들어졌지만 점차 머리가 용머리 모양으로 변하게 된다. 소위 용두어신(龍頭魚身), 용의 머리에 물고기의 몸을 갖춘 형태로 바뀐다. 중국 전설에 잉어가 황하의 용문(龍門)이라는 거센 협곡을 뛰어 오르면 용이 된다고 하여 이를 어변성룡(魚變成龍)이라고 하는데, 이 내용을 절집에서 원용하여 중생이 수행을 통해 깨달은 부처님이 된다는 의미로 사용한 것이다. 곧 용두어신의 목어를 통해 수행자로 하여금 빨리 수행 정진하여 깨달음을 얻으라는 경책을 주고 있는 것이라 할 수 있다.

실제로 이러한 용두어신은 목어뿐만 아니라 고찰의 법당 내부 그림에도 자주 등장하는 소재이다. 또 용이 된다는 것은 깨달음을 이루었다는 의미이기 때문에 절집 건물에 '용을 기르는 집'이라 해서 목룡장(牧龍莊)이라 써서 붙이기도 한다. 이 목어가 일상의 법구로 쓰기 위해 휴대하기 편한 형태로 작

김해 은하사 대웅전 내부 어변성룡

게 변한 것이 바로 목탁이다. 중국이나 일본도 우리나라와 같이 법당용으로 쓰는 둥근 목탁 형태로 변했지만 두 나라 다 목어라고 부른다. 또한 우리의 목탁은 들고 다니기 편리하게 진화했지만 다른 두 나라의 목탁은 고정된 틀이나 방석에 얹어놓고 치는 좌식 목탁으로 진화했다.

그럼 목탁의 구조도 살펴보자.

목탁의 양쪽에 있는 둥근 구멍은 물고기의 두 눈이고 두 구멍을 연결한 직선 홈은 물고기의 입이다. 손잡이 부분은 물고기의 꼬리 부분이 되는데, 한국의 목탁이 손으로 잡기 편리하도록 둥근 고리 형태로 바뀌었다면 중국이나 일본의 목탁은 지느러미 형태를 새겨 넣은 것이 많다. 또 한국 목탁에는

•
백흥암 수미단 부분. 물고기 몸에 사람 얼굴을 한 모습

물고기 비늘 모양이 나타나지 않지만 다른 두 나라의 목탁에는 물고기 비늘을 새겨 넣어 목어에서 유래되었음을 증명하고 있다.

아미타어와 풍경

불교와 관련된 물고기 중에는 아미타어도 있다.

흔히 사람의 얼굴에 물고기 몸을 가진 모습의 아미타어는 은해사 백흥암 극락전 수미단이나 통도사 대웅전 수미단에 보이는데, 이 물고기의 유래

에 대해 『삼보감응록』에 이런 이야기가 실려 있다.

집사자국(지금의 스리랑카)에서 서남쪽으로 아주 멀리 떨어진 곳에 외딴 섬이 하나 있었다. 섬에는 500여 가구의 사람들이 새를 사냥해서 먹고 살았는데 평생 불법을 듣지도 못했고 인과에 대해서도 알지 못하였다.

어느 날 수천 마리의 큰 물고기들이 바닷가로 헤엄쳐 왔는데 신기하게도 모두 함께 입을 맞추어 '나무아미타불'을 부르는 것이었다. 섬 사람들은 신기한 물고기 떼를 바라보다가 그 이름을 알 수 없어 '아미타어'라고 부르기 시작했다. 어떤 사람이 물고기를 따라서 '나무아미타불'을 함께 불렀더니 그 물고기들이 바닷가로 헤엄쳐 왔고 염불을 더 많이 할수록 물고기도 더 가까이 다가왔다. 그 사람이 곧 그 물고기들을 잡았는데도 다른 물고기들이 도망을 가지 않았다.

그 사람이 염불을 한 다음에 잡은 물고기를 구워 먹으니 비할 수 없이 물고기 맛이 훌륭하였다. 이후로 섬사람들은 '나무아미타불'을 부르면 다가오는 물고기를 항상 잡아먹게 되었다. 어쩌다 염불을 적게 한 사람도 물고기를 잡아먹을 수는 있었지만 이상하게 물고기 맛이 좋지 않았다. 차츰 섬의 모든 사람들이 이 물고기 먹는 것을 좋아하게 되고 또 맛있게 먹기 위하여 집집마다 큰 소리로 '나무아미타불'을 열심히 불렀다.

세월이 흘러 이 물고기를 잡아먹은 사람들 중의 한 사람이 수명이 다해 죽었다. 그러나 죽은 지 세 달 후에 이 사람이 자줏빛 구름을 타고 큰 광명을 놓으면서 이 섬으로 다가왔다. 그리고 그는 섬사람들에게 말하였다.

'나는 예전에 아미타어라고 부르는 물고기를 잡아먹던 노인인데 목숨이 다한 뒤에 극락세계에 왕생하였다네.
그대들은 아는가? 이 물고기들은 사실 아미타불이 변화하신 몸으로 나투신 것이네. 아미타불은 우리의 어리석음을 가엾게 여기시어 이러한 좋은 방편으로 우리들로 하여금 스스로 염불하도록 인도하신 것이네.
만약 내 말을 믿지 못하겠다면 돌아가서 자네들이 잡아먹은 물고기들의 뼈를 살펴보시게.'
섬사람들이 이 노인의 말을 듣고 모두 함께 자신들이 먹고 버린 물고기 뼈 무더기를 보러 갔다. 그러나 이게 웬일인가? 하나하나의 뼈 조각들이 다 연잎으로 변하여 쌓여 있었다. 이 광경을 본 섬사람들은 모두 감동하여 그때부터 살생을 하지 않고 채식하면서 '아미타불'을 지극정성으로 부르며 수행하였다.
세월이 흐르면서 섬사람들은 한 명 한 명 모두가 정토에 왕생하였으며 섬은 텅 비어 무인도가 되었다.

결국 아미타어는 아미타불이 어리석은 중생들을 교화하기 위해서 변화로 나타내신 모습이었다는 것이다. 후대에 이 아미타어를 수미단 등에 조각으로 만들어 넣을 때 사람 얼굴에 물고기 몸으로 조형해 넣음으로써 '아미타불'을 부르는 물고기를 상징하게 되었던 것이다. 그냥 물고기의 모습으로 조각해서는 '아미타어'의 상징성을 드러낼 수 없었던 탓이다. 그래서 부처님께 예경하는 법당 수미단에 보이는 아미타어는 중생들이 하루 빨리 염불삼매에 들어 극락왕생하기를 권청하는 상력한 의미를 담고 있다고 하겠다.

아미타어가 자신의 모습으로 중생을 깨우친다면 맑은 소리로 항상 수행자와 중생을 경책하는 기물이 있으니 바로 추녀 밑에 매달린 풍경이다. 바람이 불 때마다 은은한 소리로 우리의 혼란한 마음을 평안으로 이끌어 주는 풍경(風磬)이지만 작은 종 아래 매달린 물고기 모양 바람판에 어떤 의미가 없을 수 없다. 지금은 풍경이라는 말이 익숙하지만 예전에는 풍탁(風鐸)이라고 불렀다. 바람으로 두드리는 목탁이라는 뜻이다. 풍탁은 불교의 전래와 함께 우리나라에 들어온 것으로 추정된다. 그 유래에 대해서는 중국 한나라(BC 206~AD 220) 때 음악에 쓰였던 편종(編鐘)에서 비롯되었다고도 하고 말방울에서 유래한 것이라고도 한다.

우리나라의 절터 발굴조사에서도 많은 풍탁이 발견되어 풍탁의 변천사를 짐작하게 해주는데, 백제 시대 말기 무왕이 건설했던 익산 미륵사지의 풍탁을 보면 종 모양에서 그 형태를 차용했음을 알 수 있다.

어찌 되었건 삼국 시대 석탑의 추녀 끝에 흔히 매달려 있던 풍탁은 통일신라 시대에 다양한 형태의 종 모양으로 변화되고, 바람판도 구름이나 나뭇잎 모양으로 만들어진 것으로 추정된다. 이러한 양상은 고려 말까지도 유지된 듯하다.

조선 시대 들어와서 유교의 영향으로 모든 문화가 단순·소박한 경향으로 나아가고 불교도 이 영향을 받아 차츰 검박한 문화를 지향하게 된다. 물론 국교의 자리를 빼앗기고 중앙에서 변방으로 밀려난 불교의 위상도 한몫을 했

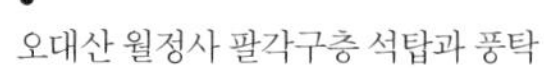

오대산 월정사 팔각구층 석탑과 풍탁

을 것이다.

풍탁의 종 모양도 단순해지고 석탑 추녀마다 달렸던 풍탁의 화려함도 차츰 사라졌다. 그 대신 절집 목조 건물 추녀 끝에 매달린 채 풍탁의 명맥을 이어가지만 이름도 어느 때인가 풍경으로 바뀌게 된다. 바람이 불 때마다 쓸쓸하면서도 맑은 소리를 울려 주는 풍경 소리, 그 끝에 매어 달린 물고기는 밤낮으로 눈을 뜨고 있는 모습이니 수행자들로 하여금 부지런히 수행정진에 몰두하여 해탈의 경지로 나아가라는 경책의 의미를 담고 있다.

풍경 소리를 들을 때마다 '나는 지금 무엇을 생각하는가, 나는 지금 어디로 가고 있는가' 하고 스스로에게 질문을 던진다면 풍경이 갖는 의미는 한층 더 깊어진다고 하겠다.

어람관음(魚籃觀音)을 아시나요

불교신자에게 가장 친숙한 보살은 관세음보살일 것이다. 중생이 이 세상에 살며 온갖 괴로움에 처했을 때 그 이름을 일심으로 간절히 부르면 반드시 구제해 주시는 보살이 바로 관세음보살이라 믿고 있기 때문에 불교신자가 가장 많이 부르는 보살님이기도 하다.

또 어느 때, 어떤 장소든 관세음보살은 중생의 수준에 맞게 갖가지 모습으로 나타나 보이시기에 이를 보문시현(普門示現)이라고 한다. 그렇게 나투시는 모습이 무척 다양하기 때문에 상징적으로 33응신(應身)이라고 한다. 곧 중생의 간절한 바람에 응해서 변화로 나타내신 33가지 모습이라는 뜻이다. 이 33응신 중에 어람관음이라고 해서 물고기 바구니를 들고 있는 관세음보살이 있다. 어람(魚籃)은 바로 물고기 바구니를 말한다.

양산 신흥사 벽화. 부처님의 왼쪽, 바구니를 들고 있는 분이 어람관음이다.

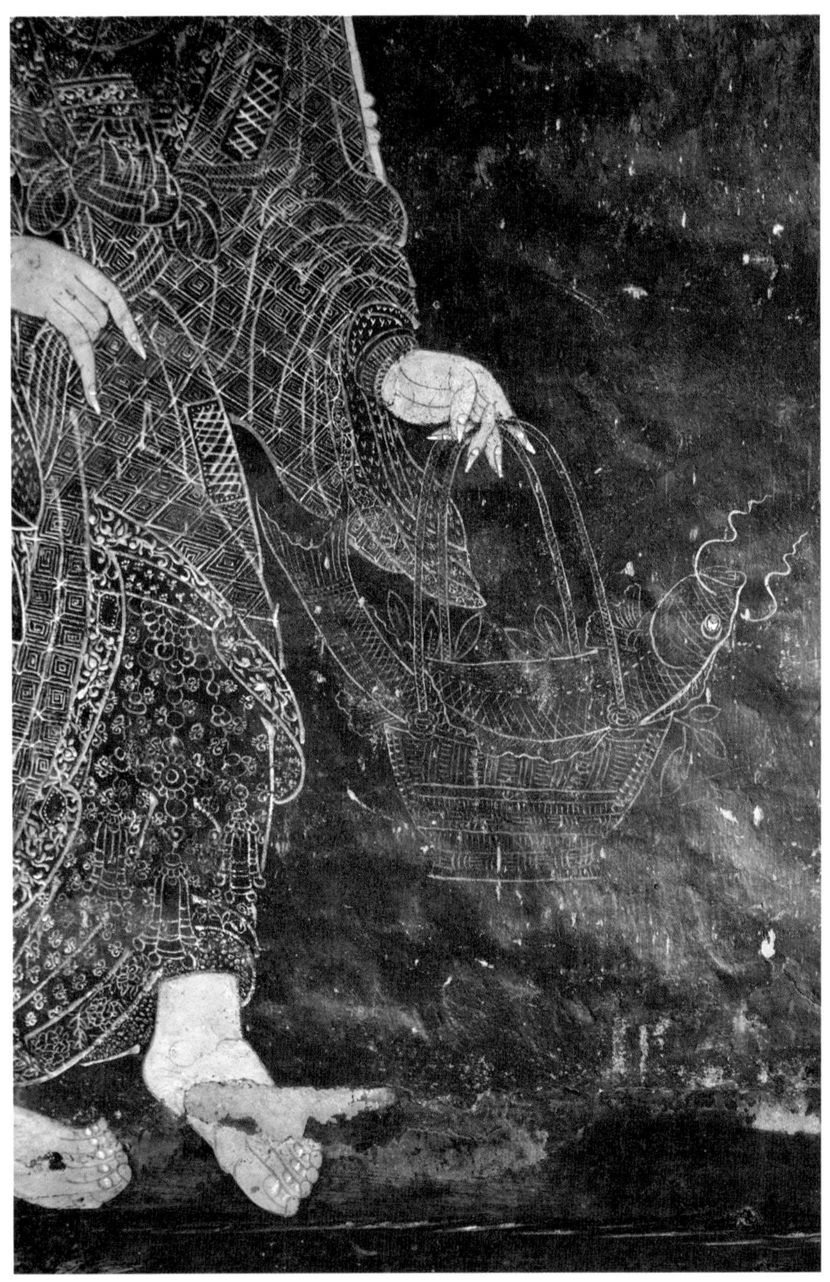

•
양산 신흥사 어람관음 벽화 부분.

어람관음을 묘사한 그림을 보면 보통 관세음보살이 물고기 바구니를 들고 있거나 큰 물고기 등에 타고 있다.

중국에는 이 어람관음이 탄생하게 된 설화가 전해지고 있다.

> 당나라 헌종 12년(AD 817) 섬서 지방은 아직 불교가 성행하지 않아 사람들의 심성이 아주 거칠었다. 그중 금사탄(金沙灘)이라는 곳에 바구니에 생선을 담아 파는 여인이 나타났다. 그 여인의 출중한 미모에 마을 청년들이 앞 다투어 혼인을 요청하자 이 어람미인은 청년들에게 『관음경』을 나누어주며 '이 『관음경』을 하룻밤 사이에 다 외우는 사람을 남편으로 삼겠다'고 말했다.
>
> 이튿날 아침에 보니 이 경을 외운 청년이 수십 명이 되었다. 어람미인은 다시 '내 한 몸으로 어찌 여러 남자를 섬기겠습니까? 이제 하룻

제천 신륵사 극락전 외부 토어도(吐魚圖)

밤 사이에 『금강경』을 다 외우는 분을 선택하겠습니다' 하였다.

하룻밤이 지나자 『금강경』을 외운 사람이 10명뿐이었다. 그녀는 다시 『법화경』을 나누어주며 '사흘 안에 외우는 분을 남편으로 섬기겠다'고 선언하였다. 사흘 뒤 『법화경』을 다 외운 이는 마 씨 총각 한 사람뿐이었다. 마 씨 총각은 신부를 맞이할 모든 준비를 갖추고 결혼식 준비를 하고 있었는데 어람미인이 결혼식장에서 별안간 쓰러져 죽음을 맞이했다. 마 씨 총각은 슬픔을 달래며 장례를 치를 수밖에 없었다. 장례 후 100일이 되었을 때 어느 노스님이 찾아와 '죽은 미녀가 바로 관세음보살이 변화해서 나타나신 것이오' 하고 일러주었다. 마 씨 총각이 깜짝 놀라 무덤을 파보았더니 향내가 진동하고 관 속에 황금빛 빗장뼈만 남아 있었다. 노스님은 '이는 관세음보살이 몸을 나투어 중생을 교화한 성스러운 자취'라고 말한 후 이내 허공으로 사라져 버렸다.

이로부터 고을 사람들은 마음을 바꾸어 평화로운 정토를 성취하게 되었다.

이 이야기가 어람관음이 나타나게 된 유래담이다. 어람관음 이야기에 등장한 물고기가 불교와 직접적인 연관이 있는 것은 아니지만 관세음보살의 33응신 중 하나인 어람관음은 우리 절집의 벽화나 탱화의 소재가 되어 나타나기도 한다. 이와 반대로 불교의 보시와 직접적으로 관련된 물고기 이야기가 부처님 전생담에 실려 있기도 하다.

제천 신륵사 극락전 박공의 널판에는 큰 물고기가 작은 물고기를 토해내고, 그 작은 물고기가 더 작은 물고기를 토해내는 그림이 그려져 있다. 절집 벽화에 그려진 물고기 그림으로는 제일 큰 그림이라고 믿어지는데 이 그림의 배경이 된 부처님 전생담의 내용은 이렇다.

> 부처님이 전생에 보살행을 닦을 때에 큰 물고기가 작은 물고기를 잡아먹는 광경을 보고 매우 가엾게 여기어 큰 물고기를 잡아 멀리 보내었다. 잡아먹힐 걱정을 덜게 된 작은 물고기는 왕성하게 자라서 고래처럼 큰 크기로 성장하였다. 그 후 바닷가에 흉년이 들어 사람이 사람을 잡아먹는 상황에 이르게 되자 이 물고기는 뭍으로 뛰어올라 자신의 몸을 보시하였고 바닷가 사람들은 굶주림을 면할 수 있었다.

이처럼 자신의 목숨을 보시하는 공덕을 쌓은 물고기를 법당의 낮은 부분에 그릴 수 없었다는 뜻일까? 가장 높은 천장 부분에 꼬리에 꼬리를 문 큰 물고기 그림을 그려 그 보시의 공덕이 높고 컸음을 우러러 보게 하였나 보다.

이처럼 절집의 천장이나 수미단, 벽화 등에서 흔히 발견할 수 있는 물고기 조각이나 그림은 화재로부터 법당을 지키려는 임무를 수행하면서 동시에 중생들로 하여금 염불 수행을 하든, 참선 수행을 하든, 보시행을 하든 물고기가 밤낮으로 눈을 뜨고 있듯이 오직 한 마음으로 용맹정진하기를 요구하고 있다. 그래서 잉어가 용문을 뛰어올라 용이 되듯이 깨달음을 성취하여 대자유인이 된다면 물고기의 사명도 함께 완성된 것이라 하겠다. _◑

게

벽화의 유행

사찰벽화에도 유행이 있다. 시대가 변하고 사람이 변하고 문화가 변하니 그 시대에 따라 벽화의 내용도 변해가는 것이다.

민화가 절집에 들어오기 시작한 19세기 이전까지 법당의 외벽에는 사천왕이나 금강역사, 보살상 등을 주로 그렸고, 이후에는 민화의 소재들이 많이 반영되었다. 지금은 주로 심우도나 팔상도 등을 외벽에 자주 그리고 있다.

목조건물은 건물의 특성상 몇십 년 만에 한 번씩은 중수를 해야만 하고 그에 따라 흙벽의 벽화도 보수를 해야만 한다. 그러나 1900년 초기까지 쓰던 당채나 담채 등 천연물감의 맥이 이후에 끊어지면서 이제는 화학물감을 주로 쓰게 되었다. 하지만 화학물감은 세월의 무게를 이기지 못하고 자연히 분해·퇴색되는 단점이 있다. 독자들도 법당의 단청이나 사천왕의 채색이 들뜨고 일어난 것을 본 적이 있을 것이다. 결국 단청이나 벽화를 더 자주 손볼 수밖에 없는 시절이 되어버린 것이다.

그렇다면 천연재료를 찾아내서 다시 재현하면 우수한 작품들을 만들 수 있지 않을까 생각할 수도 있는데, 전혀 그렇지 않다. 탱화를 예로 든다면 천연소재의 바탕과 접착제, 물감이 있어야 하는데 이 세 가지를 다 갖추기가 쉽지 않다. 우선 베나 모시, 광목 등은 화학표백제를 사용하기 때문에 그 수명이 짧다. 또 화학접착제를 대신할 천연 부레풀도 구하기 쉽지 않다. 국제무역의 발달로 천연물감은 오히려 구하기가 쉬워졌지만 이 세 가지를 다 구비하는 것이 쉽지 않고, 또한 이를 능숙히 다루는 사람 역시 찾기가 쉽지 않다. 쉽게 말해 지금 문화재로 지정돼 있는 탱화들만큼 오랜 시간을 버틸 수 있는 탱화를 다시 제작하는 것이 녹록치 않다는 뜻이다. 그래서 지금 우리가 절집에서 볼 수 있는 옛 벽화나 단청, 탱화 등은 정말로 귀중한 문화유산이다. 오

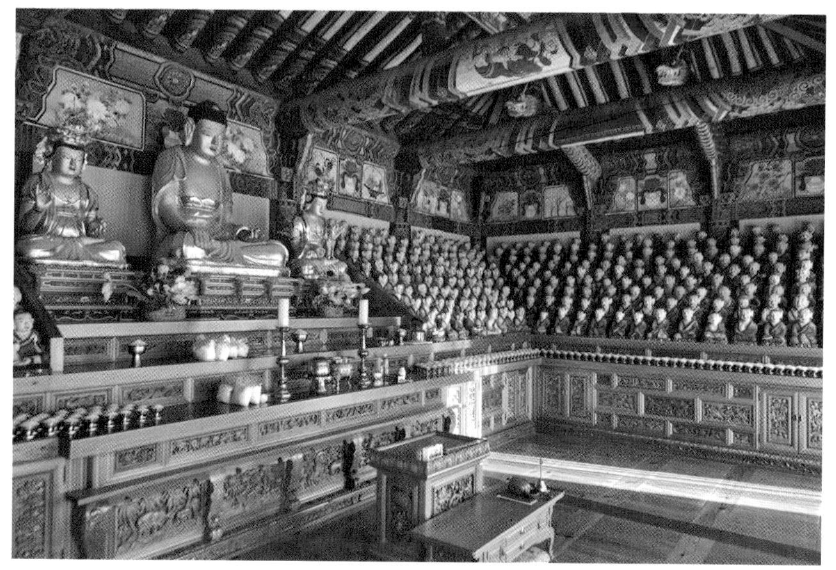

청도 운문사 오백전 내부

히려 지금의 기술로는 재생산이 힘들다는 것을 이해하고 우리가 오래도록 지켜가야 할 의무가 있음을 자각해야 한다. 앞서 말했듯이 법당이나 벽화도 일정 시간이 지나면 보수를 해야 했고 그런 탓에 뒤늦게 절집에 들어온 민화도 옛 모습 그대로 보존하고 있는 곳이 그렇게 많은 편이 아니다.

청도 운문사 오백전은 오백나한을 모시고 있는 조선 후기의 건물인데 내부 사방벽의 민화를 옛 솜씨 그대로 보존하고 있는 귀한 법당이다. 화병에 꽂혀 있는 풍성한 연꽃들이 즐비하고 그 사이사이에 모란, 국화, 매화 등의 민화들이 다채롭게 펼쳐졌다.

게와 과거급제

운문사 오백전 중앙의 삼존불 뒤쪽 벽에는 화병에 꽂힌 연꽃 그림과 흰 모란 그림이 소담스럽게 그려져 있고 기둥 바깥으로는 과일과 꽃 그리고 게 두 마리를 그린 민화가 있다. 누가 그렸는지는 알 수 없어도 꽤 솜씨 있는 작가의 작품임을 누구나 알 수 있다. 게 그림을 자세히 보면 한 마리 게는 갈대 끝자락을 두 집게로 꽉 부여잡고 있다. 당연히 이 그림은 서민의 바람을 상징하고 있으니 이갑전려도(二甲傳臚圖)라고 한다.

게의 단단한 등껍질을 보통 갑옷에 견주어 '갑(甲)'이라고 하지만, 갑(甲)은 또한 으뜸이라는 뜻도 있다. 곧 두 번의 과거시험에서 모두 우수한 성적으로 합격하라는 의미이다. 과거시험은 소과(小科)와 대과(大科) 두 번의 시험을 치러야 하는데, 33명에 뽑힌 다음에 최종 순위 시험에서 갑과(甲科)로 합격한다는 것은 최고의 영예가 되었다. 또 갈대 '로(蘆)'는 그 한자음이 '려(臚)'와 비슷한데 려(臚)는 장원급제자에게 임금이 직접 내려주는 음식을 뜻한다. 그래서 게가 갈대를 꼭 잡고 있는 이 그림은 '소과, 대과에 으뜸으로 급제하여 임금이 내려주는 음식을 꼭 받기 바란다'는 의미를 갖고 있다. 또한 게는 전진과 후퇴가 분명하고 자기가 갈 길에 대한 소신이 분명하다고 생각하여

청도 운문사 오백전 벽화. 좌측에 게 그림이 보인다.

조선 시대 문자도 8폭 병풍 일부. 오른쪽부터 예의염치(禮義廉恥)를 그렸으며 각각 거북이, 물수리, 게, 보름달 안에 방아 찧는 토끼가 그려져 있다.

청렴함의 상징으로도 쓰였다. 과거에 급제하여 벼슬길에 나아가더라도 권력자에 아부하지 말고 소신껏 자신의 뜻을 펼치는 청렴한 관리가 되라는 뜻도 있다. 그래서 문자도의 '염(廉)'자에도 게 그림이 들어가게 된 것이다. 원래 이런 그림은 과거시험을 볼 자제가 있는 집에 축원의 의미로 보내기도 하였는데, 운문사 오백전은 오백나한을 모신 나한전으로서 절에 오는 신도들이 갖

고성 운흥사 수미단의 가재와 게

가지 소망을 기원하는 법당이라 이런 이갑전려도를 그린 것으로 보인다. 또 불교에서는 물고기가 걸림 없는 자유를 상징하지만 민간에서는 화목과 자손창성을 의미한다. 물고기는 서로 다투는 일이 없고, 알을 많이 낳기 때문이다. 곧 이 두 벽화는 과거시험 합격과 가족의 화목·자손창성을 바라는 조선시대 일반 백성의 꿈을 표현한 것이라고 보면 된다.

화재를 막아라

게는 법당의 민화에만 나타나는 것은 아니다. 게는 자라나 물고기, 연꽃 등과 함께 나무로 조각되어 법당 천장에 부착되기도 하고 또 수미단에 조각되어 나타나기도 한다. 게의 별명 중에는 횡행개사(橫行介士)라는 것도 있다. 용왕님 앞에서도 감히 앞뒤로 나아가지 않고 기개 있게 옆걸음질로 가는 무사라는 뜻이다. 딱딱한 등껍질은 무사 같고, 뾰족한 집게손은 마치 창과 같다. 억세고 강직한 군인의 기상이 있다고 하여 좋은 의미로 붙여준 별명이다.

또 게는 수중생물이다. 갯벌에서도 살 수 있지만 주무대는 역시 물속이다. 모습은 둔해 보이지만 물속에서는 대단히 빠르다. 갯벌의 게도 얼마나 빠른지 두 발로 쫓아가도 재빨리 숨어버려 잡을 수가 없다.

조선 후기에 법당을 지으면서 가장 근심되는 것이 화재였다. 목조건물이기에 화재에 취약했고, 여러 번의 전쟁을 겪으면서 실제 고통이 너무 심했기 때문이다. 그래서 찾아낸 고육지책이 수중생물을 법당 안에 살도록 한 것이다. 법당 안에 살면서 부처님 법문도 듣고 불이 나지 않도록 잘 지키라는 임무를 준 것이다. 천장에다 연꽃과 함께 각종의 수중생물을 조각해서 안치한 법당은 이렇게 해서 출현한 것이다. 게다가 게는 용감하고 기개 있는 장수이니 그 책임이 더욱 무겁다.

『본생담』에도 게에 관한 이야기가 있다. 석가모니 부처님께서 죽림정사에 계실 때 아난다 존자가 부처님을 위하여 몸을 버린 전생이야기를 하셨고 그 이야기 속에 게가 등장한다.

> 옛날에 보살은 바라문의 아들로 태어났고 성장해서는 부모의 재산을 물려받아 많은 땅을 경작하게 되었다.
>
> 어느 날 논에 일하러 간 보살은 논 끝에 있는 연못으로 세수를 하러 갔는데, 그 연못에 살고 있는 아름다운 금빛 게가 보살의 곁으로 다가왔다. 보살은 그 금빛 게를 겉옷으로 싸서 논으로 데려 왔고 일을 마친 후에 다시 연못으로 데려다 주었다.
>
> 보살은 논에 갈 때마다 연못에서 금빛 게를 데리고 있다가 일을 마친 후에 다시 데려다 주기를 반복했고 둘 사이에는 우정이 싹텄다. 이 보살

완주 송광사 대웅전 천장. 게, 물고기, 자라, 토끼 등이 보인다.

의 눈은 우아하고 아름다운 광채가 있어 그 평판이 널리 퍼져 있었다. 보살의 논 한쪽의 한 그루 다라나무 위에는 까마귀 한 쌍이 살고 있었다. 암까마귀는 보살의 눈을 보고 몹시 그 눈을 먹고 싶어 수까마귀를 졸랐다. 결국 수까마귀는 보살을 죽이기 위해 검은 뱀을 길들이기 시작했다. 수까마귀의 말을 듣게 된 뱀은 어느 날 보살이 연못가로 와서 다시 금빛 게를 데려가려고 하는 순간, 보살의 다리를 물어 쓰러뜨리고 도망쳤다. 보살이 쓰러지자 금빛 게는 옷 속에서 나왔고 동시에 까마귀 부부가 날아와 보살의 눈을 쪼려고 했다. 그 순간 금빛 게는 재빨리 수까마귀의 목을 집게발로 움켜잡았다. 수까마귀가 뱀에게 구원 요청을 하자 도망쳤던 뱀이 머리를 세우고 달려왔으나 금빛 게는 잽싸게 뱀의 목도 움켜쥐었다.

금빛 게는 보살을 살리기 위해 뱀의 목을 조였던 집게발을 조금 느슨히 하여 뱀이 보살의 몸에 퍼져 있던 독을 다 제거하도록 하였다. 보살이 원기를 회복하고 평상시와 같이 일어서자 금빛 게는 '만일 이들을 놓아주면 언제나 내 벗을 해치려 할 것이다' 생각하고는 가위발로 그들의 목을 눌러 죽여 버렸다. 이 광경을 본 암까마귀는 어디론가 날아가 버렸다. 보살은 그 금빛 게를 연못에 놓아주고 목욕한 뒤 마을로 돌아왔고 그 뒤로 더욱 금빛 게와 친하게 지냈다.

'그때의 수까마귀는 바로 제바달다이며 검은 뱀은 악마이며 현명한 금빛 게는 아난다이며 나는 그 보살이었다'

게가 이처럼 부처님과 인연이 있었으니 법당에 나타난다 해도 이상할 것이 하나도 없다. 게다가 수미단과 문살에 거북·물고기 등과 함께 새겨져 화재 방지의 임무까지 띠었으니 더욱 의미가 깊다 하겠다.

천은사 극락보전 앞, 내부, 뒤. 전면의 용은 내부를 거쳐 꼬리가 법당 뒤편으로 나와 있다.

게 조각은 법당 안에만 있는 것이 아니다.

조선 시대 후기에는 법당을 중생들을 태우고 극락으로 건너갈 반야용선으로 생각하기에 이르렀고 그러한 생각들을 조각으로 나타내게 된다. 법당이 배라면 그 뱃머리는 정면 중앙계단이 되니 이 중앙계단의 소맷돌에 용을 새겨 넣은 사찰이 수도 없이 많다. 천은사 극락보전(보물 제2024호)의 경우는 정면 현판 옆에 청룡 황룡의 머리가 조각되어 있고 그 꼬리가 법당 안쪽으로 이어지듯 조각되어 있다. 또 전면 귀공포에 조각된 용의 꼬리가 대각선으로 건너가 뒤쪽 귀공포에 설치되어 있다. 정면 소맷돌에 용이 없는 대신 아예 법당을 배의 몸통으로 보고 앞, 뒤로 용의 머리와 꼬리를 새겨 넣어 법당이 반야용선이라는 것을 확실히 해 둔 것이라고 생각된다.

소맷돌에 용을 조각했어도 법당이 물에 떠 있는 용선이라는 것을 표현하기 위해 게와 자라를 법당 기단석에 새겨 넣은 법당도 있다. 이런 조각이 여수 흥국사 대웅전(보물 제396호) 기단부에도 있고 청도 대적사 극락전(보물 제836호) 기단부에도 있다. 흥국사의 경우는 마당 석등의 대좌도 거북이로 하여 한 번 더 바다라는 것을 강조한 듯하다.

해남 미황사 대웅전(보물 제947호)에는 주춧돌에 게와 자라를 새겨 넣었다. 특이하게도 이 게조각은 승탑에도 나타난다.

장성 백양사 소요대사탑(보물 제1346호)에는 게 이외에도 개구리, 새끼를 업은 거북, 물고기 등이 새겨져 있다. 소요 대사(1562~1649)는 서산 대사의 전법제자로 임진왜란 기간에는 텅빈 절을 맡아 지키면서 전쟁으로 죽은

•
청도 대적사 극락전 기단의 게와 거북

장성 백양사 소요대사 탑 부분 게

장성 백양사 소요대사 탑

미황사 부도밭의 게와 물고기가 새겨진 승탑

미황사 부도밭 전경

미황사 부도밭의 게가 새겨진 승탑

이들을 위한 기도를 올리는 책임을 다했고 인조2년(1624)에는 남한산성의 서쪽 성 보완공사를 완수하였다. 수백 명의 제자를 둔 소요 대사는 입적한 뒤 그 승탑이 백양사와 구례 연곡사에 세워졌다. 이렇게 승탑에 물속 중생들이 다양하게 새겨졌다는 것은 소요 대사가 이미 반야용선을 타고 정토의 세계로 건너 가셨다는 것을 의미하기도 하지만 모든 중생을 불법의 옷자락으로 감싸 안고 해탈의 세계로 건너간다는 상징도 된다.

실제로 해남 미황사 승탑밭에 가보면 게뿐만 아니라 물고기, 오리, 새, 거북, 다람쥐, 방아를 찧고 있는 토끼 등 다양한 중생이 등장하고 있다. 민화와 함께 들어온 동물들이 다양한 조각으로 나타나면서 새로운 불교문화로 정착되었음을 말해 주는 것이기도 하다. _◑

수달

문화의 전성기

모든 국가에는 흥망성쇠가 있다. 새로운 국가가 건설되어 제도와 기강이 바로 서면 민생도 안정되어 전성시대가 오게 마련이고 또한 부정과 부패로 노쇠하여 스러지는 시대도 도래하게 된다. 대제국을 건설했던 몽골제국이 그랬고 유럽이나 중국 대륙에 등장하는 나라들의 흥망도 역시 그렇다.

우리나라도 역시 마찬가지다. 삼국을 통일한 신라는 불국사·석굴암을 짓던 무렵인 경덕왕(재위 742~765) 때가 전성기의 정점이었다면, 고려는 문종(재위 1046~1083)의 치세 때가 최고의 황금기였다. 조선은 두말할 것도 없이 세종(재위 1418~1450) 대가 가장 두드러진 문화 역량을 과시한 때였지만 임진왜란과 병자호란을 겪은 후 다시 국가의 정치·경제적 힘이 비축될 때까지는 꽤 많은 시간이 필요했다.

임진왜란 이후 100여 년의 시간이 흐른 뒤 숙종(재위1674~1720) 때부터 영조(재위 1724~1776)를 거쳐 정조(1776~1800) 때까지의 100여 년간이 조선 후기의 문화부흥기였다. 정치적으로는 붕당정치로 인한 폐해가 적지 않았지만, 사회적으로는 민생이 안정되고 큰 전쟁도 없어 독자적 문화의 힘이 발휘되던 시기였다. 세계의 중심이었고 문화적 선진국이라고 믿어왔던 명나라가 힘없이 쓰러지고 북방의 야만족이라고 생각했던 만주족이 중원을 장악해 청나라(1616~1912)를 세웠지만 조선은 청의 문물을 받아들이느니 이전부터 본받아 온 명의 문화를 이어가면서 새로운 활로를 모색해 나가야 했기 때문이다.

이러한 시대적 요구에 대해 우리만의 독자적 문화를 주도한 왕들은 앞서 말한 왕들이었지만 유생이나 사대부를 비롯한 사회적 분위기도 이에 호응하였기에 새로운 진경문화(眞景文化)가 꽃피울 수 있었다. 진경문화란 말에서 알 수 있듯이 실제로 우리나라에 있는 풍경을 그리듯 유교에 기반한 조선만의 독자적 문화를 창달해 나갔다. 여기에는 조선이야말로 명나라를 잇는 도덕적 문화국가라는 자부심과 유교의 덕목을 실천하는 선비정신을 지켜 간다는 자존심이 내포돼 있었다. 이러한 사상을 작품으로 보여준 대표적 화가가 바로 겸재 정선(1676~1759)이다.

그러나 겸재 정선이 출현하기까지에는 우리 문화의 독자성을 형성하기 위한 밑바탕 작업이 오랫동안 누적돼 오고 있었다. 송강 정철(1536~1593)이 가사문학으로 국문학의 기틀을 다졌고, 석봉 한호(1543~1605)가 자신만의 독특한 서체를 완성했으며, 창강 조속(1595~1668)은 전국을 유람하며 명승지를 시로 읊고 그림으로 남겼다.

조선 전기의 그림에서는 풍경도 중국 풍경, 의복도 중국 의복, 가옥도 중국 가옥을 그대로 따라 그렸다. 심지어 소도 우리의 한우가 아니라 중국의 물소를 그대로 옮겨 그렸다. 하지만 진경시대 이후 서서히 변화가 일어난다. 중국풍을 답습하지 않고 조선의 풍경과 옷, 가옥, 한우로 자신 있게 바뀌어간 것이다.

1700년대에 들어서면서 화산이 폭발하듯 훌륭한 화가들이 연이어 출현했다. 공재 윤두서(1668~1715), 관아재 조영석(1686~1761) 현재 심사정(1707~1769), 표암 강세황(1713~1791) 등이 나타났고 뒤를 이어 단원 김홍도(1745~1816?)와 혜원 신윤복(1758~1814?)이 등장했다. 이들은 민간의 풍속까지 그림의 소재로 삼는 혁신적 화가였다. 또한 영조는 겸재 정선이 그린 금강산을 비롯한 명승지 그림을 감상했고, 정조는 단원 김홍도를 열렬히 애호하여 그가 창건을 주도한 수원 용주사의 탱화를 그리도록 배려하였다. 이러한 사회적 흐름은 당연히 불교계에도 크게 영향을 미쳤다. 불화를 담당하는 뛰어난 화승(畵僧)들이 다수 배출되면서 우수한 작품들을 많이 남겼다.

18세기 전반을 대표하는 불교계 최대의 불모(佛母)는 의겸 스님이다. 숙

고성 운흥사 관음보살도. 1730년 화승 의겸이 그렸다.

종조부터 영조조까지, 곧 1710년경부터 1760년경까지 지리산 지역과 경상도 일대에서 활약하며 빼어난 괘불과 탱화를 남겼는데, 현재까지 남아 있는 것이 25점이다. 이중 다수가 국보나 보물로 지정되어 있다. 또 의겸파라고 불릴 만큼 많은 제자도 양성했다.

물론 회화와 더불어 당시는 사찰의 건축·불상·장엄 등이 바로 앞 세대와는 달리 높은 수준을 유지하고 있었다. 문화적 역량이 한껏 발산되던 사회 분위기가 절집에까지도 영향을 미쳤을 것이고 절집의 문화 역량 역시 역으로 세간의 흐름에도 큰 영향을 미쳤을 것이다.

임금이 조선의 산수를 그림으로 감상하고 사대부가 손수 그림을 그리며 유명화가들이 평범한 서민의 생활상을 그림으로 나타내는 시대가 도래함에 따라 세간에서도 그림을 집안에 장식하는 풍조가 자연스럽게 생겨나게 되었다.

18세기 말에 활동했던 강이천(1769~1801)은 화가인 표암 강세황의 손자로 12살 때부터 문학적 재질이 있었다고 알려진 인물이다. 비록 한쪽 눈을 잃었지만 매화도 잘 그려서 후대의 추사 김정희(1786~1856)로부터 호평을 받기도 하였는데, 신유사옥으로 인해 32세로 요절했다. 그가 남긴 〈한경사(漢京詞)〉라는 시에는 당시 한양의 풍속과 세태가 잘 나타나 있다.

日中橋柱掛丹靑 일중교주괘단청
累幅長絹可幛屛 누폭장견가장병
最有近來高院手 최유근래고원수
多耽俗畵妙如生 다탐속화묘여생
한낮 광통교에 그림이 걸렸으니
여러 폭 긴 비단은 병풍감이요
최고로는 요즈음 솜씨 좋은 화원의 그림도 있지만

인기 많은 속화는 살아 있는 듯 묘하도다.

이 시를 보면 광통교(지금의 광교) 인근의 그림 가게에서 판매할 그림을 다 진열할 수 없으니 광통교 다리에 그림을 매달아 놓은 풍경이 선연히 떠오른다.

여기에서 말하는 속화(俗畵)는 무엇일까?

예전에는 궁중음악을 정악(正樂)이라 하고 민간의 음악을 속악(俗樂)이라 했으니 속화는 지금의 민화(民畵)일 것이다. 또 한산 거사가 헌종 10년(1844)에 지은 〈한양가〉에도 광통교 그림가게에 대한 묘사가 있다.

광통교 가게 아래 각색 그림 걸렸구나.
보기 좋은 병풍차에 백자도(百子圖) 요지연(瑤池宴)과
곽분양(郭汾陽) 행락도며, 강남 금릉 경직도(耕織圖)며
한가한 소상팔경 산수(山水)도 기이하다.

역시 민화의 소재로 많이 쓰이던 그림들이 가지가지로 걸려 있음을 알게 해준다. 아마도 이러한 세간의 풍속에 일반 서민들도 여력만 되면 민화를 사다가 집안을 치장했을 것이다. 1900년대 초반에 조선을 다녀간 엘리자베스 키스(1887~1956)의 그림에도 여염집에 많은 민화들이 장식된 것을 볼 수 있다. 필자가 어렸을 때만 해도 다락문에는 문짝마다 인쇄된 민화가 붙어 있었다. 1700년대 후반부터 200여 년간 일반 서민의 집에까지 거세게 불어 닥친 민화의 바람은 끊어지지 않고 오랫동안 그 생명력을 유지했던 것이다.

상황이 이러하니 서민에 의지해서 사찰을 경영해 오던 조선의 불교계에서 이처럼 거센 민화 바람을 거스를 수 없었던 것도 어쩌면 당연한 일이었을 것이다.

민화가 절집에 나타나다

조선 시대에 들어서면서 숭유억불 정책으로 인해 불교계는 크게 시달림을 당했다. 왕릉이나 태실의 수호사찰이나 왕실의 안녕과 장수를 위한 원당사찰로 지정되어 후원을 받기도 하였지만 극히 일부 사찰에 지나지 않았고, 국가 이념을 따르는 유생이나 사대부의 냉대와 압박에 지속적으로 괴롭힘을 당했다. 특히 유교의 근본이념인 '효(孝)'의 문제를 초월하고 부모와 가족을 떠나 산중으로 들어간 스님들에 대한 유생의 비판은 신랄할 수밖에 없었다.

이에 대해 자구책으로 등장한 것이 산문 밖 길옆에 은사와 스승에 대한 효행의 표본으로 승탑을 조성하는 일이었다. 고려 시대 말까지는 고승의 승탑을 세우고자 하면 국가에서 스님의 시호와 탑명을 내려 주었고 해당 사찰에서는 절의 뒤편 산중에 좋은 자리를 잡아 승탑을 건립하는 것이 관례였다.

그러나 이러한 옛 방식으로 승탑을 세우면 오고가는 사람이 잘 볼 수가 없다. 자연히 스님들도 효를 행하고 있다는 상징으로 산문 밖 도로 곁에 승탑들을 세우게 된다. 여느 동네 입구에 있는 충효각이나 열녀각처럼 여염의 풍속을 따라간 것이다. 지금 고찰의 들머리에서 만나는 승탑군(부도군)은 이런 사연을 안고 조성된 것이다.

세속의 산신·칠성·용왕을 받아들이고 명부전을 시설해 49재를 봉행하게 되었지만 그래도 사찰의 불사는 어디까지나 일정한 법식을 가지고 있었다. 당우를 짓거나 불화를 그리거나 불상을 조성하는 불사들이 대대로 이어지는 스님들에 의해 계승되었기 때문이다. 17세기나 18세기에도 이러한 전통은 그대로 유지되었고 민간에서 크게 유행하는 그림이 절집에까지 영향을 미치지는 못했다.

양산 신흥사 대광전(보물1120호)은 효종 8년(1657)에 중수한 건물인데 법당 내외의 벽이나 대들보 기둥에 그려진 벽화가 총 70여 점에 이르지만 오롯이 불교와 관계가 있는 불화로만 구성되어 있다. 1801년에 중수한 사실이 있는데 이때도 옛 벽화를 그대로 복원했을 뿐 새로운 그림으로 바꾸지는 않았다고 판단하여 벽화만 따로 보물 제1757호로 지정하였다. 이보다 앞서 인조 2년(1624)에 세운 여수 흥국사 대웅전(보물 제396호)이나 인조 14년(1636)에 건축한 부안 개암사 대웅보전(보물292호)의 내부 단청에도 세속의 영향을 받은 불화는 없다. 불화는 불교의 교리나 내용을 대중에게 전달하기 위해서 그림으로 표현한 것이지만 민간에서 유행하고 있는 풍조와는 일정한 거리를 두고 전통을 지켜갔음을 말해준다.

그러나 1800년대에 들어서면서 상황은 달라지기 시작했다. 안동김씨 일문(一門)의 세도정치가 굳어지면서 점차 서민들의 생계가 어려워지기 시작했고 국운도 기울기 시작했다. 고단함을 이겨나가고자 하는 서민들의 바람은 더욱 많아졌고 서민에 의지하던 불교계는 그 바람을 수용하는 방책으로 민화를 수용했다. 그것이 사찰경제에도 도움이 되었다. 원래 민화는 중생의 소원을 나타내는 상징화가 많았기 때문에 사찰 벽에 민화를 그림으로써 서민들이 친근하게 다가올 수 있는 기회도 제공했기 때문이다.

목조건물은 건축 재료의 한계 때문에 50~100년 사이에는 반드시 중수를 해야 한다. 중수를 하면 전면적으로든 혹은 부분적으로든 벽화를 다시 그리게 되는데 여수 흥국사 대웅전(1624년 건축)이나 양산 신흥사 대광전(1657년 중수)의 예에서 보듯이 대부분 불교와 관련된 내용으로 채웠다. 하지만 1800년대 들어서면서는 양상이 달라졌다. 민화가 서서히 사찰 벽을 차지하게 된 것이다.

1800년대 중반 이후에는 민간의 살림이나 절집의 살림이 더욱 어려워졌다. 불사를 전담하던 스님들도 하나둘씩 자취를 감추기 시작했고 그 자리

•
신흥사 대광전 벽화들. 건물 내·외벽과 포벽, 건물 내부의 대량과 고주에 그려진 벽화 등을 포함하여 70여 점에 이른다.

는 민간의 장인들이 차지했다. 민화를 그리는 풍조도 더욱 확산됐다. 지금 우리가 만날 수 있는 사찰의 민화들은 거개가 19세기 후반에서 20세기 초에 그려진 것이라고 보면 된다.

20세기 초반이 되면 불화를 그리던 스님이 민화를 그리기도 하고 민화를 그리던 사람이 사찰의 불사에도 참여한다. 사찰재정이 약화되고 생계에도 지장이 생기자 수요자의 요구에 따라 간 것이다. 심지어는 불화를 그리던 사람이 무당의 요청에 따라 그들이 원하는 신상(神像)까지 그려주는 일도 있었다.

송헌 김달기(1885~1961)는 20세기 전반 해인사와 경남 일원의 사찰에서 불화를 그렸지만 산수화, 화조도, 어해도 등 민화도 그렸다. 중요무형문화재 제48호 단청장이었던 만봉 스님(1909~2006)도 모란을 잘 그렸고, 김일섭 스님(1901~1975), 원덕문 스님(1913~1992)도 다 단청장이었지만 민화도 잘 그렸다. 강원도에서 활동한 민화가 황승규(1866~1962)는 오대산 월정사와 신흥사의 단청 작업에도 참여하였다.

지금에 이르러서는 사찰 불사를 전담하던 스님들의 맥이 많이 끊어지고 건축부터 불상 조성, 불화 작업 등이 거의 다 민간의 전문가에게 넘어갔다. 그래도 절집에서 민화를 자구책으로 받아들인 덕분에 서민들의 소망이 담긴 벽화들이 고찰마다 남아 있어 우리로 하여금 그 시대를 읽을 수 있는 기회를 제공해준다.

사실 이러한 민화의 바람은 절집뿐만 아니라 모든 문화 전반, 건축·도자기·비석·자수·가구·목공예 등 그 영향이 미치지 않은 곳이 없었다.

수달의 등장

앞에서 이야기한 것처럼 진경시대에 들어서며 중국의 산수와 풍광을 버리고 조선의 산수와 풍광을 그리는 흐름이 사대부들을 중심으로 퍼져 나갔다. 인물 역시 조선의 의복을 입은 사람으로 그렸다. 이러한 그림을 처음으로 그리기 시작한 사람은 관아재 조영석(1686~1761)이었다. 조영석은 겸재 정선보다 10년 연하였지만 누구보다도 서로 가깝게 지내는 화우(畵友)였다. 그는 우리나라의 대표적 새인 까치도 그렸을 뿐만 아니라 어부 가족이나 바느질하는 여염의 여인, 목기 깎는 상민 등도 그리면서 서민들의 풍속을 그림에 담는 풍속화의 선구자적 역할도 담당하였다.

이러한 화단의 시대적 흐름은 또한 불화에도 나타났다. 돌아가신 영혼의 극락왕생을 위하여 올리는 천도의식에 거는 그림이 바로 감로탱화인데 16세기 말부터 20세기 초까지 계속 그려져 왔다.

감로탱화의 하단 부분에는 지옥에서 고통 받는 죄수들의 모습과 함께 사바세계에서 살아가는 중생들의 갖가지 모습과 죽는 모습이 다양하게 그려져 있다. 병든 사람, 무당, 재인(才人)이 등장하고 전쟁으로 죽고, 호랑이에 물려 죽고, 강도에 맞아 죽는 등 여러 가지 사연으로 죽는 사람의 모습도 그려져 있다. 그 시대를 살아가던 세속의 생활상을 알게 해준다. 그러나 1700년 이전의 감로탱화에는 서민들의 복색이 대부분

관아재 조영석의 〈말징박기〉

• 안동 봉정사 감로탱화

서울 흥천사 감로탱화

南無圓滿報身
奉為

천은사 극락보전 수달

중국풍이었으나 1700년대 들어서면서 조선의 복색으로 바뀌게 되고 1700년대 중반에 이르게 되면 완전히 한복으로 바뀐 감로탱화도 나타난다.

안동 봉정사 감로탱화는 영조 41년(1765)에 조성된 불화인데 하단의 중생들이 전부 조선의 한복을 입은 모습이다. 또한 이 탱화 이후에 제작된 감로탱화들은 그 시대 조선의 풍속을 보는 듯한 모습으로 그려졌다. 1939년에 그려진 홍천사 감로탱화에는 당시 번화가와 양복을 입은 신사, 하이힐을 신은 숙녀, 도로공사, 전선 수리공 등 당시의 시대상황을 그대로 묘사하고 있어 당시의 생활상을 보는 즐거움을 준다. 이처럼 불화에서도 진경시대를 맞이하여 조선의 고유 한복과 생활상과 풍습이 나타났으니 법당의 꾸밈새에도 자연히 변화가 뒤따랐다. 필자는 그러한 변화의 대표적 동물이 바로 수달이라고 생각한다.

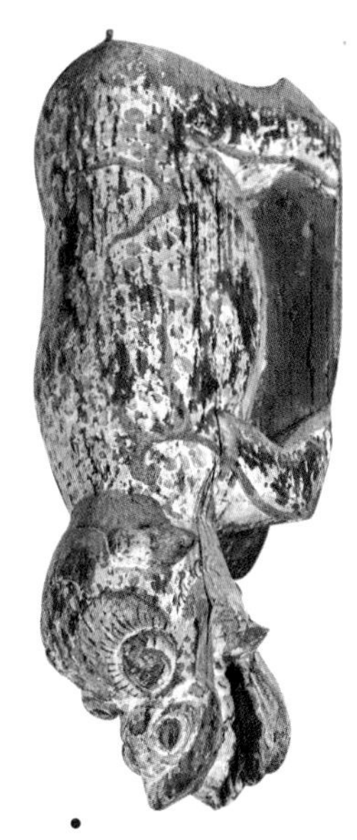
천은사 극락보전 내 해태

구례 천은사 극락보전(보물 제2024호)은 1774년에 중건한 법당인데 내부의 삼존불 뒤 양쪽 끝기둥 윗부분에는 각각 한 마리 동물이 귀엽게 붙어 있다. 자세히 보면 두 동물은 생김새가 서로 다르다. 한 마리는 해태를 닮았고 한 마리는 무슨 동물인지 한눈에 알아볼 수가 없

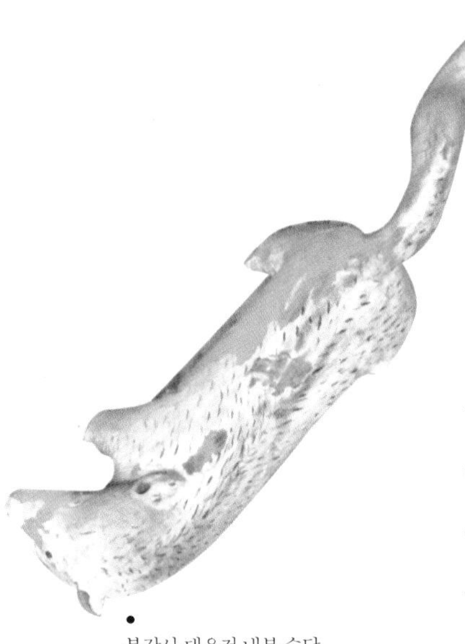

불갑사 대웅전 내부 수달.
족제비라는 의견도 있다.

다. 해태는 사람의 시비선악을 판단하는 재주가 있어서 원래는 정의구현의 상징동물이었다. 그러나 광화문의 해태가 관악산의 불기운을 막는다는 이야기가 있듯이 민간에서는 화기를 잡는 상서로운 동물로 인식하고 있었다. 이에 따라 사찰에서도 법당이 화마로부터 안전하기를 바라는 소망을 담아 해태를 조각해 설치한 것이다. 그러면 반대편의 동물은 무엇일까? 바로 수달이다. 자세히 살펴보면 입에 물고기를 물고 있는 것이 보인다. 수달은 물에서 주로 생활하는 동물이다. 지금은 섬진강의 수달들이 천연기념물로 지정되어 사람의 보호를 받고 있지만 옛날에는 천은사 계곡에서도 흔히 볼 수 있는 동물이었을 것이다. 물에서 자유롭게 놀며 물고기를 잡아먹고 사는 수달은 전국의 강과 계곡에 살았지만 지금은 섬진강을 비롯해 내린천, 시화호 등 몇몇 곳에서 살아가고 있다.

7년의 임진왜란 동안 조선의 사찰들은 일본군의 방화로 거개가 다 소실되었다. 종전 후 불교계는 사찰들을 중건하면서 법당들이 화재로부터 벗어나기를 발원했으며 진경시대에 이르러서는 우리나라 산천에 흔히 볼 수 있는 수달을 법당에 조각해 안치하였을 것이다. 얼마나 그 염원이 간절했으면 수달이 물고기를 입에 물고 있는 모습 그대로를 조각했을까?

이와 비슷한 동물조각이 영광 불갑사 대웅전(보물 제830호)에도 있다. 이 법당은 영조 40년(1764년)에 중수된 건물이니 천은사 극락보전보다 10년 먼저 조성된 것이다. 삼존불이 앉아계신 닫집 양쪽 기둥 위쪽에 용이 죽을힘을 다해 흰 동물을 쫓아 내려오고, 또 쫓기는 동물은 달아나다 말고 힐끔 뒤를 돌아다보고는 깜짝 놀라는 장면이 솜씨 좋은 목공의 솜씨로 멋지게 조각되어 있다.

불갑사 대웅전 내부 용에 쫓기는 수달

건너편 기둥에는 또 한 마리가 쫓기는 친구가 안타까운 듯 안쓰러운 표정으로 바라보고 있다. 이 동물은 보는 사람에 따라서 족제비라 하기도 하고 수달이라고도 하고 산달이라고도 부른다. 그러나 화재 예방을 위한 액막이용으로 시설한 것이라면 수달이 맞을 것이다. 용은 물에서도 살 수 있는 동물이고 수달도 물이 생활 터전이니 물에 사는 두 동물을 설치해 화마를 피하기 위한 간절함을 담았겠지만 점잖은 모습보다 해학과 여유로운 모습으로 구성해 온기를 불어넣은 것은 아닐까 상상해 본다. _◑

토끼

간지(干支)의 유래

동아시아 사람들은 태어나면서 자기가 태어난 해에 해당하는 12띠 상징 동물 중의 하나를 평생 간직하게 된다. 그중에서도 호랑이·용과 함께 불교와 인연이 깊은 동물이 바로 토끼이다. 그런데 12지의 열두 마리 동물은 어떻게 선정된 것일까?? 우선 이 이야기부터 풀어 보자.

역사를 공부하다 보면 우리는 보통 임진왜란·병자호란·갑자사화·갑오경장이라고 배우면서 중요한 사건이 일어난 해를 기억하게 된다. 곧 임진·병자·갑자·갑오년은 그 사건이 일어난 해를 가리키는 간지(干支)이다.

간지는 10간(干) 12지(支)를 줄여서 부르는 말인데 인류가 자연 발생적으로 수를 세기 시작하면서 오랜 기간에 걸쳐 발달해 온 것이다. 간(干)은 나무줄기[幹]을 말하고 양(陽)과 하늘[天]을 의미한다. 또 날[日]을 가리키기 위하여 열 개로 이루어져 있다.

왜 열 개로 했느냐 하는 것은 우선 손가락으로 세는 것이 제일 쉽고, 그 숫자가 열 개이기 때문이었을 것이다. 또 동·서양을 막론하고 열 손가락에서 유래한 십진법은 가장 손쉬운 셈법이기도 하다. 그래서 10일을 1순(旬)이라 했고 상순(上旬), 중순(中旬), 하순(下旬)을 합하면 바로 한 달이 된다. 초승달에서 보름달을 거쳐 그믐에 이르는 기간이 바로 한 달이 되고 다시 초승달로 되돌아오므로 '한 달=30일'이라는 등식이 이루어진 것이다.

10간은 하늘을 상징하기에 천간(天干)이라고도 하며, 갑(甲)·을(乙)·병(丙)·정(丁)·무(戊)·기(己)·경(庚)·신(辛)·임(壬)·계(癸) 등 열 개로 이루어져 있다.

12지(支)는 나뭇가지[枝]의 뜻으로 음(陰)과 땅[地]을 상징한다. 12로 나눈 것은 달을 오랫동안 관찰한 결과 한 달이 12번을 지나가면 똑같은 계절이 순환한다는 것을 알아낸 결과였다. 달의 운행과 계절과의 관계를 기본으로 했기 때문에 1월(月)부터 12월(月)까지 있게 되고 땅의 의미를 취해 지지(地支)라고도 부른다. 자(子)·축(丑)·인(寅)·묘(卯)·진(辰)·사(巳)·오(午)·미(未)·신(申)·유(酉)·술(戌)·해(亥)가 바로 12지의 이름이다.

10간이나 12지에 쓰는 한자가 원래 무엇을 의미했는지는 아직도 정확히 모른다. 고대에 거북 뼈를 태워 점을 치던 시대에는 주변에서 흔히 보는 물건을 지칭했을 것이라고 추정하지만 아직 다 밝혀진 것은 아니다. 곧 12지에 짝이 되는 동물은 훨씬 후대에 나타나 정착되었다는 말이다.

10간과 12지를 서로 겹치지 않게 조합하면 바로 60갑자(甲子)가 된다. 갑자(甲子)년부터 시작해 계해(癸亥)년까지 60회가 되고, 다시 갑자년으로 돌아오면 회갑(回甲)이 된다고 하며 환갑(還甲)이라고도 불렀다. 평균수명이 짧았던 옛날에는 회갑이 돌아온 어른을 크게 축하하는 회갑연을 벌였다.

이 간지가 처음 나타난 것은 3,000년 전 은나라 시대의 갑골문인데, 그때는 날짜를 기록하기 위해서 사용했을 것으로 본다. 그 후 한나라 때인 기원전 105년 병자년부터 연대로 표기가 되고 다시 시대가 내려가면서 달과 날짜, 시간까지도 간지로 표시하게 되면서 사주팔자가 나오게 된다. 연(年)을 표시하는 간지를 세차(歲次), 월(月)을 표시하는 간지를 월건(月建), 일(日)을 표시하는 것을 일진(日辰), 시간을 표시하는 것을 시진(時辰)이라 한다. 곧 간지로 연월일시를 다 표시하는 것이다. 이 네 가지 간지를 사주(四柱)라 하고 모두 합하면 여덟 자이기 때문에 팔자(八字)라고 부른다.

오행(五行)을 연구하는 사람들이 이 십간·십이지에다 오행을 연결하고 상생상극(相生相剋) 등의 법칙 등을 복잡하게 조합하면서 인간의 운명은 물론 세상의 변화까지도 점치는 법을 만들어 냈다. 사주명리학이 바로 그 분야를 일컫는 말이다.

특히 12지는 후한 시대 중기에 이르러 시간과 방위 개념에까지 연결해서 사용하기 시작했고, 이것이 한국은 물론 일본·몽골·인도·베트남 등 동남아시아로 전해졌다. 조선 시대 말기까지도 우리는 12지의 시간과 방위 개념을 계속 사용해 왔다.

12지신(十二支神)

앞서 말했듯이 12지는 우주와 자연의 변화를 관찰하는 데서 출발했지만 후대에 이르러 12지에 열두 동물을 배정시켰다. 이에 대한 기록은 2세기 경 후한 왕충의 『논형(論衡)』에 처음 나타난다.

열두 동물이 어떠한 순서대로 배열되었는가 하는 것에 대해서는 여러 가지 설화가 전해지고 있다. 그 중에는 석가모니 부처님이 등장하는 설화도 있다.

> 하루는 석가모니 부처님이 대세지보살을 불러 천국으로 통하는 열두 개 문의 수문장을 지상의 동물 중에서 선정하라고 말했다. 대세지보살은 열두 동물을 선정하고 그들의 서열을 정하기 위해 모두 불러 모은 후 모든 동물의 무술 스승이었던 고양이를 제일 앞자리에 정하고 그 뒤로 소, 호랑이, 토끼 등을 차례대로 앉혔다. 열두 동물이 서열대로 다 앉은 다음 대세지보살은 석가모니 부처님에게 법문을 청하러 갔다. 마침 그때 고양이가 갑자기 변의를 느꼈다. 참고 앉아서 기다리다가 결국 견딜 수가 없어 고양이는 잠시 으슥한 숲속으로 뒤를 보러 갔다. 마침 그때 석가모니 부처님이 나타났다. 석가모니 부처님이 살펴보니 모두 열한 마리뿐이었다. 어찌된 일인가 물어 보니 마침 고양이를 따라 구경삼아 쫓아 온 생쥐가 쪼르르 달려 나와

석가모니 부처님께 여쭈었다. 자신은 고양이 친구인데 고양이는 '수문장 일이 힘들고 번거롭다'고 말하고는 고향으로 돌아갔다고 능청스럽게 거짓말을 하였다.

이 말을 들은 석가모니 부처님은 생쥐에게 '수문장 자리가 한 개 비었으니 네가 수문장을 맡아야겠다'고 말하였다. 이내 고양이가 급한 볼일을 마치고 돌아왔지만 석가모니 부처님은 한번 결정한 일을 번복할 수가 없어 그대로 실행에 옮겼고, 결국 쥐가 수문장을 맡게 되었다. 이때부터 고양이는 간교한 생쥐에게 속은 것을 분하게 여겨 영원토록 쥐를 잡으러 다니게 되었다고 한다.

또 다른 설화도 있다.

하늘님이 뭇짐승에게 정월 초하룻날 아침에 세배 올 때 빨리 오는 순서대로 1등부터 12등까지 상을 준다고 선포했다. 밤이 새도록 부지런히 걸어 온 소의 등에 타고 온 생쥐가 하늘님 궁전 문 앞에서 재빨리 뛰어내려 문으로 들어가는 바람에 생쥐가 1등이 되고 소가 2등이 되었다는 이야기다.

음양오행 사상을 바탕으로 동물들의 순서를 정했다는 설화도 있다.

음양오행에서는 홀수(1, 3, 5, 7, 9)가 양이고, 짝수(0, 2, 4, 6, 8)가 음이다. 쥐는 특이하게 앞발가락은 네 개고, 뒷발가락은 다섯 개여서 한 몸에 음양을 같이 가지고 있는 동물이라고 제일 앞자리를 차지했고, 음양의 순서대로 발가락 수에 따라 소(4), 호랑이(5), 토끼(4), 용(5),

•
김유신 장군묘 호석 중 토끼

원원사지 동서석탑. 탑의 하단에 각각 12지 신상이 돋을 새김되어 있다.

원원사지 서석탑 부분. 토끼

뱀(0), 말(1), 양(4), 원숭이(5), 닭(4), 개(5), 돼지(4)를 순서대로 배치했다.

그러다가 당나라에 이르러서는 동물의 머리에 사람 몸을 갖춘 수두인신상(獸頭人身像)으로 나타나고 8, 9세기 신라에서는 좀 더 발전해 문관 복장이나 또는 무장으로서 무기를 들고 동물의 머리를 가진 신장(神將)으로까지 등장하게 된다. 이 시기에 십이지신상은 시간의 신과 방위의 신으로까지 받들어지고 이러한 신앙은 신라의 능묘 제도에도 크게 영향을 미치게 되었다. 또 십이지신상은 석탑의 호법신으로서 사천왕, 금강역사와 함께 새겨지기도 한다.

또한 점술가들은 시간과 방위에서 오는 삿된 기운은 그 시간과 방위를 맡은 십이지신장이 막고 물리친다고 주장했고, 불가에서도 이 십이지신장을 받아들여 12야차(夜叉)대장으로 등장시켰다.

『약사여래본원경』에는 부처님의 가르침이 끝나자 대중 가운데서 12야차대장이 나와 부처님께 '자신들은 한결같은 마음으로 이 생명이 다할 때까지 불법승 삼보에 귀의하여 이 경을 곳곳에 유포하며 일체중생을 보호하고 고통에서 벗어나 해탈에 이르게 할 것'을 서원하는 내용이 있다.

야차는 초자연적인 힘을 지니고 있으며 자비롭지만 사나운 성격도 가지고 있는 신적 존재인데, 열두 명의 야차대장은 각각 7,000명의 야차를 거느리고 있으니 야차대장이 가진 위신력은 상상초월이라고 하겠다. 이러한 열두 명의 야차대장은 십이지신상으로 나타나면서 약사여래의 12대원을 상징하게도 되는데, 이런 연유로 무관 복장에 무기를 든 십이지신장의 그림들이 지금까지도 많이 전래되고 있다.

또 탑에서 조각으로 나타난 십이지신장은 탑을 수호할 신장의 임무도 가지고 있지만, 모든 중생의 귀의처임을 나타낸다고도 하겠다. 왜냐하면 모든 불자는 각자 자기의 띠가 있고 탑은 부처님 사리를 모신 곳이므로 부처님께 예경하는 모든 불자를 의미한다고 볼 수도 있기 때문이다.

이렇게 중국에서 발생한 열두 띠 동물은 국가의 풍토에 따라 조금씩 다르게 바뀌었다. 네팔에서는 독수리, 우즈베키스탄에서는 물고기, 카자흐스탄에서는 달팽이가 용을 대신한다. 인도에서는 닭 대신에 공작이 들어갔고 네팔에서는 새로 대체되었는데, 닭처럼 날개가 있는 것은 동일하다. 또 베트남에서는 토끼가 고양이로, 소가 물소로 바뀌었다.

토끼의 사신공양

한국인에게 토끼는 귀엽고 친근하며 영리한 동물이라는 이미지가 있다. 조그맣고 귀여운 생김새와 쫑긋 세운 귀, 놀란 듯한 표정의 약하고 착한 모습, 그러면서도 재빠른 움직임과 함께 천적으로부터 자기를 지키기 위해 꾀가 많고 영특함을 갖춘 동물이 바로 토끼이다. 무서운 호랑이를 몇 번씩 골탕 먹이는 꾀 많은 토끼에 대한 옛날이야기도 또한 많이 전한다.

한국인은 특히 둥근 보름달을 바라보며 달 속 계수나무 아래 떡방아를 찧고 있는 토끼의 모습을 흔히 상상한다. 달에 토끼가 산다는 이야기는 사실 불교에서 건너온 것이다. 『본생경』에는 토끼가 행한 사신공양(捨身供養), 곧 자기의 몸을 스스로 다른 이에게 공양한 보시 이야기가 실려 있다.

> 한 숲속에 토끼, 여우, 원숭이가 의좋게 살고 있었다. 토끼는 가끔 계율과 보시의 공덕에 대해 동물 친구들에게 이야기해 주곤 하였다. 그러던 어느 날 토끼는 보름날이 다가온 것을 알고 친구들에게 '계

를 지키고 보시를 행하면 좋은 과보가 있을 것이다. 걸식하는 비구스님이 찾아오면 정성껏 음식을 준비해 공양하라'고 당부했다.

토끼의 말을 들은 친구들은 저마다 공양할 음식을 준비했지만 토끼는 공양할 음식이 없었다. 평소에 자기가 즐겨 먹던 풀을 스님에게 공양할 수도 없었기 때문에 토끼는 이런저런 궁리 끝에 스스로 다짐하였다.

'만약 스님에게 공양할 기회가 온다면 나는 내 몸을 던져 스님에게 공양하리라.'

천상계의 제석천이 동물 친구들의 생각을 미리 알고 스님의 모습으로 몸을 바꾸어 지상으로 내려 와 동물들에게 다가갔다. 원숭이는 산속에 들어가 과일을 따 가지고 왔고, 여우는 큰 물고기를 잡아서 스님에게 공양하였다. 마지막으로 토끼에게 가자 토끼는 스님을 잠시 기다리게 한 후 나뭇가지를 잘라 와서 불을 피운 뒤 불이 달아오르자 스님에게 구운 고기를 공양하기 위해 스스로 불에 뛰어들었다. 제석천은 토끼의 신심에 감동하여 신통으로 토끼를 구한 후 달로 보내어 영원히 살도록 하였다. 이리하여 토끼는 달에 영원히 살게 되었으며 불교에서 토끼는 '불사(不死) · 보시 · 희생'의 상징이 되었다.

뒷날 달에 간 토끼는 베어도 죽지 않는 계수나무 아래에서 신비한 절구에 불멸의 선약을 넣고 절구질을 한다는 이야기가 전해졌고, 이 이야기는 우리나라에 전래되어서 떡방아를 찧는 토끼 이야기로 바뀌게 된다. 또 음양을 맞추기 위해 한 마리 토끼에서 암수 두 마리가 정답게 떡방아를 찧는 모습으로 발전하게 된다.

그러나 중국 초나라 시인 굴원(BC 340~BC 278)의 시 「천문(天問)」에 이

남원 광한루의 토끼와 거북. 광한루란 말은 달 속의 선녀가 사는 월궁의 이름인 광한전(廣寒殿)의 '광한청허루(廣寒淸虛樓)'에서 따온 것이다.

미 '달 속에서 어른거리는 토끼'가 등장한 것으로 보아 달과 토끼가 함께 하는 이야기는 이보다 훨씬 오래 되었음을 알 수 있다. 불교의 중국 유입은 굴원의 시가 쓰인 때보다 뒤인 기원후 1세기경으로 추정되기 때문이다.

또 중국에서는 전설의 선녀 항아가 서왕모의 불사약을 훔쳐 먹고 달에 있는 광한궁으로 도망간 후 차츰 몸이 쪼그라들어 두꺼비로 변했다는 이야기도 추가된다. 그래서 달 속에 두꺼비를, 그리고 해 속에는 세 발 달린 까마귀를 그리는 전통이 생겼다.

보름달은 둥근 원(圓)이다. 어느 곳 하나 이지러짐이 없이 완벽하게 동그란 모습이다. 특히 여름 농사가 끝나고 가을걷이가 본격적으로 시작되는 무렵의 추석날 보름달은 어느 때보다도 크고 밝아 온 가족이 함께 모여 조상에게 햇곡식, 햇과일로 차례를 지내고 음식을 함께 나누어 먹는 명절로 자리를 잡았다. 한국을 비롯해 중국, 일본에서는 설날과 함께 큰 명절로 여긴다. 이처럼 토끼가 상징하는 '불사·보시·희생'의 정신과 달이 갖는 원만함은 절

선암사 원통전 문짝에 새겨진 방아 찧는 토끼

집 문화에도 흡수되어 많은 벽화와 조각으로 남아 있다.

관세음보살을 모신 관음전은 원통전(圓通殿)이라고도 부르는데, 중생들의 발원에 관세음보살이 두루 원만·융통하게 반드시 감응하시기 때문이다. 마치 천 개의 강에 천 개의 달이 뜨듯이 관세음보살은 고해중생에게 다양한 모습을 나타내시며 중생을 고난에서 구해 준다. 이런 연유로 달 속에다 방아 찧는 토끼를 그리거나 새겨 놓는 경우도 있다. 두 마리 토끼가 쿵덕쿵덕 떡방아를 찧고 있는 모습은 바로 한국적 문화 배경을 보여 주는 증거물이기도 하다. 딱히 원통전이 아니더라도 법당의 벽화에도 이런 달이 그려지는 것은 수행자와 신도들이 갖춰야 할 '보시·희생'의 덕목을 강조하기 위함이다.

또 거북 이야기에서도 말했듯이 바닷속 극락정토인 용궁으로 향하는 거북의 등에 업힌 토끼의 모습도 절집 벽화에 많이 보인다. 이때는 보시와 희생의 삶으로 인해 극락으로 가는 중생의 모습을 보여 주는 풍경이라고 하겠다.

토끼와 호랑이

'아주 먼 옛날, 호랑이 담배 먹던 시절'로 시작되는 옛날이야기를 다들 알고 계실 것이다. '호랑이 담배 먹던 시절'은 아주 아득한 옛날 일이라는 의미를 가지고 있지만, 사실 담배는 임진왜란 무렵에 처음 일본에서 들어왔기 때문에 그리 먼 시절도 아니다. 그래도 어렸을 때에는 '호랑이 담배 먹던 시절'이라면 아주 아득한 세월을 느끼기에 충분했다.

그런데 이런 민간에서 흘러 다니던 이야기가 벽화로 남아 있는 곳이 있다. 바로 사찰이다. 1980년대 초까지 수원 용주사 산신각 외벽에는 담배 피는 호랑이 벽화가 있었다. 그것도 두 마리 토끼가 담뱃대를 들어 주며 시중을

화계사 나한전 외벽 벽화. 호랑이에게 담뱃대를 물려주는 토끼

드는 그림이었으니 한국인은 한국인대로 즐거워했고, 외국인은 외국인대로 독창적인 발상과 그 사랑스러움에 환호했었다.

존 카터 코벨(1910~1996) 박사는 한국 사찰에 남아 있는 민화풍 벽화와 그 중요성, 보존의 필요성을 강조하신 석학이었다. 존 카터 코벨 박사는 누구인가? 존 카터 코벨 여사는 미국의 학자로서 1941년 콜롬비아 대학에서 일본미술사로 최초의 박사 학위를 받은 재원으로 일본에도 장기간 머무르며 일본미술사를 연구한 분이었다. 인생 후반기에 한국으로 건너와 일본문화의 원류가 한국이라고 주장하는 일곱 권의 책과 1,400여 편의 글을 쓰셨고, 일본에 있는 고려불화가 한국에서 건너간 것임을 확실히 밝히신 분이기도 하다.

1980년대만 해도 전국의 고찰에는 불교, 도교, 유교, 무속을 아우르는 다양한 그림들이 수많은 벽화로 남아 있었다. 코벨 박사는 바로 이러한 융통성이야말로 한국불교가 갖고 있는 특색이라고 파악하고 그 보존과 연구를 강조하신 것이다. 그러나 불행하게도 1980년 이후 사찰에서 비불교적 요소

•
수원 팔달사 용화전 외벽 담배 먹는 호랑이

의 그림들을 지워 버리는 운동이 전개되는 바람에 대다수 대중들의 정서를 담았던 벽화들이 사라지는 아픔이 있었다. 순수불교를 주장해서 그런 일이 벌어진 것이긴 하지만 동시에 다양한 종교와 문화를 포용했던 불교의 융통성이 없어진 것이기도 하다. 다행스럽게도 그 담배 먹던 호랑이가 살아남은 사찰들이 몇 군데 있다. 대개 한 마리 호랑이가 느긋이 앉아 긴 담뱃대를 물고 있고 토끼 한 마리는 담뱃대가 내려가지 않도록 열심히 받쳐 주고 있다. 또 한 마리 토끼는 서 있는 토끼와 교대를 하려는 듯 그 옆에 얌전히 앉아 있다.

토끼는 왜 호랑이 담뱃대를 들어 주고 있을까?

잘난 체하는 호랑이에게 긴 담뱃대에 불을 붙여 주고 시중을 들면서 영리하게 살아남은 약자의 길을 택한 것일까? 호랑이를 향해 똑바로 쳐다보고 있는 두 마리 토끼의 눈은 겁에 질렸어도 긴장감을 놓치지 않고 있어 마치 권력자 앞에 선 약한 백성의 모습 같기도 하다. 아니, 그보다도 불교에서의 토끼는 '보시와 희생의 상징'이니 담뱃대 시중을 드는 보시와 언제라도 자신을 희생할 수 있는 불교적 가치를 드러내고자 한 것은 아닐까?

옛이야기를 읽는 듯한 호랑이와 토끼의 그림들을 보면 우리는 편안하고 정감 어린 어린 시절로 돌아간 듯한 아련함과 함께 토끼가 갖는 불교적 보시와 희생의 정신을 다시 읽어 낼 수 있다. _◑

돼지

돼지꿈과 저팔계

돼지처럼 우리들에게 상반되고 복잡한 이미지를 불러일으키는 동물도 없을 것이다. 하나는 돼지꿈으로 상징되는, 복과 재물을 가져다주는 상서로운 동물이라는 것이고, 또 하나는 욕심 많고 더러운 하등 동물이어서 가까이 하기가 어렵다는 것이다. 그러나 돼지는 동양 문화에서 오랫동안 중요한 역할을 맡아 왔다. 우선 돼지는 12간지의 마지막 동물이면서 오후 9시부터 11시까지의 시간을 상징하고, 방향은 북서쪽, 달[月]은 10월에 해당하는 시간신이자 방위신이다.

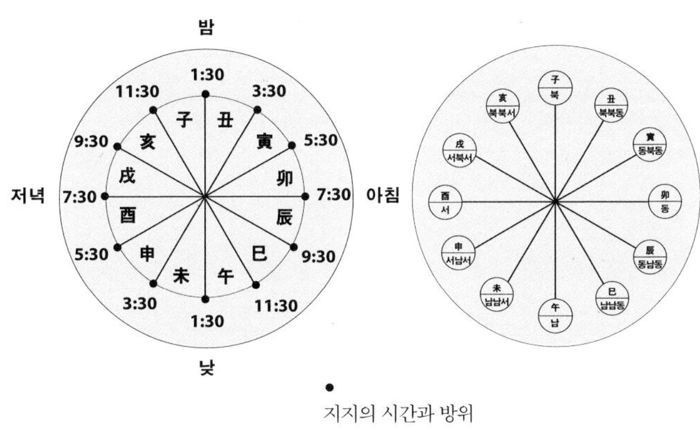

지지의 시간과 방위

또 복돼지라는 말이 있듯이 돼지꿈은 큰 재물이 별안간 생긴다는 횡재의 꿈이어서 중생은 다 돼지꿈 꾸기를 바란다. 돼지꿈 꾸고 복권에 당첨됐다는 말이 있는 것처럼 집안의 재물신인 셈이다. 예전에는 새끼를 많이 낳은 암퇘지가 새끼에게 젖을 먹이고 있는 그림을 신장개업한 가게에 개업 축하 선물로 주기도 했다. 특히 이발소에 가면 그런 돼지 그림을 흔히 볼 수 있었다. 돼지는 새끼를 낳아도 많이 낳고, 잘 번성하니 집안이 자손창성하고 재물도 잘 늘어나라는 덕담의 의미였을 것이다. 그러면서도 '미련한 돼지', '욕심 많은 돼지', '더러운 돼지'라는 말이 있는 것처럼 부정적인 이미지도 강하다. 이슬람교나 유대교에서는 부정한 동물이라고 하여 먹는 것을 아예 금하기도 한다. 특히 『서유기』에 나오는 저팔계(猪八戒)는 이 부정적인 이미지를 대표하는 주인공으로 나온다. 『서유기』는 당나라 때 현장 스님(602?~664)의 기행문인 『대당서역기』를 모티프로 명나라 오승은(1500~1582)이 여러 가지 가상의 이야기를 덧붙여 만든 소설이다. 삼장법사가 세 제자를 거느리고 천축으로 가면서 만나는 요괴들을 다 물리치고 무사히 불경을 가지고 돌아온다는 내용이다. 물론 삼장법사는 현장 스님이고 세 제자는 손오공(孫悟空), 저팔계(猪八戒), 사오정(沙悟淨)인데 다 불교식 이름이다.

돼지 머리에 사람 몸을 가진 저팔계는 음식을 만나면 한없이 욕심을 부리고, 여자를 만나면 정신줄을 놓는다. 그래도 삼장법사가 '팔계(八戒)'라고 이름을 지어 주고 여덟 가지 계를 꼭 지키라고 명령한 대로 저팔계는 아슬아슬하게 파계를 피하며 천축에 도착할 때까지 팔계를 끝까지 지킨다. '팔계'는 불교에서 금하는 오신채(五辛菜: 파·마늘·부추·달래·흥거)와 도교에서 금하는 세 가지 고기(기러기·개·뱀장어)인데 식탐 많은 돼지가 참기에는 무척 힘들었을 것이다. 사실 저팔계의 식탐도 중생과 차이가 없다. 그러한 중생들의 탐욕을 어떻게 제어해 나가야 할까? 그래도 저팔계처럼 끝까지 계를 지키면 좋은 과보를 얻을 수 있다는 것이 『서유기』의 저팔계가 우리에게 주는 교훈이다.

또 『약사경』에서 12지는 12지신장으로 등장하면서 각각의 방위를 맡는 장수로 등장한다. 김유신 장군 무덤 둘레의 호석으로 나온 조각처럼 돼지도 장군의 갑옷을 입고 손에는 무기를 들고 있는 형상으로 나타나고 있다.

이를 돼지 형상의 신장이라 해서 해신(亥神)이라 하고 불교에서는 비갈

김유신 장군 무덤 호석 중 돼지

라대장(毘罗羅大將)이라고 부른다. 사람을 보호하는 선신이면서 가난한 이에게 옷을 주는 자비를 베푸는 신이기도 하다.

조선 시대 궁궐 건축에서는 『서유기』의 주인공들이 모두 지붕 추녀 위로 올라가 좌정하게 된다. 삼장법사와 세 명의 제자들이 천축으로 가면서 모든 요괴를 굴복시키는 강력한 힘을 빌려다 지붕 위에서 집 안으로 들어오는 잡귀와 화마, 나쁜 기운을 몰아내 달라고 수호신으로 모시게 된 것이다. 이러한 잡상(雜像)은 건물에 따라 5~10개까지 안치하는데 앞쪽은 거의 같은 순서다. 물론 맨 앞에는 삼장법사가 어깨에 힘을 준 자세로 앉았고 그 다음에는 손오공, 세 번째에는 저팔계가 앉는다. 네 번째는 사오정이고 그 뒤로는 마화상(麻和尙), 삼살보살(三煞菩薩), 이구룡(二口龍), 천산갑(穿山甲), 이귀박(二鬼朴), 나토두(羅土頭)가 차례로 안치된다. 『서유기』도 중국 소설이지만 나머지 잡상도 중국의 토속신들이어서 중국에서 유래된 것임을 알 수 있다. 이러한 궁궐 양식은 절집에도 영향을 미쳐서 정조가 창건을 주도한 용주사 대웅전 추녀 위에도 잡상들이 나타났으나 후대에 없어졌고, 밀양 표충사에도 법당 추녀에 쓰였을 저팔계 잡상이 있었으나 지금은 통도사 성보 박물관에 소장되어 있다.

우리는 보통 돼지는 더럽다고 생각하지만 사실 돼지는 더러운 동물이 아니다. 좁은 우리에 가두어 키우다 보니 장소를 구분할 수 없어 지저분해진 것뿐이다. 넓은 우리를 주면 화장실, 먹는 곳, 자는 곳을 다 가리는 깨끗한 동물이다. 사람들이 더럽게 키워서 그렇게 된 것이다. 모든 동물은 기본적으로 화장실, 숙소를 다 가리고 산다.

토제 저팔계 잡상

12지번 중 비갈라대장

•
궁궐 위의 잡상

•
남양주 흥국사 대웅보전 위의 잡상. 사찰에는 잡상을 잘 세우지 않지만 흥국사처럼 왕실과 관련이 있는 사찰 등은 어쩌다 잡상이 보이기도 한다.

하늘에도 올리는 동물

돼지는 소나 양처럼 사람에게 길들여져 우리의 식생활에 큰 도움을 주는 대표적 동물이다. 소는 농사를 짓기 위해 길렀기 때문에 함부로 도살할 수 없었지만 돼지는 순전히 인간의 먹거리로 길러졌기 때문에 식생활에도 아주 중요한 비중을 차지했던 동물이다. 중요한 동물이기 때문에 하늘에 제사 지내는 동물로도 쓰였다.

『삼국사기』「고구려본기」'유리왕' 조에 교시(郊豕)에 관한 기록이 두 번 나온다. '교시'는 '교외에서 하늘에 제사를 올릴 때 희생으로 쓰는 돼지'라는 말이다.

유리왕 19년(AD 1)에 교시가 도망가서 두 신하가 쫓아가 장옥(長屋)의 늪에서 붙잡았고 바로 다리를 끊었다. 유리왕은 그 소식을 듣고 크게 노하여 '하늘에 제사할 신성한 동물을 함부로 상처 입혔다'고 꾸짖고 두 사람을 구덩이에 던져 죽였다.

유리왕 21년(AD 3)에도 또 교시가 달아나서 하늘에 제사 지낼 동물을 관장하는 설지(薛支)로 하여금 쫓아가 잡도록 하여 민가에 가두었다. 설지가 돌아와서 아뢰기를 '돼지를 사로잡은 위나암(尉那巖)이 산수가 좋고 땅은 오곡에 알맞으며 산물도 많으니 도읍을 옮기면 백성에게도 이익이 되고 병혁(兵革)도 걱정이 없게 된다'고 하였다. 유리왕은 이 말을 듣고 결국 다음해 10월 위나암으로 도읍을 옮기게 된다.

앞의 얘기에서도 알 수 있듯이 돼지는 하늘에 제사를 지낼 때 올리는 신성한 동물이며, 도읍을 옮길 명당을 점지하듯 하늘의 뜻을 전달해 주는 신의 매개자 역할을 하고 있다.

산상왕 12년(208) 11월 조에도 교시가 또 달아났다는 기록이 있다. 소속 관리가 주통촌(酒桶村)까지 쫓아갔으나 잡을 수가 없었는데 마침 20세가량의 고운 여자가 앞질러 교시를 막아 겨우 붙잡게 되었다. 왕이 듣고 그 집에 가서 결국 처녀와 동침하여 아들을 낳으니 그가 바로 산상왕의 뒤를 이은 동천왕이다.

여기에서도 돼지는 아들을 점지해 주는 상서로운 동물로 나타난다.

농경문화가 정착한 동양에서 가장 중요한 것은 날씨였다. 농경에서는 하늘에서 제때 비를 내려 주어야만 하기 때문에 자연스럽게 하늘에 제사 지내는 풍습이 생겼는데, 그때 올린 동물은 바로 소였다.

천제(天祭)에는 하늘의 도움을 빌기 위해 농사에 가장 필요한 소를 잡아 제물로 썼다. 사람에게 가장 중요한 소를 올림으로써 하늘을 감동케 하고 그 하늘의 도움으로 순조롭게 농사를 지을 수 있다고 믿었기 때문이다. 이렇게 제사에 쓰는 소를 '희생(犧牲)'이라고 하니 희생이라는 한자에 소 '우(牛)' 변이 다 들어가게 된 것은 소를 제사에 쓰는 동물로 제일 먼저 썼기 때문이다. 이러한 풍속은 조선 시대까지 이어져 강원도 태백산 천제에서도 소를 제물로 썼던 것이다.

시대가 내려가면서 희생으로 쓰는 동물의 가짓수도 늘어나 삼생(三牲)이 되니 곧 소, 돼지, 양이다. 다 중국인의 식생활에 큰 도움을 주는 동물들이다. 또 그만큼 광대한 지역을 다스리고 있었다는 방증이기도 하다. 그러나 유목사회에서는 양이 가장 중요한 동물이었기에 유럽에서는 양(羊)을 하늘에 올리는 동물로 많이 썼다는 기록이 남아 있다.

어쨌든 돼지가 상서로운 동물이고 지금까지도 동제(洞祭)나 무당의 굿판에서도 제물로 쓰이듯 제의에 꼭 필요한 동물일 뿐만 아니라 하늘의 뜻을 사람에게 전달하는 메신저 역할도 하였다는 것을 알 수 있는데 『조선왕조실록』에도 이와 비슷한 기록이 있다.

『조선왕조실록』 '태조 1년 7월 17일' 조에 '목자승저하 부정삼한경(木子乘猪下 復正三韓境)'이라는 글이 있으니 풀이하자면 '목자(木子)가 산돼지를 타고 내려와서 다시 삼한(三韓)의 강토를 바로잡을 것이다'라는 뜻이다. '목(木)' 자와 '자(子)' 자를 합하면 '이(李)' 자가 되니 바로 이성계를 말한 것이고, 산돼지가 온 밭을 갈아엎듯이 이성계가 새로운 나라를 세우게 된다는 뜻이다. 또한 이성계는 돼지띠였기 때문에 돼지띠 이 씨가 삼한을 바로잡고 왕이 된다고 풀기도 한다.

물론 이성계가 왕이 된다는 도참이나 예언은 여러 가지가 있다. 여러 예언 중에 돼지도 하나의 소재가 되었다는 것은 돼지가 상서로움을 뜻하는 동물로 여전히 인식되고 있었기 때문이라 생각된다.

그럼 불교의 경전에서는 돼지가 어떻게 그려지고 있을까?

경전 속의 돼지

『중아함경』에 돼지왕 이야기가 하나 실려 있다.

> 어느 날 돼지 왕이 오백 마리의 무리를 거느리고 길을 가는 도중에 호랑이와 마주쳤다. 돼지왕은 호랑이를 보는 순간 '만일 호랑이와 싸우게 되면 그는 나를 죽일 것이고 만일 겁을 먹고 달아나면 이 돼지들은 모두 나를 업신여길 것이니 어떤 방편을 써야 할까?'라고 생각했다.
>
> 돼지왕은 곧 허세를 부리며 호랑이에게 맞서서 길을 비켜 달라고 당당히 요구했다. 호랑이가 코웃음을 치며 '비켜 줄 수 없다'고 대답하

니 돼지왕은 '좋다. 조상 때부터 입어 오던 갑옷을 입고 올 테니 기다려라' 하고는 돼지 무리가 배설해 놓은 똥구덩이에 들어가 구르며 온갖 배설물을 몸에 바른 뒤에 호랑이에게 다가가 큰 소리로 말했다.

'싸우고 싶거든 어서 오라. 싸움을 원치 않으면 길을 비켜라.'

호랑이는 돼지왕의 지저분하고 냄새 나는 모습을 참을 수가 없었다. 무서워서 피하는 것이 아니라 더러워서 피한다는 말처럼 호랑이는 슬며시 길을 비켜 주고는 다른 길로 사라져 버렸다.

이 이야기는 돼지왕의 영특함을 강조하는 내용이기도 하지만 수행자는 세속의 더러움에 물들지 않고 자기의 길을 가야 한다는 의미도 가지고 있다. 돼지가 영특하다는 것을 강조하는 내용은 『본생담』에도 있다. 공양저(供養猪)의 전생 이야기가 바로 그 이야기다.

어느 날 숲속의 함정에 빠진 돼지를 한 목수가 우연히 구해 집으로 데려와 길렀다. 돼지는 매우 영특해서 목재도 옮기고 연장도 챙기는 등 목수에게 많은 도움이 되었다.

그러나 목수는 돼지가 사람에게 적응하면 야성이 둔화되어 다른 동물의 먹이가 될까 봐 결국 숲으로 돌려보냈다.

숲으로 돌아간 돼지는 항상 호랑이에게 괴롭힘을 당하는 동물들을 만나고 그 동물들을 규합해 훈련을 시킨 다음 함정을 파서 호랑이를 유인해서 죽게 만들었다.

모든 동물을 괴롭히는 호랑이가 없어지자 숲에는 평화가 찾아왔고 돼지도 평안하게 살 수 있었다.

이 이야기도 역시 돼지가 그 영특함으로 다른 중생들의 괴로움을 해결해 주는 보살행을 실천하고 있음을 비유로써 설한 것이다.

이 외에도 『범망경』「보살계본」에서는 '돼지의 축산과 거래를 금한다'는 내용과 '중생을 해롭게 하지 말라'는 계율과 함께 '고양이·살쾡이·돼지·개 따위를 기르지 말아야 한다. 만약 그러한 일을 하면 가벼운 죄가 된다'고 설한다. 모든 중생은 똑같은 생명을 가진 존귀한 존재인데 다른 동물을 잡아먹거나 또는 잡아먹기 위해 기르는 것은 자비심을 가진 불자의 행동이 아니라는 것이다. 그러나 이 내용은 돼지의 상징이나 속성에 대해 이야기한 것이 아니고 사람들이 지킬 계율의 예로서 말한 것이기 때문에 어떠한 상징을 가지고 있는 것은 아니다.

한국의 절집에서 전승되어 온 이야기 중에는 지금의 철원 심원사에 모셔진 석조 지장보살님에 얽힌 금돼지에 관한 전설이 가장 유명할 것이다. 이 지장보살님은 원래 보개산 심원사 석대암에 모셔져 있던 것이다. 심원사가 한국전쟁으로 폐허가 되고 또 군 관할 지역이 되면서 지금의 장소로 모시고 나와 새롭게 사찰을 지었고, 이후 새로 지은 심원사도 유명한 지장도량이 되었다.

금돼지와 지장보살

신라 성덕왕 17년(720) 때의 일이다.

철원 보개산 기슭에 큰 배나무가 한 그루 있었다. 날씨가 좋아 큰 배가 주렁주렁 열렸는데 어느 날 아침 까마귀 한 마리가 날아와 배나

철원 심원사 명주전 지장보살상과 돼지

무에 앉아서는 제 짝을 찾는 듯 '까악까악' 울었다.

마침 배나무 밑에는 밤새 먹이를 실컷 먹은 독사 한 마리가 따듯한 햇살을 쬐며 쉬고 있었다. 한참 쉬고 난 까마귀가 날갯짓을 하며 날아가는 순간 우연히 다 익은 큰 배 하나가 뚝 떨어지며 정통으로 독사의 머리를 맞추었다. 독사는 화가 날 대로 나서 까마귀에게 독을 내뿜었고 죄도 없는 까마귀는 독이 퍼져 죽고 말았다. 독사도 너무 세게 머리를 맞은 데다 독을 쏘느라 사력을 다해 그만 죽어 버렸다.

시간이 흐른 뒤 뱀은 다음 생에 멧돼지의 몸을 받았고 까마귀는 암꿩의 몸을 받았다. 먹이를 찾아 이 산, 저 산을 쏘다니던 멧돼지는 암꿩을 보는 순간 '저 놈이 전생에 나를 죽인 까마귀로구나.' 하면서 큰 돌을 굴렸다. 갑작스럽게 덮친 돌에 암꿩은 피할 새도 없이 죽고 말았다. 멧돼지는 속이 후련했다. 이때 사냥꾼 이 씨가 우연히 이곳을 지나다가 금방 죽은 꿩을 발견하곤 집으로 가져가 부인과 함께 맛있게 먹었다.

그런데 여태까지 태기가 없던 부인이 임신을 하여 그로부터 열 달 후에 사내아이를 낳았다. 무럭무럭 자라 장성한 이순석(李順碩)은 아버지에 이어 훌륭한 사냥꾼이 되었는데, 특히 멧돼지만 보면 기어코 잡으려고 사력을 다하였다. 어느 날 보개산으로 사냥을 갔다가 지금까지 볼 수 없었던 우람한 몸집의 금빛 멧돼지를 보고 힘차게 활을 당겨 명중시켰다. 그러나 금빛 멧돼지는 화살을 맞고도 지장봉(지금의 환희봉) 쪽으로 치달았고 이순석도 악착같이 뒤를 쫓아 달려갔다.

그러나 멧돼지가 숨어 있을 만한 자리에는 멧돼지가 없고 근처 샘물 속에 지장보살 석상이 반쯤 몸을 담그고 앉아 있었다. 가만히 보니 지장보살의 어깨에 자기가 쏜 화살이 분명히 꽂혀 있었다. 이순석은 이상하다고 생각하면서도 지장보살을 혼자 힘으로 꺼내려 하였지만 도저히 꺼낼 수가 없었다.

날이 어두워지기 시작해서 사냥꾼 이순석은 '보살님이시여, 어리석은 중생을 깨우치시려거든 샘 밖으로 나와서 좌정해 주십시오.'라고 발원을 한 후 집으로 돌아갔다.

이튿날, 날이 밝자마자 이순석은 한달음에 샘으로 달려갔다가 깜짝 놀랐다. 분명 샘물 속에 계시던 지장보살님이 밖에 나와 앉아 미소를 짓고 있지 않은가! 그는 곧 합장하고 예경한 후 엎드려 말했다.

'보살님이시여, 어리석은 중생을 제도하기 위해서 보이신 거룩한 뜻을 받들어 출가하여 수행하겠습니다.'

그는 곧 출가하였고, 300여 명의 추종자들과 함께 암자를 짓고 지장보살님을 모셨다. 이것이 바로 보개산 심원사 석대암의 연기설화이다.

끊임없이 살생을 저지르는 사냥꾼 이순석의 윤회의 고리를 끊기 위하여 지장보살이 금빛 멧돼지로 나타나서 제도했다는 이 설화는 오랫동안 전승되어 내려왔고 석대암은 영험 있는 지장기도 도량으로 널리 알려졌다.

고려 초에는 심원사 아래에 살았던 이덕기(李德基)라는 이름의 앞을 보지 못하던 사람과 걸을 수 없었던 박춘식(朴春植)이 함께 병을 고친 설화도 있다. 조선조 말에도 또 한 번 기도 영험을 보인 적이 있었다. 순조 31년(1831)의 일이다.

어느 추운 겨울날 철원 보개산 석대암에 한 패의 문둥이들이 구걸차 찾아왔다. 주지 스님은 그 무리 속에서 10여 세 가량의 아이를 발견하곤 더 측은한 마음이 들었다. 주지 스님은 문둥이들에게 모두 밥을 먹이고 나서 그들의 왕초에게 '저 어린아이는 몹시 떨고 있구려. 웬만하면 여기 두고 가시오. 이 겨울 한철은 내가 돌보아 줄 테니.'라고 말했다. 왕초는 감사하다며 인사하고는 무리를 끌고 떠났다.

주지 스님은 아이에게 물어서 떠돌게 된 내력을 알게 되었다. 아이의 이름은 영기(永奇)이고 성은 정(鄭)이며 부모가 일찍 죽어 시집간 누님의 집에 의탁해 살았는데 문둥병이 들어 집에서도 쫓겨나 떠돌게 되었다는 것이다.

주지 스님은 더욱 측은한 생각이 들어 어린 영기에게 '병을 고칠 수 있는 방법이 있으니 해보겠느냐'고 물었고 아이는 '문둥병만 낫는다면 불구덩이에도 들어가겠다'고 결연한 의지를 보였다.

그날부터 어린 영기는 밤낮으로 '지장보살'을 부르며 마음속으로는 병이 낫기를 끊임없이 발원하였다. 잠자는 시간 외에는 오직 간절하게 '지장보살'을 부르며 기도한 지 50여 일이 되었을 때 영기의 꿈에 한 노스님이 나타나 '전생의 죄업 때문에 피고름을 흘리는 고통을 받는구나. 네가 나를 그토록 간절히 부르니 어찌 무심할 수 있겠느냐?'고 하면서 영기의 더러운 몸을 어루만져 주었다. 온몸을 차례로 다 주무른 후 '이제 너의 몸이 다 나았으니 스님이 되도록 해라. 틀림없이 고승이 될 것이다'라고 말하는 순간 영기는 꿈에서 깨어났다. 깨어나는 순간 기적 같은 일이 일어났다. 몸의 문둥병은 씻은 듯이 나아 있었고 며칠이 지나자 빠졌던 눈썹도 다시 나기 시작했다.

어린 영기는 곧 출가하여 스님이 되었으니 이분이 바로 조선 말기의 유명한 고승 남호 영기(南湖 永奇, 1820~1872) 율사이다. 화엄강백으로도 이름을 떨친

남호 율사는 부처님께 입은 은덕을 갚기 위해 사경과 독경, 경전 간행과 보급에 일생을 보냈는데, 사경할 때도 손가락의 피를 내어 먹물에 섞어서 썼다고 기록에 남아 있다. 1855년 강남 봉은사에서 추사 김정희 선생과 함께 『화엄경』 불사를 이룩하고 판전을 지어 경판을 봉안한 스님이 바로 이 스님이다. 심원사도 중수하고 석대암도 중건하였으며 태백산 정암사의 수마노탑(보물 제410호)도 스님께서 개수하였다.

지금 철원 심원사 명주전(明珠殿)에는 석대암에서 모시고 나온 석조 지장보살님을 봉안하고 있는데, 왼쪽 어깨에는 화살에 맞은 자국이 지금도 선명하다. 중생제도를 위해 금빛 멧돼지로 화현하신 모습을 기억하고자 대좌 양쪽에 새로 만든 금빛 돼지 두 마리를 안치해 놓았다.

그런데 금빛 돼지가 근래에 또 한 번 나타나 세간의 관심을 끌어 모았다. 2007년은 60년 만에 돌아오는 황금 돼지의 해라고 해서 사람들의 기대도 컸다. 이 해 2월에 어느 관광객이 불국사 극락전 현판 뒤에 숨어 있는 황금색 멧돼지를 우연히 발견하였다. 불국사 극락전은 임진왜란 후인 영조 26년(1750)에 중창된 건물인데 정면 현판 뒤에 금빛 멧돼지 목조각을 숨긴 듯이 설치해 놓았던 것이다. 이 소식은 일간지에 크게 보도되며 세간에 널리 알려졌다. 급기야 황금 복돼지라는 별명을 얻으며 수많은 사람들이 이 돼지를 보러 불국사에 몰려들었고 이에 불국사에서는 극락전 앞에 아예 황금 복돼지 모형물을 만들어 누구나 만져 보게 하였다. 아직도 돼지는 재물과 복을 상징하고 있다는 민간의 풍속을 다시 한 번 확인한 사건이었다.

왜 극락전 현판 뒤에 금빛 멧돼지를 설치했는지에 대해서는 뚜렷한 결론이 없지만 사찰 측에서는 의식주가 풍요로워진 시대에 절제하라는 의미가 담긴 것으로 풀이하고 있다.

경상남도 창원 불모산(佛母山) 성주사(聖住寺)에도 돼지와 얽힌 이야기

불국사 극락전 현판 뒤 돼지

불국사 극락전 앞 황금 복돼지 모형물

가 있다. 성주사는 가야국의 김수로왕과 허황후의 일곱 아들이 출가하여 수행하였다는 전설과 김수로왕이 찾아왔을 때 마셨다는 내력이 담긴 어수각(御水閣)이 지금도 전해질 만큼 긴 역사를 갖고 있다. 원래 김수로왕과 허황후 사이에는 아홉 아들이 있었는데 첫 아들 거등왕은 왕위를 이었고 둘째 아들은 어머니의 뜻에 따라 허 씨 성을 이어 받았다. 나머지 일곱 왕자가 출가해 수행했다는 곳이 지리산 칠불암이지만 창원 성주사에서도 수행한 역사가 있어 산 이름도 불모산(佛母山)이라고 한다는 것이다.

성주사는 곰절이라고도 불리는데 임진왜란에 불타 버린 절을 진경 대사가 1604년에 중창할 때 있었던 곰에 얽힌 전설 때문이다. 진경 대사는 옛 절터를 찾아낸 후 목재를 쌓아 놓았는데 곰들이 나타나 지금의 절 자리로 대들보를 옮겨 놓았다. 결국 하늘의 뜻으로 여기고 지금의 절을 지었는데, 이런 이유 때문에 곰절, 웅신사(熊神寺)라고도 불리게 되었다고 한다. 그런데 지금의 절터는 풍수상으로 제비집 형국인 연소혈(燕巢穴)이고 건너편 산의 형세가 제비집을 노리는 뱀의 형상이어서 이를 방비할 대책이 필요했다.

여기서 등장한 것이 돼지 석상이다. 오행으로 따지면 뱀[巳]은 화(火)이고, 돼지[亥]는 수(水)이다. 수극화(水克火), 곧 물은 불을 이기니 돼지를 설치해 뱀을 물리치려 한 것이다. 실제로 돼지는 뱀이 물어도 비계층이 두터워 독을 타지 않을 뿐만 아니라 뱀을 잘 잡아먹기도 한다. 필자도 돼지가 뱀을 잡아 먹는 장면을 직접 본 적이 있다. 또 다른 이야기에는 지금의 절터도 화기가 강하고 앞산의 형세도 화기가 강해서 물을 뜻하는 돼지 석상을 세웠다고도 하고, 새 절에 뱀이 많아서 세웠다고도 한다. 한마디로 화기(火氣)를 억눌러야 한다는 것인데 그러한 이유로 성주사에는 연못도 있고 화기를 물리친다는 해태도 대웅전 앞에 한 쌍이 있다.

돼지가 뱀의 상극인 것은 강원도 양구군 해안면의 지명에도 나타나 있

창원 성주사의 돼지 석상

다. 원래 이 면의 명칭은 해안면(海安面)이라 하였는데 뱀이 너무 많아 주민들의 걱정이 많았다. 지나가던 어느 스님이 '뱀과 상극인 돼지 '해(亥)' 자를 넣어 해안면(亥安面)으로 고치고 돼지를 많이 기르라'고 하여 그대로 하였더니 정말 뱀들이 사라졌다는 것이다.

이처럼 돼지는 우리의 역사 속에서 다양한 의미와 상징을 가지고 전래되어 왔다. 천제(天祭)의 제물로 올리는 동물, 영험을 보이는 상서로운 동물, 복과 재물을 부르는 재물신이자 화기를 억누르는 이로운 동물로 인식되어 왔고 건물을 지키는 수호신으로 지붕에도 올라간 동물이다.

앞으로도 돼지해가 돌아오면 우리는 또 상서로운 일이 일어나기를 바라고 돼지꿈도 꾸기를 은연중에 기대하며 살아갈 것이다. _◑

코끼리

전생담 속 코끼리

옛날 어떤 사람들이 부처님 법문을 듣고 한 사람이 '불법은 이런 것이다'라고 주장하자 다른 한 사람이 '아니다, 불법은 이런 것이다' 하면서 각기 다른 주장을 옳다고 내세웠다.

그때 부처님이 다음과 같은 설화를 말씀하셨다.

> 옛적에 어느 왕이 여러 장님들을 모아놓고 각기 코끼리를 만져보게 한 뒤 "코끼리가 어떻게 생겼느냐?"고 물어보았다.
> 코를 만져본 장님은 '굽은 멍에 같다' 하고, 다리를 만진 장님은 '나무 기둥 같다' 하고, 꼬리를 만진 사람은 장님은 '밧줄 같다' 하는 등 자기가 만져보고 느낀 대로 이야기하였다.

부처님은 이 설화를 예로 들면서 "너희들의 말도 불법이 아닌 것은 아니지만, 그 대답만으로는 온전한 대답이라고 할 수 없다."고 말씀하셨다.

곧 각자가 아는 범위 내에서 불교에 대해 '이것이 불교다'라고 주장하는 것이 그릇된 것은 아니지만 그렇다고 불교 전체를 이야기했다고는 말할 수 없다는 뜻이다. 왜냐하면 불교는 무유정법(無有定法), 딱 정해진 법이 없다는 것이 정법(正法)이기 때문이다. 나아가 마음에 삿됨이 없고 행실에 어리석음이 없으면 한 법도 불법 아닌 것이 없는데 내가 아는 바를 믿고 그것만 옳다고 주장하면 그것은 벌써 불교와 인연이 멀다는 의미이다.

이 '장님 코끼리 만지기'의 비유는 바로 '불교는 무유정법'이라는 것을 상징적으로 보여 주는 설화로 『세기경(世紀經)』「용조품(龍鳥品)」에 실려 있다.

『육도집경(六度集經)』 제4에는 석가모니 부처님이 사위국 기원정사에서 사람들에게 설법하실 때 전생담을 이야기하신 내용이 실려 있다.

전생에 500마리의 코끼리를 거느린 코끼리 왕으로 수행하고 있을 때 '삼보를 공경하고 대자비의 부처님이 되어 모든 중생들을 구제하겠다'는 큰 원력을 세웠다.

그때 그 나라의 왕은 미모와 재기가 뛰어난 왕비를 얻어 대단히 흡족해 있었는데 이 왕비가 꿈에서 '여섯 개의 상아를 가진 훌륭한 코끼리를 보았다'고 하며 '그 상아로 목걸이를 만들고 싶다'고 왕에게 자꾸 청원하였다. 계속되는 왕비의 요구에 왕은 어쩔 수 없이 나라의 사냥꾼들을 불러 모아 '여섯 개의 상아를 가진 코끼리를 잡아 오라'고 명령하였다. 그러나 그런 코끼리를 보았다는 사냥꾼이 없었다.

어느 날 남방에서 온 사냥꾼이 '멀고 멀어서 도저히 들어갈 수 없는 깊은 산속에 항상 여섯 개의 상아를 가진 코끼리가 있다는 것을 아버님에게 들었다'라고 왕에게 고했고, 이를 전해들은 왕비는 그 사냥꾼을 불러 '그 산속에 들어가 길섶에 굴을 판 후 머리를 깎고 승복을 입고 코끼리 왕을 유인해서 죽인 뒤에 상아 두 개만 가지고 오라'고 명령했다.

사냥꾼은 그 명령대로 깊은 산속에 들어가 굴을 판 후 스님으로 위장해 때가 오기를 기다렸다. 어느 날 코끼리 왕이 가까이 오자 곧 독화살을 한 발 쏘아 맞추었다. 코끼리 왕은 고통 속에서도 스님에게 공손히 합장한 후 머리를 숙여 말했다.

"존경하는 스님, 무엇 때문에 저의 목숨을 빼앗으려 하십니까?"

"너의 상아를 얻으려고 한다."

"독화살에 맞은 상처가 아파 견딜 수가 없습니다. 부디 빨리 상아를 잘라 주십시오. 제 마음에 당신을 해칠 나쁜 생각이 일어나면 저는 지옥·아귀·축생으로 태어날지도 모릅니다. 저는 뼈를 깎고 살을 에어도 인욕과 자비의 마음을 지켜 천상에 태어나서 해탈하기를 바랄 뿐입니다. 상아를 빨리 잘라서 가져가십시오. 결코 당신을 원망하지 않겠습니다."

사냥꾼은 서슴지 않고 상아를 잘라 버렸다. 코끼리 왕은 괴로움 속에서도 다시 사냥꾼에게 말했다.

"스님, 빨리 가십시오. 제 코끼리 부하들에게 잡히지 않도록 빨리 달아나십시오."

사냥꾼이 멀리 도망쳐 보이지 않을 때까지 고통을 참고 있던 코끼리 왕은 그제야 비명을 지르면서 땅에 쓰러져 죽었다. 코끼리들이 코끼리 왕의 죽음을 보고 사방에서 모여 들었지만 끝내 코끼리 왕을 죽인 자를 찾아낼 수 없었다. 사냥꾼은 두 개의 상아를 가지고 돌아와 왕에게 바쳤다. 상아를 본 왕은 마음속에 일어난 슬픔과 두려움으로 어찌할 줄 몰랐다. 그러나 반가움에 들뜬 왕비가 상아를 손에 잡자마자 벼락이 떨어져 피를 토하고 죽었다.

이리하여 코끼리 왕은 곧바로 천상에 태어나고 왕비는 바로 지옥으로 떨어졌다.

이 전생담에서 여섯 개의 상아를 가진 코끼리는 자신의 서원을 굳게 지키며 자기를 죽인 사냥꾼의 목숨까지도 보호한다. 불교 수행에서 강조하는 희생과 인내를 상징하고 있는 것이다.

『육도집경』 제6에도 코끼리에 관한 부처님의 설법이 있다. 역시 사위국 기원정사에 계실 때이다.

어떤 나라에 열심히 불법을 수행하는 두 형제가 있었다. 이 형제는 부처님의 가르침을 모르는 나라가 있다고 들으면, 만 리도 멀다 않고 찾아가 부처님 말씀을 전했다.

이때 어느 큰 나라에 왕이 있었는데 간신들이 삿된 도에 왕을 끌어들이는 바람에 큰 악룡이 나타나 모든 백성들이 괴로워하고 있었다. 이 소식을 들은 형은 아우에게 결연히 말했다.

"아우야, 우리들의 나라는 불법이 널리 퍼져 사람들이 모두 착한 일에 종사한다. 왕은 어진 데다 뜻이 높고 어버이는 사랑하고 자식은 효도하며 남편은 믿고 아내는 정숙해 집집마다 현자(賢者)가 있으니 무엇을 가르칠 필요가 있겠는가?

듣자하니 저 나라는 삿된 도를 믿고 큰 악룡이 나타나 백성을 괴롭히니 우리가 나서서 저 악룡을 때려 눕혀 불행한 백성들을 반드시 구해야겠다."

"그러나 형님, 불교에서의 살생은 최대의 악행인데 어찌하면 좋습니까?"

"한 사람을 해치더라도 그 죄는 백겁(百劫)의 긴 세월에도 없어지지 않을 것이다. 그런데 저 악룡은 한 나라의 백성을 모두 집어 삼키고 있다. 그 죄는 갠지스 강의 모래알보다 많고 또한 긴 세월을 지나도 없어지지 않을 것이다.

우리가 저 한 마리 악룡을 쓰러뜨리는 것이 모든 백성을 구해 내는 길이다. 그런 다음 부처님의 가르침으로 사람들을 인도하면 머지않아 모든 재앙은 사라지고 다 함께 행복해질 것이다.

이제 더 머뭇거릴 수 없다. 너는 큰 코끼리가 되고 나는 큰 사자가 되어 저 악룡과 싸우자. 우리 둘이 목숨을 바쳐 악룡을 퇴치 못하면

저 나라를 구해낼 수가 없다."

그리하여 두 형제는 모든 부처님께 예경하며 서원을 굳게 세웠다.

"많은 사람들이 평온하지 못한 것은 우리들이 부족하기 때문입니다. 이제 악룡과 싸워 목숨을 잃더라도 미래에는 부처가 되어 모든 중생을 구할 것을 서원합니다."

그리하여 큰 코끼리와 큰 사자로 변한 두 형제는 악룡이 살고 있는 집을 맹렬하게 공격하였고 악룡은 크게 노하여 구름을 일으키고 비를 내렸다. 그 어두움 속에서 격투는 계속되었고, 얼마 후 세 동물은 모두가 목숨이 끊어지고 말았다.

이 공덕으로 인해 두 형제는 천상에 태어났고 저 나라도 다시 부처님의 가르침을 따르며 모두가 행복한 삶을 누리게 되었다.

그때의 형이 바로 나 석가모니이며 동생은 미륵이며 악룡은 데바닷타(제바달다)이다.

이 이야기를 간추리자면 바른 진리를 향한 코끼리와 사자의 용맹한 돌진이다. 또 이 세 이야기 내용을 종합하면 코끼리에 대한 상징적 의미가 또렷하게 드러난다. 바로 불교의 무유정법(無有定法), 희생과 인내, 그리고 바른 법을 향한 용맹한 정진이다.

코끼리에 대한 이러한 상징들은 당연히 불교가 추구하는 이상에도 부합되어 사찰에 여러 가지 모습으로 나타나게 된다. 도솔내의상(兜率來儀相)에서 보이는 여섯 개 상아를 가진 흰 코끼리, 보현보살이 타고 있는 흰 코끼리가 대표적이지만 코끼리 머리에 사람 몸을 가진 밀교적 도상이나 힌두교의 가네샤 신에게도 나타난다.

양산 신흥사 대광전 벽화 중 도솔내의상 부분. 호명 보살이 여섯 개의 상아를 가진 흰 코끼리를 타고 내려오고 있다.

상서로움의 극치, 육아백상(六牙白象)

코끼리는 현재 지구상에 살고 있는 지상 동물 중에서 가장 체구가 크면서도 온순하다.

인도에서 전통적으로 신성시되는 코끼리는 높은 지혜를 상징한다. 그래서 힌두교에서는 상두인신(象頭人身), 코끼리 머리에 사람 몸을 가지고 있는 가네샤가 지혜의 신으로 받들어진다. 그런 몸을 갖게 된 신화가 또 재미있다.

> 가네샤는 아버지 시바 신과 어머니 파르바티 사이의 아들인데 시바 신이 마침 고행하러 갔을 때 태어났다. 시바 신이 돌아왔을 때 가네샤는 이미 장성해 있었지만 시바 신은 이 일을 미처 알지 못했다.
> 가네샤는 파르바티가 명령한 대로 어머니가 목욕하는 걸 지키고 있었는데 별안간 나타난 아버지 시바 신도 못 들어가게 하자 몹시 화가 난 시바 신이 가네샤의 목을 잘라 버렸다.
> 그것을 안 파르바티가 울부짖으며 사실을 이야기하자 시바 신은 경솔함을 후회하고 다급히 지나가던 코끼리의 목을 베어 가네샤의 목에 붙어주었다. 이 바람에 가네샤는 상두인신의 몸을 갖게 되었다.

힌두교에서 가네샤는 갖가지 장애를 걷어내는 지혜와 행운의 신으로 학문과 상업의 성취를 가져다준다고 한다. 락슈미, 크리슈나와 함께 힌두교에서 가장 폭넓게 숭배 받는 신 중의 하나인데 그 형상이 특이하다.

힌두신 가네샤

배불뚝이 남자의 몸에 코끼리 머리를 하고, 네 개의 팔, 한쪽 상아는 부러졌는데 쥐를 타고 있거나 데리고 있다.

불교가 일어난 후 힌두교의 신들은 불교에 유입되어 주로 천상세계를 담당하는 역할을 맡게 되는데 시바 신은 대자재천(大自在天), 가네샤는 환희천(歡喜天), 브라흐마는 범천(梵天), 비슈누는 나라연천(那羅延天)을 관장하게 된다. 어쨌든 코끼리는 불교에서나 힌두교에서는 좋은 상징과 의미를 갖는 동물인데 여기에다 흰색을 띄게 되면 더욱 그 상징성이 배가된다.

동물들은 태어날 때 흰 털이나 하얀 피부로 태어나지 않는다. 환경에 맞춘 보호색을 띠고 태어나기 때문에 검은색이나 회색, 갈색 계열의 털이나 피부를 주로 갖춘다. 북극에 사는 백곰이나 북극여우가 눈 속에서 위장하기 위해 흰색을 띠고 태어나는 것과 같다.

그래서 흰색을 가진 동물이 태어나면 우리는 상서롭다고 생각한다. 흰 호랑이, 흰 사슴, 흰 말이 그렇고 흰 뱀도 거기에 들어간다. 코끼리도 마찬가지다. 10만 마리 중에 한 마리 정도로 흰 코끼리가 태어나기 때문에 당연히 상서로운 동물로 생각한다. 지금도 미얀마 양곤의 코끼리농원에 흰 코끼리가 있어 귀한 대접을 받고 있다. 누구나 알다시피 코끼리의 상아는 두 개다. 여섯 개의 상아를 가진 코끼리는 본 적이 없다. 피부가 하얀 코끼리가 여섯 개의 상아를 가졌다면 이 이상 더 상서로울 일은 없다.

바로 이 코끼리가 싯달타 태자의 어머니인 마야 부인의 태몽에 등장하고 있다. 도솔천에 머무르고 있던 호명보살(護明菩薩)이 이 육아백상(六牙白象) 코끼리를 타고 마야 부인의 옆구리로 들어오고 결국 마야 부인은 임신하여 싯달타 태자를 출산하게 된다.

호명보살은 전생에 도를 닦아 연등 부처님에게 다음 세상에 부처가 되리라는 수기(授記)를 받고 도솔천에 머물고 있었다. 호명보살이 도솔천에 머문 이유는 중생을 구제하려는 마음을 잘 지켜 사라지지 않게 하기 위해서이다. 도솔천보다 낮은 사천왕천이나 도리천, 야마천은 아직 게으름이나 욕정이 남아 있는 천상 세계고, 도솔천 위의 천상 세계는 고요한 선정의 즐거움에 들어 있어 중생을 구제하려는 자비심이 부족하기 때문이라고 한다.

그리고 마침내 중생을 교화할 시기가 도래했음을 알고 세간을 살펴본 후 결혼 후 20년 동안 자식이 없었던 정반왕과 마야 부인의 아들로 태어날 것을 스스로 정하고 태몽을 통하여 이를 미리 예고했다고 한다.

팔상도(八相圖)는 석가모니 부처님의 일대기를 크게 여덟 장면으로 나누어 그린 그림을 말한다. 그 팔상도 중에서 첫 번째 장면이 바로 이 도솔내의상이다. 이러한 기록을 통해 육아백상(六牙白象), 여섯 개 상아를 가진 흰 코끼리는 불교에서 중요한 상징으로 정착하게 되고 뒷날 보현보살이 타고 있는 상서로운 동물로도 나타나게 된다.

보현보살, 흰 코끼리를 타다

힌두교의 윤회론에서 인간과 동물은 평등하다. 인간은 죽어서 동물로도 태어나고 동물은 죽어서 인간으로도 태어난다. 현재 이 세상에 나타난 동물로서의 모습은 달라도 그 본질은 똑같다고 믿는다. 본질이 같으니 서로 죽이는 것이 금기시된다. 당연히 채식 문화가 득세하게 된다. 지금까지도 인도는 기본적으로 채식 문화다.

또 인도는 그들의 신들에게 타고 다닐 동물을 제공해 왔다. 창조신 브라흐마는 백조(白鳥)를, 파괴신 시바는 흰색 소 난디를, 비슈누는 맹금류인 가루다를 탄다. 인드라는 흰색 코끼리를 대동하고 가네샤는 쥐를 타거나 데리고 다닌다. 반려동물이라기보다 아바타로서, 이 동물들도 신의 상징으로서 우대를 받는다. 대표적인 동물이 바로 소이다. 시바 사원에 가보면 시바의 형상 대신 시바가 타고 다니는 흰색 암소 난디를 조각해서 모셔 놓는다.

사실 농경 사회에서는 소가 가장 중요한 동물이다. 봄부터 가을까지 소의 힘을 빌려 농사를 지어야 한다. 만약 소를 잡아먹는 육식문화가 발전하면 농사에 막대한 지장을 초래한다. 우리나라도 조선 시대까지 소를 함부로 도살할 수 없었다. 소를 함부로 도축하면 농사 기반이 무너지는 것과 같기 때문에 관청의 허가가 있어야만 도살할 수 있었다. 인도도 전통적으로 농경 사회였고, 소를 우대하는 풍토가 있어 왔다. 백성들이 함부로 소를 도살하지 못하게 하는 방편으로 인도는 힌두교라는 종교 안에 소를 끌어들임으로서 소를 적극적으로 보호하였다. 지금까지도 인도인들은 소고기 먹는 것을 꺼린다. 시바가 타고 다니는 신성한 소를 어찌 함부로 먹을 수 있었겠는가? 인도

•
불국사 대웅전 안 코끼리

의 길거리에서 부딪히는 수많은 소들, 교통에 방해가 되어도 묵묵히 피해 다니는 차량들을 보게 되는 것도 바로 이런 이유가 있어서다.

어쨌든 신들에게 짝이 되는 동물을 제공하는 풍습은 인도에만 있는 것은 아니다. 신선이 타고 다니는 학이 있고, 산신이나 산신의 사자로 대접받는 호랑이도 있으며, 신들이 타고 다니는 신마(神馬)가 중국·한국·일본에도 있다.

이러한 풍습은 불교에도 그대로 수용되어 자연스럽게 나타난다. 대표적인 것이 코끼리를 타고 있는 보현보살과 사자를 타고 있는 문수보살이다.

앞서 이야기했듯이 코끼리는 불교의 핵심인 무유정법과 실천 덕목인 희생과 인내, 정법을 향한 용맹한 돌진의 상징이다. 보현보살은 중생을 부처님 세계로 인도할 원력을 세우고 그 목표를 실천하기 위해 꾸준히 정진하는 보살이다. 이를 행원(行願)이라 하고 뚝심 있게 변함없이 실천하는 것을 대행(大行)이라고 한다. 예불문에 '지심귀명례 대행 보현보살'이라고 부르는 바로 그 보살님이다.

장육사 극락전 벽화 보현보살

이 보현보살의 짝이 될 동물은 무엇일까?

역시 가장 적당한 동물은 코끼리밖에 없다. 거칠 것 없이 진리를 향하여 모든 장애를 헤치고 뚜벅뚜벅 앞으로 나아갈 수 있는 동물은 바로 코끼리가 제격이기 때문이다. 보현보살과 짝이 되는 문수보살은 지혜를 상징한다. 가장 용맹하면서도 영리하게 무리를 지어 다른 동물을 사냥하는 사자는 동물 중에서 제일 뛰어난 지혜를 갖추었다고 생각되었다. 그래서 이 두 보살은 항상 짝이 되어 나타난다. 큰 절집의 금강문에는 금강역사 두 분과 함께 코끼리를 탄 보현보살과 사자를 탄 문수보살 한 쌍을 좌우로 배치한다. 여기에도 물론 중요한 상징이 있다. 깨달음을 얻기 위해서는 무엇이 가장 중요한가? 바로 올바른 지혜와 꾸준한 정진이다. 싯달타 태자가 6년 고행을 끝내고 보리수 아래에 앉아 깨달음을 얻었듯이 지혜와 정진만이 부처님 세계에 도달할 수 있는 밑거름이다. 어느 한쪽만 갖추고서는 그 문에 들어갈 수가 없다. 쌍두마차처럼 두 가지를 갖추어야만 열반의 문에 들어갈 수 있다. 그런데 이 금

장육사 극락전 벽화 문수보살

마곡사 해탈문의 금강역사와 보현보살

부안 개암사 대웅보전 목조석가삼존불. 석가모니 부처님 좌우에 각각 문수보살과 보현보살이 협시하고 있다.

마곡사 해탈문의 금강역사와 문수보살

강문에 있는 두 보살은 흔히 쌍상투가 있는 어린 동자상으로 표현되고 있다. 곧 문수동자와 보현동자라는 귀여운 모습으로 나타난다.

『화엄경』에 나오는 선재동자도 53선지식을 만나 결국 깨달음의 세계에 들어가는데 처음 만나는 선지식이 문수보살이고 마지막 만나는 선지식이 보현보살이다. 금강문에 이 두 동자가 앉아 있다는 것은 두 동자가 상징한 두 가지 덕목을 통해서만 깨달음의 세계에 도달할 수 있다는 것을 암시한다. 그렇게 성취하면 그때는 이미 동자가 아니라 보현보살이 되고 문수보살이 되어 석가모니 부처님 양옆에 앉을 수 있다. 그래서 법당에 계신 석가모니 부처님의 두 협시보살은 문수보살과 보현보살이다.

『화엄경』「입법계품」에 보현보살의 열 가지 대원(大願)이 나와 있다. 이

•
파주 보광사 대웅보전 외벽 보현보살과 코끼리

●
파주 보광사 대웅보전 외벽 문수보살과 사자

논산 쌍계사 대웅전 내부 보현보살

논산 쌍계사 대웅전 내부 문수보살

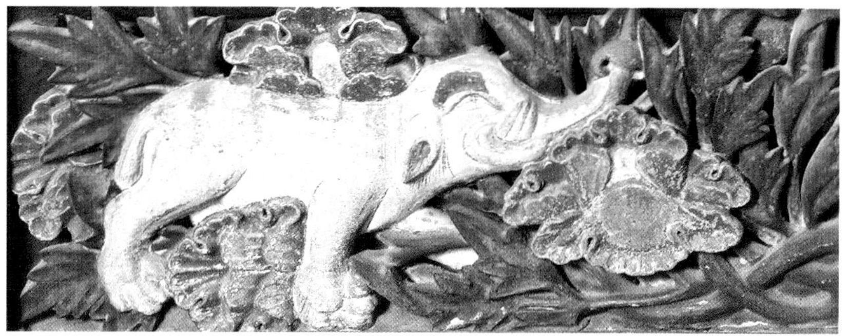

백흥암 수미단 부분. 코끼리.

열 가지 대원은 보현보살의 본원(本願)이고 모든 구도자들이 반드시 실행해야 할 수행 지침이다. 고려 시대 균여 대사(923~973)도 〈보현십원가〉를 지어 보현보살의 공덕을 널리 찬탄하였다.

이렇게 중요한 문수, 보현보살이니 작은 절집에서도 중요시될 수밖에 없다. 금강문이 없는 경우 다른 방도를 강구할 수밖에 없었다. 그래서 나온 방법이 법당의 벽면을 이용하는 것이었다. 법당 외벽에 코끼리를 탄 보현보살과 사자를 탄 문수보살을 그리기도 하고 아니면 법당 내부 좌우 벽에 두 보살을 그렸다. 그래도 벽화 그리는 것이 마땅치 않으면 궁여지책으로 코끼리와 사자를 나무로 조각해 법당 내부에 설치한다. 오래된 법당의 내부에 두 보살의 벽화가 없을 경우에도 자세히 살피다 보면 숨어 있는 듯한 코끼리와 사자 조각을 발견하고 필자 혼자 슬며시 웃음 짓던 때가 한두 번이 아니다.

문수의 지혜와 보현의 행원은 승속을 떠나 모든 불자들이 반드시 행해야 할 구도의 지침이며 목적이다. 그래서 절집에서 코끼리와 사자를 만나면 불자는 스스로 자신의 마음을 점검해 봐야 한다. _◑

사자

인도의 국가 문장(紋章)

우리나라 지폐에 등장하는 초상은 금액에 따라 퇴계 이황, 율곡 이이, 세종대왕, 신사임당 등 다양하지만 인도의 지폐는 금액에 관계없이 죄다 인도의 독립영웅 마하트마 간디 초상이다. 하지만 화폐개혁 이전에는 진리의 법 바퀴인 둥근 법륜(法輪) 위에 네 마리 사자가 서로 등을 맞대고 앉아 있는 그림의 지폐가 여럿 있었다. 지금도 유통되는 동전에 새겨진 이 문양은 인도의 국가 문장으로 바라나시 사르나트[녹야원]의 아쇼카 석주 위에 얹혀 있던 네 마리 사자 조각상을 도안화한 것이다.

인도 주화에 새겨진 사사자상

아쇼카 석주 사사자상

아쇼카는 누구인가?

아쇼카 대왕(BC 273?~BC 232)은 인도 마우리아 왕조의 왕으로 인도 대륙 남쪽 끝 일부 지방을 제외한 인도 전역을 처음으로 통일한 강력한 군주였지만, 전쟁의 참혹함을 목격하고 불교에 귀의한 후에는 불교의 정신으로 나라를 다스린 위대한 왕이었다.

열성적으로 불교를 후원하여 불탑을 세우고 포교에도 힘을 기울였는데, 스님이 된 아들을 스리랑카에 파견하는 등 불교를 세계에 전파하는 데 큰 역할을 하였다.

한자로는 아육왕(阿育王)이라 하는 아쇼카 대왕은 여덟 곳에 모셔졌던 석가모니 부처님의 사리를 거두어 전 세계에 8만 4천의 불탑을 세웠다고 전하며, 또한 석가모니와 인연이 있는 유적지에는 기념 돌기둥을 세웠다. 이를 아쇼카 석주(石柱)라 하는데 후대의 고고학자들이 이를 근거로 석가모니가 실존 인물이며, 룸비니에서 태어나 사르나트에서 전법을 시작했고, 구시나가르에서 입멸했음을 밝혀낼 수 있었다.

아쇼카 대왕은 인류 역사상 알렉산더 대왕이나 칭기즈칸처럼 위대한 정복왕이었지만 불교에 귀의한 후 정복 전쟁을 접고 불교의 정신으로 백성을 위한 정책을 펴 나갔다. 고아원, 양로원을 세우고 역사상 처음으로 동물 보호 및 학대 금지 법령을 제정하였으며, 수의사 제도와 함께 동물 병원도 만들었다. 민생을 위해 곳곳에 우물을 파서 정비하고 곡식을 저장, 흉년에는 싼 이자로 빌려 주는 정책을 폈다.

아쇼카 대왕은 인도 역사상 가장 훌륭한 왕으로 추앙받았고 불교권 국가에서는 불법(佛法)의 바퀴를 힘차게 굴리는 전륜성왕 이미지로 오랫동안 인식되어 왔다. 인도가 독립한 후 위대한 아쇼카 대왕의 치세를 흠모하여 그가 세운 사르나트 아쇼카 석주 위의 사자상을 도안화하여 국가의 문장으로 삼았고, 인도 국기 가운데에도 이 사자상 아래에 있는 법륜 마크를 집어넣었다.

인도에도 사자가 있다

그런데 인도에도 사자가 살았었나?

당연히 인도에도 사자가 살았었다. 아니, 지금도 살고 있다.

현생 사자는 크게 아프리카 사자, 유럽 사자, 아시아 사자로 분류할 수 있는데 지중해 지역에 살던 유럽 사자는 그리스와 로마 제국의 과도한 사냥으로 차츰 멸종하여 기원후 1년경에는 서유럽에서 완전히 자취를 감추었고 100년경에는 유럽 전역에서 거의 멸종했다. 그러나 수사자는 목 주변에 난 갈기도 멋지고 지능도 높고 용맹했기 때문에 유럽에서는 왕권의 상징으로 여겨졌다. 지금도 영국 왕실의 문장, 잉글랜드 축구팀 엠블럼 등 다양한 곳에서 수사자의 문양을 찾아볼 수 있다.

아프리카 사자의 경우 북아프리카에서 살던 것은 1920년 모로코에서 사살된 사자를 마지막으로 멸종 되었고, 남아프리카에 살던 사자는 사바나 지역을 위주로 서식하고 있다.

아시아 사자는 인도 사자라고도 하는데 이란, 이라크, 터키, 인도를 거쳐 파키스탄, 방글라데시 일부 지역까지 살았으나 인도가 영국의 식민지가 되면서 유럽 부유층들의 자기 과시용 사자 사냥으로 거의 멸종에 이르렀다가 1900년 인도 왕자 나와브가 사자 사냥을 금지하면서 겨우 12마리가 살아남았다. 마치 우리나라가 일본의 식민지가 되자 호랑이를 유해 동물로 지정하고 집중 사냥하면서 한반도에서 호랑이가 자취를 감춘 것과 같이 인간에 의해 멸종의 길로 들어서게 된 것이다. 이 12마리의 사자가 근친교배를 하여

2010년 4월 기준 411마리로 늘어나 기르 숲 국립공원에서 보호종으로 살아가고 있다. 인도 사자는 아프리카 사자보다 더 큰 꼬리 술(사자의 꼬리 끝에 털이 모인 털 다발)을 가지고 있고 수사자의 경우 갈기가 아프리카 수사자보다 덜 발달되어 있다.

여하튼 석가모니가 이 세상에 계실 때에도 당연히 많은 숫자의 사자가 인도 대륙에서 살아가고 있었을 것이다. 그래서 사자를 비유로 든 경전이 여럿 있다. 『사자후 작은 경』, 『사자후 큰 경』, 『대방광사자후경』, 『여래사자후경』, 『전륜왕사자후경』 등이 있고, 『승만경』의 원래 이름도 『승만사자후일승대방편방광경』이다.

그럼 사자후(獅子吼)에는 어떤 뜻이 담겨 있을까?

사자후는 5세기 경 구마라집이 번역한 『유마경』에도 나오는 불교 용어로, '사자의 울부짖는 소리에 뭇 짐승이 굴복해 두려움에 떠는 것처럼 석가모니의 설법이 다른 사견과 이견들을 일시에 무너뜨린다'는 의미로 쓰여 왔다. 곧 사자가 동물의 왕이라면 부처는 진리법의 왕이라는 비유로서 사용된 것인데, 오늘날에는 청중을 압도하는 열변을 하였을 때도 '사자후를 토했다'고 말하기도 한다.

사자, 중국에 들어오다

중국에는 물론 사자가 없다. 그런데도 중국의 궁궐·관아·능묘·사찰·원림·교량 등 각종 건축물 입구에 좌우 한 쌍의 돌사자가 어디에나 배치되어 있고 민간에도 유행하여 부유층 가옥의 입구에도 한 쌍의 돌사자가 손님을 맞는다.

그럼 중국의 사자 문화는 어떻게 형성되었을까?

고대의 한나라가 흉노를 무찌르며 실크로드를 개척하자 서역의 파르티아 왕국(중국에서는 안식국(安息國)이라고 불렀다)에서 사자 한 마리를 선물로 보냈는데 사자의 늠름한 기상과 위엄 있는 모습에 한나라 군신들이 크게 기뻐했다. 다른 나라들도 사자를 중국에 선물했다. 이렇게 점점 사자가 호랑이의 지위를 대체하면서 '신(神)의 동물' 자리를 차지했고 마침내 액운을 물리치는 상징 동물이 되었다.

그러나 이 '신의 동물'을 구하기가 쉽지 않았기 때문에 죽지도 않고, 썩지도 않는 돌로 만든 사자가 등장하기 시작했다. 이때만 해도 돌사자들은 주로 왕릉을 지키는 임무를 맡게 되었는데, 남북조 시대에 이르러 불교가 일어나면서 온갖 삿된 견해를 물리친다는 불교적 의미가 추가되면서 더욱 위엄 있는 모습으로 조형되었다.

송나라 때 들어와서는 민간에도 사자상이 유행했다. 민간에서는 늠름하고 위엄 있는 모습보다는 작고 귀여운 모습을 선호했다. 그러다 원나라에 이르면 중앙아시아 각국 장인들의 기술이 보태져 각양각색의 돌사자가 등장하기 시작한다. 명나라·청나라 대에 와서는 중국 전역의 모든 건물에 유행하여 관청이나 사찰 입구에도 반드시 등장하게 된다. 이때에 이르러서는 걷고 있는 돌사자는 거의 사라지고 대부분 앉아 있는 돌사자로 바뀌면서 조각하는 기술과 조형성도 대단히 진보하여 완성도 높은 전통 공예의 한 부분을 차지하게 된다.

사자는 꼭 두 마리를 배치한다. 전통적 음양론에 따라 왼쪽에 수사자, 오른쪽에 암사자를 배치하는데 수사자는 공을 발로 지그시 누르고 있고 암사자는 대개 새끼를 데리고 있어 쉽게 분간할 수 있다.

간단히 이야기하자면 처음에는 살아 있는 '신의 동물'로 들어와 돌사자로 만들어진 후 왕릉의 지킴이가 되었다가 불교가 들어온 후 삿된 것을 물리

•
중국 백마사 입구의 돌사자. 왼쪽-보는 쪽에서는 오른쪽-에 공을 가지고 있는 사자가 수사자다.

白

치는 수호 사자가 되어 왕릉과 사찰에 나타났고 민간에까지 유행하면서 액운을 물리치고 행운을 부른다는 의미가 더해져 전국적으로 유행하게 된 것이 중국 돌사자의 역사라고 보면 되겠다.

사자, 한반도에 상륙하다

당나라가 세계의 중심이라고 생각하던 시대, 삼국을 통일한 신라는 당연히 당나라 문화를 수입하게 된다. 수많은 유학승과 유학생이 당나라로 건너갔고, 이에 따라 차 문화·불교 문화·유교 문화도 활발하게 유입되었다.

신라에는 당연히 사자가 없었지만 당나라 문화를 받아들임에 따라 사자도 저절로 상륙하게 되면서 왕릉의 수호동물로도 나타났으니, 바로 경주 원성왕릉(괘릉)과 성덕왕릉의 돌사자상이 대표적이다. 특히 성덕왕릉에는 네 마리 돌사자가 사방에 배치되어 각기 다른 방향을 바라보며 앉은 채로 왕릉을 수호하는 임무를 충실히 수행하고 있다.

그러나 이러한 왕릉 수호석으로서의 사자는 후대에 가면서 백수의 왕으로 불리는 호랑이로 대체된다. 돌사자가 사라진 곳에 자리잡은 갖가지 모습의 돌호랑이[石虎]는 조선 왕릉 어디에서도 발견할 수 있는 왕릉 지킴이가 된다.

또 돌사자는 신라 시대에 불교와 관련된 다양한 석조물에 표현되기 시작하여 불상대좌를 비롯해 석탑, 석등, 승탑 등에도 다수 나타난다. 특히 사사자석등이나 쌍사자석등은 다른 나라에는 없는 우리만의 독특한 양식으로, 수입된 사자를 얼

경주 성덕왕릉을 지키고 있는
네 마리 돌사자 중 한 마리

●
경주 원성왕릉(괘릉)을 지키고 있는 네 마리의 돌사자

●
경주 원성왕릉(괘릉)을 지키고 있는 네 마리 돌사자 중 한 마리

화엄사 원통전 앞 사사자탑

영암사 쌍사자 석등

마나 뛰어나게 재구성했는지를 보여 주는 한국 불교문화의 걸작이다.

돌사자상을 석탑의 네 귀퉁이에 안치하는 양식도 나타나는데, 첫째는 석탑이 부처님을 상징하기 때문에 수호동물로서 사방을 지킨다는 의미로 안치했고, 둘째는 사자가 일체의 두려움이 없고 모든 동물을 능히 제압한다는 능력을 차용하여 부처님을 '사람 중의 사자[人中獅子]'라고 칭하였기 때문에 불교적 관점에서 안치했다고 본다.

이처럼 사자가 갖는 불교의 상징적 의미가 크다 보니 신라 문화 전반에 걸쳐 다양하게 사자의 모습이 나타났으니 향로 같은 공예품뿐만 아니라 건축 재료인 기와에까지도 나타나게 되었다. 이러한 전통은 불교 국가인 고려시대까지 이어져 불교문화뿐 아니라 고려의 대표 상품인 청자나 금속 공예품에도 다양하게 나타났다.

그러나 우리가 지금 사자상을 쉽게 볼 수 있는 곳은 임진왜란 후에 중건된 사찰의 금강문이다. 금강문은 금강역사가 지키는 문이다. 금강역사는 사찰의 입구나 석탑의 감실, 석굴의 입구 등에 좌우로 서서 불법을 수호하고 액난이 들어오지 못하도록 지키는 임무를 가지고 있다.

이 두 분의 금강역사 안쪽에는 대개 사자를 탄 문수보살과 코끼리를 탄 보현보살이 좌우로 배치되어 있는데, 이는 부처님의 세계에 들어가려는 불자의 마음 자세가 어떠해야 하는지를 표현하고 있는 것이다. 불교에서 문수보살은 지혜를 상징하고 보현보살은 행원을 상징하고 있듯이 사자는 백수의 왕으로서의 지혜와 용맹을, 코끼리는 거칠 것 없이 앞으로 나아가는 정진과 원력을 상징한다.

이는 깨달음의 세계에 들어가려면 금강석같이 깨지지 않는 지혜와 행원을 겸비해야 한다는 것을 의미하기도 하지만 중생들로 하여금 금강석같이 깨지지 않는 마음으로 문수보살의 지혜를 배우기를 서원하고 또한 보현보살

부산 범어사 대웅전과 돌계단

부산 범어사 대웅전 돌계단의 사자-대웅전 기준 좌측

•
부산 범어사 대웅전 돌계단의 사자-대웅전 기준 우측

천안 광덕사 대웅전과 돌계단

천안 광덕사 대웅전 돌계단 돌사자 – 대웅전 기준 좌측

•
천안 광덕사 대웅전 돌계단 돌사자 – 대웅전 기준 우측

처럼 끊임없이 원을 세우고 정진해야 한다는 것을 권유하고 있는 것이기도 하다. 금강문이 없는 작은 사찰의 경우 법당 내부 좌우 벽면에 사자를 탄 문수보살과 코끼리를 탄 보현보살을 그려 놓기도 하지만 벽화를 그리기에 마땅치 않을 경우 법당 내부에 코끼리나 사자의 형태를 조각해서 장엄하는 경우도 많다.

조선 시대에는 돌사자를 조성한 예가 극히 드물다. 하지만 천안 광덕사 대웅전 계단, 부산 범어사 대웅전 계단에 새겨진 돌사자는 널리 알려져 있다. 특히 범어사 돌사자는 도깨비상이라고 많이 알려져 있지만 조그만 두 발과 함께 한 마리는 입을 열고 있고, 한 마리는 입을 닫고 있어 틀림없는 사자상이다. 입을 열고 있는 금강역사를 '아금강역사', 입을 다물고 있는 금강역사를 '훔금강역사'라고 하는데, '아'는 범어의 첫 글자이고, '훔'은 끝 글자여서 우주의 시작과 끝, 영원과 통일을 상징한다. 돌사자상들도 다 이렇게 만들어져서 '아사자', '훔사자'라고 부르기 때문에 범어사의 조각상도 사자가 확실하다고 하겠다. 어찌 보면 사나운 사자라기보다 작고 귀여운 동물처럼 느껴지는 범어사 돌사자는 조선 민화에서 나타나는 민간의 따뜻한 정서가 그대로 배어 나오는 듯하다.

절집의 큰 북을 허공에 매달지 않고 좌대에 얹어 놓고 치는 경우 그 좌대가 사자로 조각된 것이 많았다. 부처님이 사자후를 토하듯이 법고 소리가 멀리멀리 시방세계에 퍼지기를 발원하는 뜻에서 그렇게 만들었을 것이다. 스님들이 법문할 때의 법상도 사자좌라고 부르는데 실제로 사자 모양을 새겨 넣은 것도 흔하게 볼 수 있다. 법고대가 큰 사자 조각이라면

관룡사 법고대

포항 보경사 적광전 신방목의 목사자 – 대웅전 기준 좌측

포항 보경사 적광전 신방목의 목사자 – 대웅전 기준 우측

불국사 대웅전 안 사자

•
불국사 다보탑 석사자상

앙증맞고 귀여운 사자 목조각도 있다. 포항 보경사 천왕문과 적광전 신방목의 나무 사자 조각이다. 특히 적광전의 사자상은 오랜 세월에 많이 마모됐지만 표정과 자세가 또렷하다. 다섯 개의 큰 방울이 달린 목걸이를 하고 입을 굳게 다문 채 통통한 몸으로 앉아 있는 모습이 마치 귀여운 강아지와 같아 쓰다듬고 싶어진다.

이처럼 사자는 신라 시대에 들어와 조선 시대까지 끊임없이 문화적 맥락을 이어 왔으니, 비록 우리나라에는 사자가 없다 하지만 우리 문화로 정착되었다고 보아도 될 듯하다. 저 북청사자놀음처럼 말이다. _◑

분황사 석탑 사자상

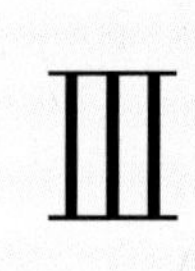

상상과 전설의 주인공

도깨비 · 장승 · 악착보살 · 야차 · 가릉빈가 · 삼신할미 · 신선

도깨비

도깨비는 귀신인가

어느 나라가 되었든 그 나라의 전통문화를 이해하려고 한다면 그들의 민간 신앙을 살펴보는 것이 도움이 된다. 어느 민족이나 고대로 올라 갈수록 수많은 신들의 이야기가 있다. 우리나라도 범신론(汎神論)이라고 할 만큼 수많은 귀신과 신령이 존재해 왔으니 무당을 만신(萬神)이라고 부르는 것만 보아도 알 수 있다. 만 가지나 될 정도로 많은 신령님을 섬긴다는 뜻이 아닌가.

원래 귀신(鬼神)이란 글자에서 귀(鬼)는 인간에게 해악을 끼치는 초인적 존재이고, 신(神)은 인간에게 도움을 주는 초인적 존재였다. 그래서 잡귀, 원귀, 객귀(客鬼), 몽달귀라 하면 나쁜 악귀(惡鬼)의 뜻이 강했고 산신, 목신(木神), 수신(水神), 서낭신, 조왕신 등은 좋은 선신(善神)의 뜻이 강했는데, 유일신 신앙이 들어오면서 귀신이라 하면 모두 미신의 대상이 되어 싸잡아 나쁜 의미로 변하게 되었다. 이제는 누구나 귀신이라고 하면 피하고 싶은 대상, 멀리하고 싶은 대상, 우리에게 피해를 주는 악령이라고 생각하게 되었으니 세상인심 변하듯 우리의 인식도 많이 변했다.

그럼 도깨비라고 하면 독자는 어떤 이미지가 떠오르는가? 혹부리 영감과 도깨비 이야기? 아니다. 이 동화는 일본의 전래동화다. 일제강점 초기 일본인들이 내선일체를 주장하며 우리의 전래동화와 구조가 비슷한 혹부리 영감 이야기를 1915년 『조선어독본』에 처음 실었다는 것은 다 알려진 사실이다. 독자들은 심성이 착한 나무꾼과 개암열매, 도깨비 방망이가 등장하는 전래동화를 다 알 것이다. 여기에 등장하는 도깨비의 이미지가 바로 우리 민족이 느끼는 도깨비의 전통적 이미지다. 수많은 도깨비 이야기를 종합해 보면 도깨비의 천성은 바로 이렇다. '심성이 고약한 사람은 골탕 먹이고, 가난하고 착한 사람은 도와주며, 심술궂은 장난을 좋아하지만 잔꾀는 별로 없다. 재주

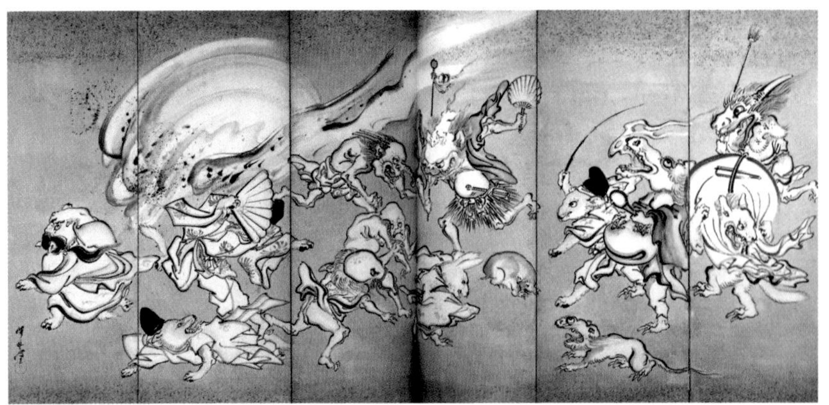

•
〈백귀야행(百鬼夜行)〉 가와나베 교사이(河鍋曉齋, 19세기, 일본)

도 많고 노래와 춤과 놀이도 좋아하고, 사람하고 내기도 잘한다. 힘도 세고 못하는 일이 없지만 어리숙하여 사람들에게 곧잘 속는다. 그래도 사람을 함부로 죽이지는 않는다. 그렇다고 또 사람이 만만하게 대할 수 있는 상대는 아니다.'

그럼 도깨비는 어떻게 생겼을까?

백제의 도깨비 문양전

일본에는 에도 시대(1603~1867)에 백 명의 귀신이 밤에 행진한다는 백귀야행(百鬼夜行)을 그린 두루마리 그림이 전해지듯이 많은 귀신이나 요괴를 그려온 전통이 있다. 지금도 일본에 요괴나 귀신 만화가 많은 것은 이런 전통이 있기 때문이다. 중국도 500여 종 이상의 귀신이 있다고 하지만 한국과 같이 귀신 그림을 찾아보기 어렵다. 그러나 강시가 등장하는 영화나 〈천녀유혼〉

충남 부여군 규암면 외리의 절터에서
출토된 문양전 1.

충남 부여군 규암면 외리의 절터에서 출토된 문양전 2.
연화대좌 위에 올라서 있다.

같은 영화가 인기를 끌기도 했던 것처럼 귀신 이야기는 무수히 많다.

귀신 그림은 없지만 우리나라 대다수 연구자들이 도깨비 문양으로 추정하는 보물이 있다. 바로 충남 부여군 규암면 외리의 절터에서 출토된 백제시대 8종의 문양전 속에 포함된 2종의 도깨비 문양전이다.

한 도깨비는 산천을 발아래 두고 힘차게 서 있고 한 도깨비는 연화대좌 위에 당당히 서 있다. 부릅뜬 눈, 거친 숨이 터져 나올 것 같은 코, 한껏 벌린 큰 입 안에는 날카롭고 긴 송곳니 네 개가 솟았고, 그 주위로는 장비 같은 억센 수염이 기세 좋게 뻗쳐 나갔다. 당당한 어깨 양쪽으로는 칼날 같은 갈퀴가 악어 등처럼 늘어섰고 아래 위로는 맹금류의 억센 발톱을 가진 듯한 손발이 나타났다. 풍만한 허리에는 아주 간단한 벨트를 했는데 굵은 허벅지는 보디빌더처럼 튼실하다. 상의를 벗었는지 젖꼭지가 분명한 두 개의 유방이 다 드러나서 보는 이로 하여금 살짝 실소케 한다. 인간과 친근하면서도 어딘가 신적인 힘이 있는 모습, 바로 도깨비의 모습인 듯하다. 함께 출토된 유물 중에 용 문양전은 따로 있으니 분명 용은 아니다. 필자는 이 두 도깨비 중에서 특히 연화대좌 위에 당당히 서 있는 도깨비에 주목해 본다. 연화대좌 위에는 누가 올라가는가? 당연히 불보살만이 올라간다. 어느 황제나 왕도 살아서든 죽어서든 연화대좌에 올라갔다는 기록을 본 일이 없다. 연화대좌 위에 도깨비를 올렸다는 것은 그때 당시 사람들이 불보살들처럼 받들어 모셨다는 뜻이다. 절터에서 나온 유물들이니 민간에서 받들던 도깨비를 절에서 받아들여 수용했다는 뜻이기도 하다.

그러나 그러한 기록은 고려 시대까지도 찾아볼 수 없다. 조선 시대에 이르러 세종 29년(1447년)에 발간된 『석보상절』 9권에 비로소 '돗가비를 청하여 복을 빌어 목숨 길어져 하다가'라는 기록이 보인다. 『석보상절』에는 '돗가비'라 했는데 이는 돗+아비의 뜻이다. '돗'은 학자에 따라 견해가 다른데 '능청맞고 수다스럽고 변덕과 재주를 부린다'는 뜻으로 보기도 하고 '불[火]'이나 '씨앗[種子]'의 의미로 보기도 한다. '아비'는 아버지의 의미로 '장물아비' '처용아비' 등에서 보이듯이 성인 남자를 뜻한다. 어쨌든 돗가비는 풍요와 수명을 관장하는 역할을 맡고 있었던 민간의 신으로 믿어진다. 이 돗가비는 돗아비 > 돗가비 > 돗개비 > 도깨비로 변해 지금의 용어로 정착되었다.

그럼 이 도깨비는 누구를 모델로 한 것일까?

전쟁의 신, 치우천왕

일제강점기에 들어오면서 일본은 우리의 역사를 그들의 입맛대로 다시 쓰기 위해 조선사편수회를 만들었다. 『삼국사기』『삼국유사』 이외에 단군에 관한 기록이 실린 고대사 책들을 전국의 민가나 관청에서 수거하여 소각하였는데, 그때에 없어진 책들이 무려 20만 권이었다고 전한다.

사실 우리 민족이 5,000년 역사를 자랑한다지만 삼국 이전의 역사 기록에 대한 것은 정말 빈약하기 짝이 없다. 『삼국사기』는 유학자 김부식이 쓴 탓인지 삼국 이전의 역사에 대해서는 일절 언급이 없고, 일연 스님은 몽고의 침탈을 겪으며 우리 민족의 역사와 정체성이 멸실될까 염려하여 『삼국유사』를 쓰셨지만 이 또한 단군을 신화시대의 인물로 기술하였다. 단군은 1,500년간 나라를 다스리다가 1908세에 아사달에서 산신이 되었다고 기록하였으니 단군은

붉은 악마 엠블럼

고려 시대 귀면와

신화적 인물로 기억될 뿐 역사적 인물이 될 수 없었다. 조선사편수회에는 일본의 관학자 이마니시 류(今西 龍)가 참여하였는데 이 사람의 제자들이 한국의 사학계에 포진하였고 해방 후에도 그대로 사학계에 남아 활동하면서 우리들도 일제 식민사관에 의해 쓰인 역사를 그대로 답습하며 배우게 되었다.

그러다 고대사에 대한 관심을 증폭시키게 된 계기가 있다. 1984년 김정빈 작가가 쓴 소설 『단』 때문이다. 이 소설은 대중들과 멀리 떨어져 있던 단군을 우리 곁에 있는 역사로 부활시켰다. 100만 부 이상의 판매고는 당시 대중의 관심이 얼마나 컸나를 짐작케 한다. 더불어 최치원이 말한 '유·불·도 삼교를 포함한 풍류도(風流道)'가 바로 이것이 아닐까 생각해 보는 계기도 되었다. 2002년 이후에는 치우((蚩尤)가 새롭게 주

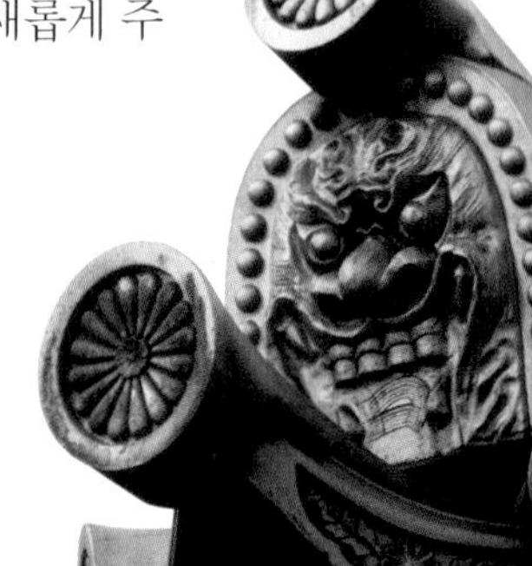

일본 사찰의 오니가와라

목받고 있다. 붉은 악마의 엠블럼이 바로 치우를 모델로 했기 때문이다. 보통 치우장수, 치우천왕이라고 부르는 이 인물은 『삼국사기』나 『삼국유사』에는 기록이 없지만 중국의 정통 역사서에는 많은 기록이 남아 있다. 우선 사마천(BC135?~BC87?)의 『사기』 「오제본기」에 중국인의 시조라는 황제(黃帝)가 대륙의 제후들을 토벌할 때 치우와 싸운 기록이 나온다. 중국 고대사에서 뚜렷한 족적을 남긴 치우천왕은 후손인 동이족에서 차츰 벽사신(辟邪神)으로 추앙받게 되었다. 그 모습을 보여 주는 것이 바로 연화대좌 위에 당당히 서 있는 백제의 문양전이며, 그 얼굴 모습만 떨어져 나와 사용된 것이 지붕 위에서 액운이나 잡귀를 막기 위해 지붕의 내림마루에 올라간 귀면와라고 필자는 생각한다.

귀면와 중에는 사슴뿔 같은 모습의 용뿔을 새긴 것도 있어 용의 얼굴이라고도 할 수 있지만, 소뿔 모양도 있고 외뿔도 있어 한 가지로 단정할 수는 없다.

귀면와라는 말은 일본인 학자들이 우리의 기와를 보고 자신들의 건축물에 있는 오니가와라[鬼瓦]에서 이름을 따 부른 데서 유래한 것이지만 원래 이 기와는 우리말로 '바래기기와' 한문으로는 '망와(望瓦)'라고 부른다. 망보는 기와, 잡귀와 액운이 들어오지 못하게 지붕 위에서 망보며 지키는 기와라는 뜻이다. 그러나 중국에서는 이 기와가 후대에 내려오면서 점차 사라지지만 한반도에서는 고구려, 백제, 신라 삼국에 다 나타난다. 통일신라 때 가장 우수한 도깨비기와가 나타나 꽃을 피웠고, 이 전통은 고려, 조선 시대에도 계속 이어졌다. 고찰에는 반드시 도깨비기와가 올려졌다.

• 글자를 새긴 망와 조각(조선 시대)

한편 백제에서 일본으로 건너간 도깨

지리산 백장암 석탑의 도깨비 문양

지리산 백장암 석탑과 석등

비기와는 점차 변형되어 요괴 스타일로 변했다. 일본인 학자들이 귀면와라고 이름 붙이고 이를 다시 번역하면서 도깨비기와라고 하였지만 그 원형은 우리의 조상이라고 믿어지는 치우천왕의 얼굴 모습이다. 망와 또는 바래기기와라는 말은 이 도깨비기와의 성격을 잘 드러낸 용어라고 생각한다.

남아 있는 도깨비 모습

우리나라에서는 귀신 그림을 찾기 어렵듯이 정확하게 도깨비라고 인정할 만한 조각품이나 그림을 찾기 어렵다. 오랜 세월에 걸쳐 용의 얼굴과 도깨비 얼굴이 서로 습합된 데다가 벽사신(辟邪神)으로서의 왕도깨비가 불교가 들어온 이후에는 그 지위가 낮아져서 지옥의 옥졸이나 나찰의 모습으로도 변용되었다고 믿어지기 때문이다. 그래도 여러 학자나 연구자들이 이 모습이 우리나라의 도깨비 모습을 간직한 것이라고 추정해 온 조각품들이 사찰을 비롯한 여러 곳에 남아 있어 이를 한번 정리해 본다.

지리산 실상사 백장암의 삼층석탑은 국보 제10호로 지정되어 있는 9세기경의 신라 석탑으로 이중기단이 생략된 이형 석탑이지만 섬세하고 다양한 조각이 베풀어진 귀중한 문화재이다. 초층 몸돌 네 면에는 사천왕이 각각 조각되어 있는데 세 면에는 사천왕의 시동이라 생각되는 동자상도 조각되어 있어 아주 희귀하다. 특히 동쪽 면에 새겨진 동자는 머리에 두 개의 뿔이 솟고 한 손에는 도끼를, 한 손에는 불자(拂子)를 들고 있어 동자 도깨비라는 별명을 얻었다. 오른쪽 발을 왼쪽 발 뒤로 돌린 채 발의 앞부리로만 땅을 가볍게 딛고 서 있어 그 장난스러움에 더욱 친근감을 느끼게 된다.

청도 운문사 작압전 안에는 보물 제318호로 지정되어 있는 신라 시대의

청도 운문사 작압전 안 북방다문천왕.
밑에 있는 생령은 도깨비 모습을 하고 있다.

강진 사문안 석조상 측면 1

강진 사문안 석조상 앞면

강진 사문안 석조상 측면 2

석조 사천왕상 네 개가 보관되어 있다. 탑의 기단부를 장식하기 위해 조성되었겠지만 탑은 없어지고 사천왕만 남아 있는데 모두 나쁜 생령('살아 있는 넋'을 가리키지만 사찰에서는 통상 사천왕의 발밑에 있는 악귀를 말한다.)을 두 발로 딛고 서 있는 생령좌(生靈座)를 하고 있다. 그 중에서 불탑을 들고 있는 북방다문천왕의 발아래 있는 생령의 모습이 마치 도깨비와 닮았다고 하여 많이 알려져 있다. 머리에 두 뿔이 난 도깨비는 털썩 주저앉은 채 무릎을 세우고 두 어깨에 다문천왕을 받들고 있는데 오른쪽 어깨가 아픈지 오른손으로 천왕의 발을 받쳐 들었다. 윗몸은 벌거벗은 채 목도리만 둘렀고 허리 아래로는 백제의 도깨비문양 벽돌처럼 간단한 가리개만 걸쳤다.

전라남도 문화재자료 제187호로 지정된 강진 사문안 석조상은 보통 토동 입석상이나 도깨비상이라고 불러왔다. 예전에 큰 절이었던 월남사로 들어가는 입구 마을이란 뜻에서 사문(寺門) 안골이라 부르는 이 동네 입구 얕은 언덕에는 기이한 석조상이 한 개 서 있다. 높이 122센티미터의 조그만 자연석 사방에 총 13개의 인물상이 새겨진 이 조각물은 연잎이 새겨진 둥그런 판석 가운데에 세워져 있다. 한마디로 정체를 정확히 알 수 없는 괴이한 조각상이다. 앞면에는 웃통은 벗어버리고 바지만 입은 두 명의 조각상이 또렷이 보이는데 두 번째에 있는 인물은 머리 위에 두 개의 뿔이 달렸고 오른손은 방망이 같은 것을 쥐고 있다. 삿된 것을 물리치는 상징인 벽사치(辟邪齒)가 비죽이 솟아 나왔다. 또 측면에 얼굴만 새겨진 조각상에서도 도깨비 얼굴에서 보이는

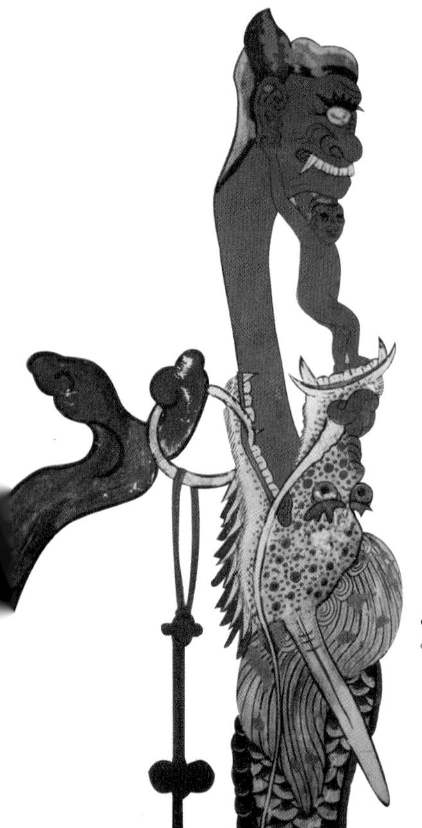

〈팔사품도〉 중 귀도

전등사 대웅전 수미단 부분

전등사 대웅전 수미단

퉁방울눈과 주먹코가 보인다. 오랫동안 동네사람들이 도깨비 바위로 불렸던 이 석조상은 옆의 당산나무와 함께 당산제를 올리던 날에는 술도 받아 자시던 마을의 수호신이기도 하였다.

통영시 충렬사에 가면 명나라에서 이순신 장군에게 내려주었다는 팔사품(八賜品) 8종 15점의 물품이 보관되어 있다. 그 중에 참도(斬刀) 한 쌍과 귀도(鬼刀) 한 쌍이 있다. 전쟁 시 군대의 위엄을 갖추기 위해 군관 네 명이 각각 어깨에 메고 각종 깃발을 들고 양쪽에 갈라설 때 사용하는 것이다. 이 중 귀도의 손잡이에는 용과 도깨비가 같이 조각되어 있다. 용과 도깨비가 분명 다르다는 것을 방증한다. 그래서 칼의 이름도 귀도(鬼刀)라고 부르게 되었다. 박달나무로 깎은 용의 입체적 얼굴도 멋있지만 용의 벌어진 입에서 솟아나온 도깨비의 모습은 더욱 괴이하고 강력하다. 부릅뜬 눈과 사나운 풍모, 큰 입에는 벽사치 송곳니가 길게 뻗었다. 자세히 보면 도깨비 아이라고 생각되는 동자가 턱 밑에 매달려 있다. 용과 도깨비가 다르다는 것을 확실히 보여주

완주 송광사 천왕문 서방광목천왕 부분. 도깨비 문양

완주 송광사 천왕문 서방광목천왕

는 자료라고 필자는 생각한다.

전등사 대웅전(보물 제178호)은 임진왜란이 끝난 후 광해군 13년(1621)에 중건된 건물이다. 법당 안 수미단도 그 당시에 제작된 것으로서 별도로 인천시 유형문화재 제48호로 지정되어 있다. 3단으로 구성되어 있는 이 수미단의 하단은 삼면이 전부 도깨비 얼굴로 조각되어 있는데 정면에 12칸, 좌우 측면에 5칸씩 총 22칸에 전부 다른 얼굴이 장식되어 있다. 눈썹도 다르고 코도 다르고 입도 다르고 입에 물고 있는 물건도 같은 모양은 없다. 특히 정면 하단 오른쪽 끝에 있는 도깨비 얼굴은 이마에 '왕(王)' 자가 한문으로 뚜렷하게 써 있다. 점이 박힌 푸른 얼굴에 휘말린 눈썹이 용맹스럽고 입에는 모란꽃 가지를 물었다. 이렇게 '왕(王)' 자가 써 있는 왕도깨비는 청도 대비사 대웅전 수미단에도 있다.

사천왕은 불법을 외호하는 신장으로서 사찰 입구의 사천왕문에 모셔져 있다. 신장으로서의 막강한 위력과 위엄을 나타내기 위해 많은 장식물로 치장하는데 정면에 코끼리 가죽이나 악어가죽, 호랑이가죽을 허리 아래로 늘어뜨리기도 한다. 그만큼 강력한 힘을 가지고 있다는 상징이다. 또 사천왕은 배 부분에 도깨비 얼굴로 치장한 유물을 흔히 볼 수 있는데 천왕의 허리띠가 도깨비 입 위로 지나가게 꾸민 것도 많다.

서방 광목천왕의 경우 흔히 한 손으로 용의 몸통을 틀어 쥐고 한 손으로는 용의 여의주를 빼앗아 두 손가락 끝으로 가볍게 들고 있는 모습을 볼 수 있다. 완주 송광사의 광목천왕도 역시 오른손에 청룡의 몸통을 쥐어 잡고 여의주를 빼앗아 들었는데 배 부분에 도깨비 얼굴이 장식되어 있다. 도깨비 입 안으로 허리띠가 지나갔는데 그 허리띠에 또 용의 장식이 들어가 있다. 이 광목천왕을 보면 용과 도깨비가 다르다는 것을 새삼 느끼게 된다.

광화문 네거리, 종로 1가에서 경복궁 광화문으로 꺾어지는 코너에 서

고종 어극 40년 칭경기념비 입구의 만세문

있는 고종 어극 40년 칭경기념비는 고종 황제가 왕위에 오른 지 40년, 자신의 나이 51세가 되는 것을 기념하기 위해서 1902년에 세운 것이다.

이 비각으로 들어가는 문은 돌로 만든 아치형으로 문짝은 철로 만들었다. 이 철문 중앙에는 태극문양이 있고 윗부분에는 대한제국의 문장인 배꽃 문양과 함께 도깨비 얼굴이 남아 있다.

도깨비 얼굴의 특징인 통방울 눈, 주먹코는 여느 도깨비와 같은데 특이하게 송곳니가 아래턱에서 위쪽으로 불쑥 솟았다. 어깨는 구름문양 같은 것으로 마감하고 머리 위에 마치 고깔 같은 모자를 씌웠는데 그 끝을 한번 동그랗게 말은 다음 화살촉 같은 모양으로 마무리하였다. 역시 잡귀와 삿된 기운을 막기 위한 벽사신으로 믿어지는데 필자는 조선조 말, 대한제국 시기의 마지막 도깨비 장식물이 아닌가 생각하고 있다. _◑

장승

금강역사냐 장군이냐

지금은 웬만한 절에 가도 흔히 볼 수 있는 전각이 명부전이다. 그 안에 모셔진 지장보살과 무독귀왕, 도명존자와 함께 양쪽으로 나눠져 앉은 열 명의 시왕(十王)과 판관, 녹사, 동자 등은 절마다 구성과 배치가 대동소이하다. 독자들은 명부전에 들어설 때 입구 양쪽에 마주 서서 험상궂은 얼굴로 눈을 부릅뜬 채 주먹을 불끈 쥐거나 무기를 들고 참배객을 맞이하는 역사상(力士像)을 보고 흠칫 놀랄 때도 있었을 것이다. 그러나 눈썰미가 예리한 독자라면 이 역사상에도 완전히 다른 두 가지 스타일이 있다는 것을 알았을 것이다. 하나는 투구를 쓰고 장군 복장을 한 모습, 다른 하나는 전통적인 불교의 금강역사상으로 근육질의 상반신을 드러낸 채 주먹으로 곧 내리칠 것 같은 모습을 하고 있다. 왜 이런 두 가지 모습이 있는 것일까? 이를 이해하려면 명부전이 어떻게 발생했는지를 살펴봐야 한다.

'개똥밭에 굴러도 저승보다 이승이 좋다'는 말이 있듯이 이승[此生]은 살아 있는 이쪽 세상이고 저승[彼生]은 죽어서 가는 저쪽 세상이다. 옛사람들은 하늘에 떠 있는 해와 달, 별들과 지하에서 일어나는 화산 폭발, 지진 등을 겪으며 이 세계와는 다른 세계가 존재한다고 자연스레 믿었다. '이 몸이 한 번 죽은 다음에도 영원히 없어지지 않고 다른 세계에 가게 된다'고 믿게 되니 여기에서 천상·극락·천당과 지옥·연옥·명계(冥界) 등의 대립적 관념도 생겨났다. 동·서양을 막론하고 모든 종교에는 똑같이 사후세계가 있다고 이야기한다.

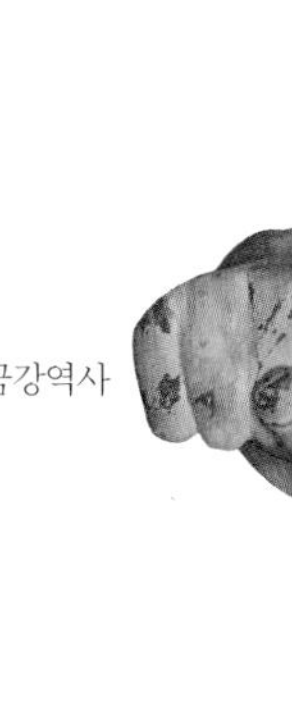

남해 용문사 명부전 내부의 금강역사

천은사 명부전 외부

중국의 도교에서는 인간의 선행과 악행에 따라 그 수명이 결정된다고 생각했다. 하지만 불교가 들어오면서 지옥 관념을 서로 주고받게 된다. 시왕이 등장한다. 또 죽은 뒤에 가서 심판 받는 관청이 등장한다. 명부(冥府)다.

불교의 지장보살은 미래의 부처인 미륵불이 출현할 때까지 육도(六道: 지옥·아귀·축생·수라·인간·천상)에 윤회하는 모든 중생들을 구제하는 임무를 띤 보살이다. 하지만 지장보살에 대한 중생들의 존숭은 민간 신앙과 어울리면서 다양한 모습의 파생 신앙을 낳았다. 육도에 고루 미치는 지장보살의 원력에 기대어 사후에 지옥의 고통에서 벗어나거나 죽은 사람의 영혼을 극락으로 천도하려는 바람과 자연스럽게 결합한 것이다.

당나라 때에는 『불설예수시왕생칠경』이 출현하게 되어 지장 신앙과 시왕 신앙이 함께 묶이게 되고, 고려 시대에는 지장보살과 시왕을 함께 모신 불화가 조성된다. 급기야 조선 시대에는 유교의 효 사상이 밑바탕이 되어 시왕전과 지장전을 합친 명부전이 급속도로 퍼지면서 지금 우리가 흔히 볼 수 있는 모습으로 진화하게 된다.

천안 광덕사 명부전 역사. 초기 형태의 명부전 역사로 완전한 장군 모습이다.

천은사 명부전 내부 역사상. 장군 모습과 금강역사 과도기의 모습임. 머리만 금강역사 스타일로 바뀌었다.

사후세계에서 인간들의 죄의 경중을 가리는 열 명의 심판관을 가리키는 시왕(十王)은 그 출신이 각각 다르다. 고대 인도신화의 영향을 받은 것도 있지만 대부분 도교의 영향을 받은 것이 많다. 염라대왕은 시왕의 우두머리로 본래 인도 고대의 야마왕(夜摩王)이었으나 불교에 수용되어 천상 세계에 올라가 야마천(夜摩天)이 되었고, 땅으로 내려와 염라대왕이 되었다. 중국의 태산은 본디 죽은 영혼이 머무는 곳이다. 그곳 우두머리가 태산부군인데 시왕에 포섭되어 제7전의 태산대왕이 되었다.

이 열 명의 시왕에 딸린 권속들도 무척 많은데 그중에 제2전 초강대왕의 권속인 상원주장군(上元周將軍), 제3전 송제대왕의 권속인 하원당장군(下元唐將軍), 제10전 오도전륜대왕의 권속인 중원갈장군(中元葛將軍)이 있다.

어디서 많이 보던 이름 아닌가? 그렇다. 바로 민간이나 사찰에 남아 있는 돌장승에 새겨진 이름이니 그 기원은 도교의 삼원장군(三元將軍)으로, 명부를 수호하는 장군들이다.

명부전이 처음 만들어지기 시작할 때는 당연히 이 장군들이 고려되었을 것이지만 문 양쪽에 세 명의 장군을 배치하는 것이 적절치 않아 두 명의 장군만 세우게 된 것으로 추정된다. 세월이 흐르면서 불교의 전각에 도교의 장군들이 문을 지킨다는 것이 마뜩치 않았고 불교에는 대표적인 수문장인 금강역사가 있으니 차츰 금강역사로 대체되었을 것으로 생각된다.

지금 대부분의 사찰에는 명부전 입구 양쪽에 금강역사가 배치되어 있지만 도교의 장군상이 있는 명부전도 여전히 남아 있고, 또 두 스타일을 섞어 놓은 듯한 역사상도 있어 우리의 눈을 즐겁게 한다. 그럼 이 상원주장군과 하원당장군이 왜 사찰 입구의 돌장승에 새겨지게 되었을까?

문경 대승사 명부전. 왼쪽부터 제5 염라대왕, 제7 태산대왕, 제9 도시대왕

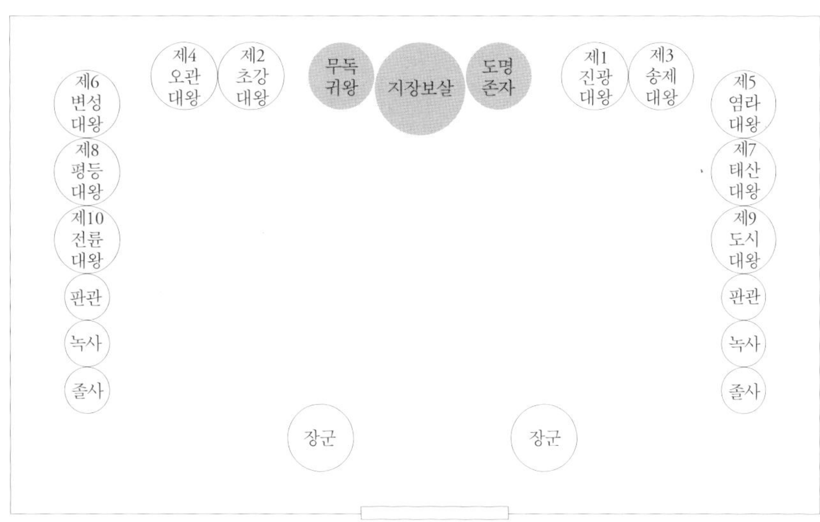

명부전 배치도

장승의 내력

장승(長栍)은 '기다란 나무 푯말[栍]'이라는 의미에서 나온 말이다. 돌과 나무로 만들었으나 10년을 버티지 못하는 목장승은 거의 사라지고 지금은 돌장승들만 전라도 지역에 집중적으로 남아 있다. 고대부터 지금에 이르기까지 계속 만들어 온 장승은 시대의 흐름에 따라 장생표주, 장생, 승(栍), 장선주, 후(堠) 등으로 부르다가 16세기에 이르러 장승으로 부르면서 지금까지 이 이름이 쓰이고 있다.

그 유래에 대해서는 남근 숭배에서 세웠다는 설, 선돌에서 유래했다는 설, 사찰의 경계 표시로 세웠다는 설이 있지만 마을의 평안과 재앙을 막기 위해 세웠다는 설이 가장 유력하다.

또한 고대 신앙의 대상으로서 솟대, 돌탑, 신목(神木) 등과 함께 민중의 삶 속에서 전승되어 온 긴 역사를 갖고 있다. 그러나 장승에 관한 가장 오래된 기록은 불교의 비석에 나타나 있다. 신라 헌강왕 10년(884)에 세워진 전라남도 장흥 보림사 보조선사창성탑비의 기록이 그것이다. 구산선문의 하나인 보림사는 '원래 원표대덕이 살던 곳으로 원표대덕이 법력으로 정사에 도움을 주었기 때문에 신라 경덕왕 18년(759)에 왕의 특명으로 세운 장생표주(長栍標柱)가 이때까지 남아 있었다'는 것이다. 이때는 장승이 사찰의 경계 표시 기둥으로 쓰였음을 알 수 있다.

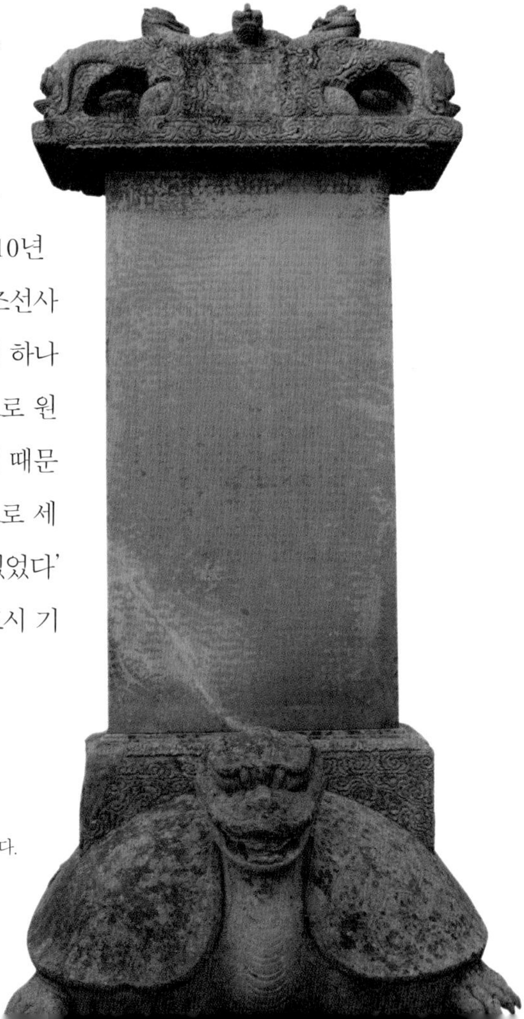

보림사 보조선사창성탑비.
장승에 관한 가장 오래된 기록이 남아 있다.

또 고려 개운 3년(946) 청도 운문사 장생표탑 공문 한 통에 '장생이 열하나가 있다'는 대목이 있어 역시 사찰의 경계 표시로 쓰였음을 알 수 있다. 의종 2년(1085)에 세운 양산 통도사 국장생석표(보물 제74호)도 역시 사찰의 경계 표시 용도였다. 통도사에서는 12기의 국장생석표를 세웠다고 했는데, 한 기의 통도사 국장생석표가 울주군 상천리에서 확인되었다. 상천리는 통도사와는 꽤 먼거리다. 당시 통도사의 사역이 얼마나 방대했는지를 알 수 있게 해준다.

이와 함께 조선 시대에 이르러서는 역참 제도와 함께 길거리에 장승을 세워 지명과 방향, 지역 간의 거리를 기록하도록 법제화한 내용이 『경국대전』에 나타난다. 10리, 30리마다 나무로 만든 장승을 세웠는데, 인마의 통행을 따라 번지는 전염병을 막아 내기 위해 우리 역사상 가장 용맹한 장수였던 치우천왕이나 사나운 용의 얼굴을 조각하게 되었다고 전한다.

이의봉(1733~1801)이 쓴 『고금석림(古今釋林)』에 '장승은 우리의 것이며 국도의 5리나 10리 간격으로 나무로 만든 사람을 세우고 모자를 씌웠으며 몸의 가운데에 지명과 리수(里數)를 썼다'는 내용이 있어 조선 초부터 이러한 노표장승(路標長柱) 조성이 계속 유지되었음을 알 수 있다.

그러나 이러한 제도는 1895년 갑오경장으로 인한 역참 제도의 폐지로 서서히 사라져 갔다. 이런 연유로 이 노표장승은 국내에 하나도 남아 있지 않으나 독일 베를린 민족학박물관에 1890년 인천의 만수동 장승배기에서 가져간 노표장승이 기적적으

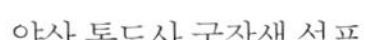

양산 통도사 국장생 석표.

로 한 점 남아 있다.

명문이 있는 돌장승으로는 조선 숙종 15년(1689)에 세운 부안군 부안읍 서외리의 인물형 돌장승이 있다. 이곳 두 기의 돌장승에는 도교의 신장인 상원주장군과 하원당장군이 한문으로 새겨져 있다. 원래 여기 있는 장승과 솟대는 부안읍성의 서문 입구에 서 있었던 것이다. 부안읍성의 동문, 남문, 서문에는 모두 돌장승과 돌솟대가 있었던 것으로 확인되고 있다.

그 다음에는 숙종 45년(1719)에 세운 나주 운흥사터 돌장승 한 쌍이 있고 이보다 앞서 숙종 43년(1717)에 세운 영암 도갑사 돌장승 한 쌍은 1989년에 도둑맞은 후 아직까지 못 찾고 있다. 또 영조 1년(1725)에 세운 돌장승 한 쌍이 남원 지리산 실상사 해탈교를 건너가면 서로 마주 보고 서 있고 해탈교를 건너기 전에도 한 쌍이 있었다고 하나 한 기가 홍수로 떠내려가 한 기만 외로이 서 있다. 돌장승 중에서 가장 잘생긴 얼굴이라고 알려진 것은 영암 쌍계사 터 초입의 돌장승 한 쌍이다. 명문이 없지만 절터 인근 당간지주에 '건륭기미(乾隆己未)'라는 명

나주 운흥사 상원주장군

나주 운흥사 하원당장군

부안군 부안읍 서외리 장승

실상사 해탈교를 건너면 상원주장군(上元周將軍)이라는 글씨가 남아 있는 돌장승이 서 있다.

문이 있어 돌장승도 이 무렵에 세웠다면 영조 15년(1739) 경에 조성되었으리라 믿어진다.

경상도 쪽에는 창녕 관룡사 입구에 잃어버렸다가 되찾아 세운 돌장승 두 기가 서 있고, 상주 남장사에도 돌장승 한 기가 남아 있으나 언제 세웠는지는 정확히 알 수 없다. 이처럼 남아 있는 돌장승들은 마을이나 절집, 성문 앞에 세워져 있는데 기존의 노표장승과는 명문도 다르고 위치도 다르다. 원래 경상도에서는 장승이라 부르지 않고 벅수라고 불러 왔는데, 법수에서 온 말이라고 한다. 법수는 한자로 法首나 法守로 표기되었는데 그 뜻에 대하여 불교의 법수보살(法首菩薩)에서 왔다고도 하고 굳센 법으로 마을, 절집, 성문을 지킨다는 뜻에서 왔다고도 한다. 어쨌든 벅수는 노표장승과는 달리 민속신앙의 한 줄기로서 마을과 절집, 성문을 지켜주는 수호신으로서 세워진 것은 확실하다. 그러나 일제강점기에 들어가면서 수호신 역할의 벅수 문화를 무속과 함께 미신으로 취급하여 갑오경장 이후 사라져 버린 장승에 벅수를 포함시킴으로서 모두 장승으로 부르게 되었다. 이렇게 된 것은 조선총독부 학무국의 철저한 준비와 교육으로 빚어진 일인데, 지금도 우리는 통틀어 장승으로 부르고 있다.

나무로 만든 오래된 목장승도 또한 절집에 남아 있다. 부안 내소사 입구 당산나무 아래에 있던 목장승은 국립전주박물관으로 옮겨졌고 함양 지리산 벽송사 입구 양쪽에 있던 목장승 두 기는 문화재로 지정되면서 제자리를 떠나 벽송사 구역 보호각 안에 얌전히 모셔져 있다. 순천 선암사 초입에도 1980년대 중반까지 한 쌍의 목장승이 있었지만 지금은 선암사 수장고로 들어가 있다. 장승도 중요한 문화재라는 인식이 확산되면서 벽송사와 선암사에 있던 옛 목장승은 복원품이 만들어져 순례객을 맞고 있다.

어찌 되었던 지금 남아 있는 돌장승들의 명문을 보면 1600년대 말부터

지리산 벽송사 목장승

1700년대 초반까지 집중적으로 세워졌음을 알 수 있다. 이 시기에 목장승까지 곳곳에 세워졌다고 생각한다면 헤아릴 수 없는 장승들이 전국 곳곳의 마을, 절집, 성문에 자리 잡고 있었을 것이다. 현재 장승배기라는 지명이 남아 있는 곳이 전국적으로 1,200여 곳이나 된다. 그럼 왜 이 시기에 이러한 장승들이 집중적으로 세워졌을까? 그건 바로 전염병 때문이라는 것이 통설이다.

전염병을 피하는 방법

소 전염병을 우역(牛疫)이라 하고 사람들의 전염병을 여역(癘疫)이라고 불렀다. 괴질로 한 마을이 쑥대밭이 되고 가족이 모두 죽거나 하면 제사를 받지 못하는 무주고혼이 되니 이렇게 생긴 불쌍한 혼령들을 위해 조선 시대에는 서울과 각 군(郡)·현(縣)에 여제단(癘祭壇)을 필수적으로 설치했다.

옛사람들은 전쟁이나 형벌, 홍수, 전염병 등으로 재앙을 당해 비명횡사한 사람이나 제사를 지내 줄 후손이 없는 원통한 혼령이 여귀(癘鬼)가 되며 이 여귀가 재앙과 전염병을 퍼뜨린다고 믿었기 때문에 여귀에게 제사를 지내는 단을 설치한 것이다. 이 단을 여단(癘壇)이라 부르고 여기서 치루는 제사를 여제(癘祭)라 한다. 서울과 지방의 행정관청에서는 사직단, 성황단과 함께 여제단을 필수로 설치했으니 얼마나 많은 역질이 유행하고, 또한 얼마나 많은 사람이 죽었는지를 알 수 있는 대목이기도 하다.

조선 시대 내내 역질이 유행했지만 임진왜란과 병자호란이 끝난 뒤 점차 인구가 증가하면서 역질에 희생된 사람도 같이 증가하게 된다. 1639년에 조사한 전국 인구는 152만 명이었는데 1732년에는 727만 명으로 기록되어 있어 100여 년 사이에 5배 가까이 늘었지만 전염병도 1668~1756년 사이에 조선 시대 최악의 수준으로 창궐했다. 이때가 바로 현종·숙종·영조 때이다. 특히 숙종은 치세 기간 내내 기근과 전염병 문제로 시달렸는데, 숙종 14년(1688)에 전국적으로 1만여 명이 사망한 것을 필두로 1698년에 23,128명, 1699년에 25만여 명, 숙종 43년이 되는 1717년 봄부터 1719년까지 또 3만 5천여 명이 사망했다.

이렇게 역질로 죽어나는 사람이 점점 늘었지만 그 원인을 알아서 대처할 방법이 없으니 그 시대를 살았던 백성들의 생활은 얼마나 고달팠겠는가. 사람들은 원인을 알 수 없으니 여귀(癘鬼)의 장난이라고 여겼고, 이 여귀를 물리치기 위해 마을 곳곳에 수호신 성격의 장승을 세우게 되었다.

또 이런 역질이 절집이라고 피해 갈 리 없으니 민간에 세워지던 장승이 자연스럽게 사찰 입구에 등장하게 된다. 사찰 장승이 세워진 연대도 전염병이 창궐하던 그 시기와 일치함을 알 수 있다.

장승에 새겨진 명문도 처음에는 상원주장군(上元周將軍), 하원당장군(下元唐將軍)이었는데 이유는 이 시기에 가장 무서운 역질은 천연두였고, 천연두는 중국에서 들어왔다고 생각했기 때문이다. 도교에서 상원(上元)은 음력 정월대보름으로 천관(天官)이 복을 내리는 날이고, 하원(下元)은 시월대보름으로 수관(水官)이 액운을 막아 주는 날이다. 쉽게 말해 복은 받고 재앙을 막겠다는 의미로 중국 주(周)나라의 장군과 당(唐)나라의 장군을 총동원한 것이다.

시대가 흐르면서 장승에 새겨진 이름도 상원주장군, 하원당장군에서 진서대장군(鎭西大將軍), 방어대장군(防禦大將軍)으로 바뀌는데 중국이 서쪽에 있어 서쪽에서 들어오는 역질을 누르고 방어해야 한다고 생각했기 때문이다.

1800년대 후반에 이르러서야 우리가 지금 흔히 볼 수 있는 천하대장군, 지하대장군이라는 장승의 이름이 등장한다. 천하대장군은 이 세상의 동서남

지리산 운봉읍 서천리 돌장승 진서대장군

•
지리산 운봉읍 서천리 돌장승 방어대장군

북과 중앙을 모두 관장하는 장군이고, 지하대장군은 지하세계의 모든 곳을 관장하는 장군이다. 지하대장군은 후일 음양을 맞춘다고 지하여장군으로 부르게 된다. 사찰 입구에 세워진 초기의 돌장승에도 상원주장군, 하원당장군이라 새겼지만 점차 불교식 이름으로 변모하면서 귀신을 물리친다는 의미의 축귀장군(逐鬼將軍)이나 불법을 옹호하는 착한 신이라는 의미의 호법선신(護法善神) 등으로 바뀌게 된다.

지리산 벽송사의 두 목장승도 각각 호법대신(護法大神), 금호장군(禁護將軍)이라 하였는데, 이 목장승들은 70~80년 전에 조성한 것이라 하니 역시 시대가 내려가면서 불교식 이름으로 바뀌었음을 알 수 있다.

조선 시대의 3대 전염병은 천연두·홍역·콜레라였다. 1800년대 초반까지는 천연두와 홍역에 시달렸지만 전혀 듣도 보도 못한 강력한 괴질이 하나 더 조선에 들이닥쳤다. 바로 콜레라였다. 순조 21년(1821) 평안감사 김이교가 올린 장계에 의하면 알 수 없는 괴질로 평양 안팎에서 열흘 동안 1,000여 명이 사망했다는 것이다. 이 콜레라는 1817년 인도의 캘커타에서 발생해 1823년까지 아시아 전역과 아프리카까지 유행했다. 조선에서는 1821년에서 1822년까지 1년 사이에 2만 500명이 콜레라로 사망하는 피해가 일어났다.

이후 일제강점기까지 조선의 백성들은 3대 괴질과 안동김씨의 세도정치에 따른 부정부패, 서원의 횡포로 뼈아픈 고난을 겪게 되었다. 조선말까지 20여 차례 콜레라가 유행해 많은 사망자가 발생했는데도 정조 시대 이전과 달리 사망자에 대한 기록이 조선왕조실록에 잘 보이지 않는다. 왕권이 상실되고 백성에 대한 보살핌이 줄어들면서 세도정치에 의해 나쁜 기록은 빠지게 되었던 듯하다. 백성들은 콜레라가 유행하면 그 병의 원인을 알 수 없었기 때문에 민간요법으로 고양이를 많이 키웠다. 콜레라에 감염되면 쥐가 온몸을 기어 다니는 통증이 느껴졌기 때문에 쥐를 통한 악귀가 옮기는 병이라 해서 고양이 요법이 등장한 것이다.

지금 들으면 우스운 이야기지만 당시에는 콜레라에 의한 백성의 고통이 얼마나 심했는지를 짐작할 수 있다. 조선 시대 말기에는 호열자(虎裂刺)라고도 했는데 그 고통이 호랑이가 발톱으로 살을 찢는 듯이 아프다고 해서 그런 이름으로 불렀고 줄여서 호역(虎疫)이라고도 했다.

하여간 장승의 역사를 찾아보면 제일 오래된 장승의 기록도 절집 비석에 남아 있고 후대의 장승들도 절집의 돌장승·목장승으로 남아 끈질긴 문화적 생명을 이어 왔음을 알 수 있다. _◑

악착보살

극락, 꼭 가야 할 정토

불자들이 가야 할 곳은 어디일까? 절에 가서 염불하고 독경하고 참선하고 참회 기도하며 가고자 하는 곳, 얻고자 하는 것은 무엇일까? 우리의 삶은 꿈과 같고, 환상과 같고, 물거품과 같고, 그림자 같다고 하면서 무엇을 위해서 수행하고 정진하는 것일까?

불자들은 주어진 상황에 따라 여러 가지로 답할 수 있을 것이다. 깨닫기 위해서다, 해탈하기 위해서다, 생사고해를 벗어나고자 함이다, 소원을 이루고자 함이다 등등. 그러나 이러한 여러 가지 소망들을 한마디로 묶는다면 바로 '극락으로 가려 한다'가 아닐까?

극락은 어디인가? 그 해답은 『유마경』에 이미 나와 있다. '심청정 국토청정(心淸淨 國土淸淨)'이 그것이다. 우리가 사는 이 세상은 오욕에 물든 세상이지만 중생의 마음이 청정해지면 이 세상이 바로 정토요 극락세계라는 것이다. 곧 번뇌와 망상이 다 떨어진 자리, 그 자리가 바로 극락이다. '일체유심조(一切唯心造)'라는 부처님 가르침은 우리가 마음을 어떻게 쓰느냐에 따라 행복도 만들어 내고 불행도 만들어 낸다는 것을 의미하기도 한다.

부처님이 말씀하신 대로 중생도 모두 부처님의 성품을 본래대로 다 갖추고 있다. 한량없는 지혜와 공덕도 마찬가지다. 그런데도 중생은 이런 본래 마음을 쓰지 않고 물질적·감각적 행복을 추구하면서 다 채우지 못했다며 괴로워한다. 물질적 풍요와 세속적 명예에 목숨을 걸면서도 자기 자신은 들여다보지 않는다.

유마 거사는 일찍이 중생의 병을 치료해 이 세상을 정토로 만드는 법을 『유마경』에서 말했다.

①중생을 도와주되 아무것도 바라지 말고 또한 중생을 대신하여 모든

관룡사 용선대

〈미륵하생경변상도〉 일본 묘만지 소장. 그림 양쪽 하단에 뱃머리를 용으로 조각한 배가 보인다.

고통을 달게 받을 것 ②모든 중생을 평등하게 대하고 항상 겸손할 것 ③모든 사람을 부처님과 같이 공경할 것 ④모든 경전을 의심하지 않고 믿을 것 ⑤대승법을 믿을 것 ⑥남이 잘 되는 것을 시기하지 않을 것 ⑦자신의 허물만 살피고 남의 잘못을 생각하지 않을 것 ⑧늘 공덕을 힘써 닦을 것

결국 출가 수행하는 스님에서부터 모든 재가불자에 이르기까지 항상 마음을 닦고 관점을 바꾸어 이 세상을 정토로, 극락으로 만드는 데 그 삶의 목표를 두어야 한다는 것이다. 그러나 중생들이 이렇게 사는 게 쉽지 않다. 아침부터 잠들 때까지 찰나에 수만 가지 망상들이 생겨났다 사라지고, 자기 마음에 안 들면 화를 내고 마음에 들면 금방 얼굴에 화색이 도니, 마음이 가라앉아 고요해질 날이 없다. 종일 입을 벌려 이야기하는 것은 남의 얘기며 뒷담화다. 자신을 닦아 가는 수행 이야기는 하지도 않는다. 그러니 언제 자기의 마음을 닦아 여기 이 자리를 꽃자리로 만들고, 정토로 만들고, 극락으로 만들겠는가? 또 항상 정토에 마음을 두고 살아도 현실에서는 이런저런 인연들이 얽혀 여러 가지 괴로움이 뒤따라 일어나니 마음을 닦아 나갈 여유가 없다.

그래도 점점 나이가 들면서 부모님이나 친지들이 죽음을 맞이하게 되면 스스로도 자연히 사후세계를 생각하게 된다. 결국 자신도 가야 할 길이기에 부모님을 비롯해 이 세상 인연이 다한 영가들이 이생에서 받았던 괴로움을 영원히 벗어버리고 극락세계에 왕생하기를 발원하게 된다. 그러한 바람은 옛사람이나 지금 사람이나 똑같다.

그럼 극락에는 어떻게 가야 하나? 생사윤회의 고통바다를 건너가려면 배가 있어야 하고, 이 배를 타려면 반야의 지혜가 있어야 하고, 또한 이 배를 호위하는 용이 있어야 하고, 배를 인도하는 인로왕보살(引路王菩薩)이 있어야 한다. 이 배가 바로 반야용선(般若龍船)이다.

이 배는 생사윤회하는 괴로움의 바다를 건너 서방정토 극락세계로 건

너가려는 중생들의 염원이 실린 상징적인 배이지만 오랜 시간이 지나면서 점점 글이나 그림으로 뚜렷하게 나타났다.

반야선에 대한 기록은 당나라 고종 연간(666~668년경) 도세 스님이 엮은 『법원주림(法苑珠林)』에 나온다. 우리나라 기록으로는 고려 말과 조선 초에 활약한 양촌 권근(1352~1409)의 문집인 『양촌집』 권22에 실린 「대반야경발(大般若經跋)」에 '승반야강도정각안(乘般若舡到正覺岸)'라는 문구로 발견된다. '반야의 배를 타고 바른 깨달음의 저쪽 언덕에 건너간다'는 의미다. 반야용선이 등장하는 현존하는 가장 오래된 불화는 〈미륵하생경변상도〉다. 일본 묘만지(妙滿寺)에서 소장하던 것으로 지금은 교토국립박물관에 보관되어 있다. 1294년에 조성된 이 그림 양쪽 하단에는 뱃머리를 용으로 조각한 배를 타고 고해를 건너 정토에 도착하는 중생이 그려져 있다.

고려에서 조선 시대 중반까지는 반야용선을 원선(願船), 아미타원선, 사십팔원선, 대비선, 자항(慈航) 등으로 불렀으니 이는 아미타불의 48대원(四十八大願)에 의지하여 정토로 건너간다는 의미로 붙여진 이름이다.

조선조 초기에 그려진 반야용선 그림도 몇 점 있으나 전부 일본에 건너가 있다. 조선조 초까지도 반야용선 그림은 사십팔용선(四十八龍船), 용선, 용주(龍舟) 등으로 불렀다. 하지만 임진왜란과 병자호란을 겪은 후 조선 후기에 들어와 불교 신앙의 시대적 변화에 따라 반야용선 도상이 정착되면서 '반야용선' '반야용선도'라는 명칭으로 굳어졌고 지금까지 정식 명칭으로 쓰이고 있다. 반야용선 그림은 현재 18세기 작품 몇 점과 다수의 19세기 작품이 불화와 벽화로 전해지고 있다. 19세기 이후에는 반야용선을 소재로 하는 다수의 불교 가사가 만들어지기도 했다.

악착보살이 등장하다

조선은 건국을 도모하던 시기부터 유교를 국가 이념으로 명토박았다. 1,000년 넘게 국교로 존숭 받던 불교는 나락으로 떨어졌다. 단순히 '국교'의 지위만을 잃은 게 아니었다. 종단이 통폐합 되고 스님들은 절에게 쫓겨나는 처지가 되었다.

유교에서는 인간의 본성에 인(仁)·의(義)·예(禮)·지(智)라는 덕을 성취할 수 있는 바탕을 가지고 있어 그것을 잘 가꾸어 나가면 큰 덕을 성취할 수 있다고 말한다. 특히 인(仁)은 기본적인 인간의 도리를 의미하며, 자식을 사랑하고[慈] 부모에게 효도(孝道)하는 것이 덕의 근본이 된다고 한다.

조선 시대 스님들이 유가(儒家)로부터 가장 비판받았던 대목도 바로 이 부분이었다. 사람으로 태어났으면 먼저 부모에게 효도를 행해야 하는 것이 도리인데 부모를 버려두고 자신만의 길을 추구하기 위해 출가했다는 것이다. 즉 스님들은 사람으로서 반드시 행해야 할 효를 저버렸고 또 자손을 낳아 기르며 대를 이어 선조들을 모시고 제사도 지내는 책임도 저버린 '천민'이라는 것이다. 실제로 조선 시대 일정 기간 스님들은 8천(八賤: 승려·백정·무당·상여꾼·기생·장인·노비·광대)의 하나로 대접받았다. 하지만 이렇게 국가의 이념이 바뀌었다 하더라도 일반 백성들의 삶을 천년 넘게 지배해 오던 불교가 쉽게 사라지진 않았다.

세종이 훈민정음을 만들고 제일 먼저 발간한 책은 세종 29년(1447) 5월에 나온 『용비어천가』다. 하지만 조선 건국의 왕조사에 일반 백성들이 큰 관심이 있을 리 없었다. 그래서 두 번째로 발간한 책이 『석보상절』과 『월인천강지곡』이다. 『석보상절』은 『용비어천가』 간행 전 해인 1446년에 세종의 비인 소헌왕후가 돌아가자 수양대군이 어머니의 명복을 빌기 위해 만든 책으로,

통도사 극락전 외벽 반야용선도

안성 청룡사 대웅전 내부 반야용선도

이미 불교에 익숙한 일반 백성들이 쉽게 접근해서 배워 익힐 수 있도록 석가모니의 일대기와 여러 경전을 한글로 엮어 편찬한 책이다.

세종은 이 『석보상절』을 읽어본 후 『월인천강지곡(月印千江之曲)』을 지었으니 그 내용은 허공의 달이 천 개의 강에 모두 뜨듯이 석가여래의 교화 공덕은 이 사바세계 중생에게 골고루 미친다는 것이다. 『석보상절』과 『월인천강지곡』은 세종 31년(1449)에 같이 간행된 것으로 알려져 있으며, 세조가 왕위에 오르고 5년 뒤 1459년에 두 책을 합하여 『월인석보』를 간행하게 된다. 이처럼 조선 초기까지는 일반 백성들이 불교를 가까이 하고 있었다는 정황을 알 수 있으며, 돌아가신 선조를 위해 불경을 간행하는 고려 시대의 풍습도 계속 이어지고 있었음을 유추할 수 있다.

유교에서는 효를 가장 중요시해서 돌아가신 조상들도 마치 살아 계신 듯이 모시지만 사후세계에 대해서는 자세한 언급이 없다. 복을 빌 곳도 없다. 그래서 공식적으로 왕실의 안녕을 기원하고 재앙을 막으며 복을 비는 곳으로 등장한 곳이 소격서(昭格署)였다. 조선 건국 때 설립되어 소격전(昭格殿)이라고 불리며 격이 높았던 이 기관은 도교의 신들을 모시고 재를 올리던 곳이었다. 옥황상제, 태상노군, 보화천존, 일월성신, 사해용왕(四海龍王), 명부시왕(冥府十王) 등을 여러 전각에 나누어 모시고 산천에 복을 빌고 병을 물리치며 기우제 등을 지내는 중요한 부서였으나 조광조의 혁파운동으로 중종 13년(1518)에 없어졌다. 더불어 지방에 있던 도교 사당들도 차츰 다 사라져 버렸다. 결국 돌아가신 선조들의 명복을 빌고 극락왕생하시기를 원하는 중생들의 바람을 받아줄 곳은 절집과 무당집만 남게 되었다.

평안도의 다리굿, 서울·경기도의 새남굿, 황해도의 진오기굿, 경상도의 오구굿, 함경도의 망묵굿, 전라도의 씻김굿, 제주도의 시왕굿 등은 모두 죽은 사람의 넋을 위로하고 극락왕생을 기원하는 굿이다. 이러한 시대의 흐름 때문인지 절집에서도 명부전이 중요한 전각으로 등장하게 된다. 고려 시대 시왕전과 지장전이 조선 시대 들어와 자연스럽게 하나의 전각으로 묶였고, 49재라는 의식을 통해 돌아가신 영가를 극락으로 왕생케 하려는 천도재가 효의 사상과 어울려 굳건히 뿌리를 내리게 되었다는 뜻이다. 또한 선왕(先王)들의 명복과 왕실의 안녕, 왕손들의 수명 등을 빌기 위한 왕실 원당(願堂)이 사찰에 들어오게 되면서 절집들이 명맥을 이어갈 수 있는 기반이 되기도 하였다.

조선 건국 이후부터 말기까지 일반 백성들을 가장 괴롭힌 건 무엇이었을까? 그건 바로 역질, 전염병이었다. 그중에서도 천연두로 골머리를 앓았다. 천연두(天然痘)라는 병명에서 보듯이 '사람이면 하늘에서 내려준 듯 누구나 한 번씩 자연스럽게 걸리는 두창(痘瘡)'이라는 이 전염병은 한번 유행하면 감염자의 30퍼센트가 사망하는 무서운 질병이었고, 요행히 앓고 나서도 곰보 자국이 얼굴에 남아 평생 그 흔적을 안고 살아가야 했다. 순조 21년(1821)에는 새로운 괴질, 콜레라가 들어왔다. 이런 전염병이 돌아도 관료들의 매관매직, 가렴주구와 서원의 횡포는 줄어들지 않으니 그렇게 죽어간 사람들을 위해 백성들이 할 수 있는 일은 망자들을 위해 천도재를 올리는 일이 고작이었다.

죽은 이도 가야 하고 살아 있는 이도 가야 할 극락세계, 그 길을 미리 살아서 닦는 예수재(預修齋)도 자연히 성행하게 되었다. 드디어 극락세계로 중생들을 실어 나를 반야용선이 법당 벽면에 그려지고 불화로 조성되고 종국에는 조각품으로 만들어져 법당에 설치되었다. 거기에는 어떻게든 극락세계로 가야 할 악착보살이 줄에 매달려 백성들의 염원이 무엇인지를 말해 주고 또한 백성들이 기필코 가야 할 곳임도 안내했다. 우리가 볼 수 있는 청도 운문사 비로전이나 영천 영지사 대웅전 반야용선대에 악착같이 매달린 악착보살이 바로 이때에 만들어진 것이다.

학자들에 의하면 이 반야용선대는 19세기 이후에 만들어진 것으로 추정하고 있으니 이 당시의 어지러운 사회상이 절집에도 반영되어 나타났다고 믿어진다.

반야용선의 구조

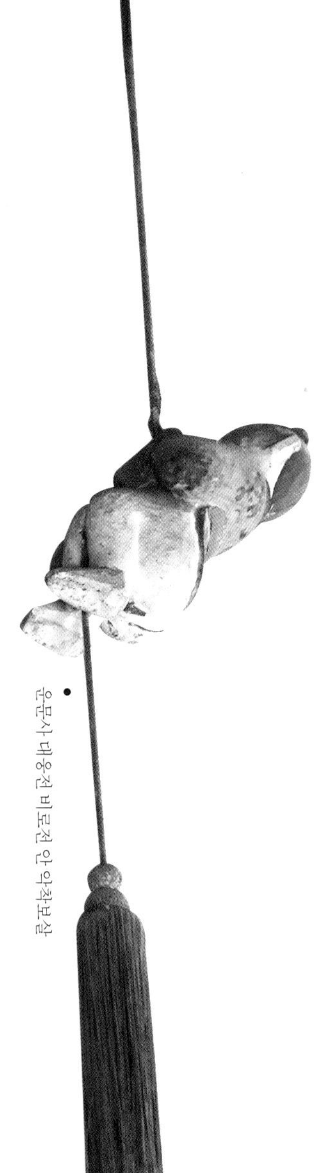

운문사 대웅전 비로전 안 악착보살

지금도 49재 마지막 재(齋)에는 종이로 만든 반야용선을 사용하는 절집이 적지 않고 전라도 씻김굿에서도 '넋당석'이라는 반야용선을 만들어 쓴다.

반야선은 '반야의 지혜, 일체의 사물과 도리를 밝게 통찰하는 더 없이 완전한 지혜로 생사의 고해를 건너 윤회가 없는 피안의 정토에 이르기 위해 타고 가는 배'다. 용이 호위한다고 하여 반야용선이라고 부른다. 이 반야용선을 그린 그림을 '반야용선도'라고 하는데, 지금 남아 있는 반야용선도를 살펴보면 배의 형상이 일정하지 않다. 쪽배의 형태로 묘사되기도 하고, 뱃머리에 용을 조각한 배로 표현되기도 한다. 청룡과 황룡, 두 마리 용이 끌고 가는 배도 있다.

타고 가는 불보살님도 시대에 따라 변했다. 초기에는 인로왕보살이 홀로 타고 반야선에 탄 중생들을 인도했지만 차츰 아미타 삼존과 지장보살이 함께 승선하게 된다.

후기의 반야용선도를 찾아보면 뱃머리에는 인로왕

보살이 서서 배를 인도하고 배 후미에는 지옥 중생 구제를 원력으로 세운 지장보살이 서 있다. 배의 한복판에는 아미타 삼존이 중생들과 함께 염불하며 극락세계로 건너간다. 이 반야용선이 조각물로 만들어져 법당에 설치될 때에는 좀 더 간편한 방식으로 제작되는데 이를 반야용선대, 또는 용가(龍架)라고 부른다. 반야용선대는 양쪽에 용머리가 달린 '一'자 형으로 한쪽은 청룡이고, 다른 한쪽은 황룡이다. 용의 배 아랫부분에는 여러 개의 종이 일렬로 달려 있는데, 종의 숫자가 많은 것은 16개에 이르는 경우도 있다.

양쪽 끝 용의 턱 아래에는 작은 고리가 달려 있어 줄을 매달게 되어 있는데, 여기에 악착보살(齷齪菩薩)이 꼭 매달려 있다. 한 사람이 매달린 것도 있고 둘이나 세 사람이 매달린 것도 있다.

악착보살은 악착동자라고도 부르는데 문수동자 같이 쌍상투가 있는 동자의 모습도 있고 긴 머리를 한 여자의 모습도 있다. 우리가 흔히 쓰는 '악착같다'는 말과 같이 '악(齷)'이나 '착(齪)'이나 모두 이를 악물은 모양으로 매우 모질고 끈덕진 모습을 나타낸다. 반야용선에서 내려준 줄을 붙들고 있으니 극락에 갈 때까지는 악착같이 잡고 있어야 한다. 놓치면 평생의 수고가 다 물거품이 된다. 그러나 지금 남아 있는 악착보살들의 모습을 보면 웃는 듯한 얼굴의 편안한 모습이다. 극락세계로 간다는 확고한 믿음에서 저리도 넉넉한 자세로 매달려 있는 것일까? 이 악착보살 이야기는 부처님 경전에는 없지만 명나라 운서 주굉(1535~1615) 스님이 1584년에 편찬한 『왕생집』에 그 근거가 될 만한 이야기가 있다.

> 명나라의 유통지(劉通志)라는 사람은 경도(京都) 사람인데 평생 동안 염불에 온 정성을 쏟았다. 나이 쉰두 살에 병을 얻었으나 염불을 더욱 힘써 간절하게 하였다.

그때 이웃에 살던 이백제(李白齊)라는 사람이 먼저 죽었고, 유통지는 아침에 숨이 넘어가 죽은 줄 알았는데 정오 무렵에 다시 소생하였다. 그러고는 가족에게 이렇게 말하였다.

"마침 배 한 척을 발견했는데 정토로 간다고 하더라고. 그 배에는 서른여섯 사람이 타고 있었는데 이백제도 그 배에 타고 있었어. 나도 그중의 한 사람이고. 그런데 너무 서둘러 오느라고 옷도 깨끗하지 못하고 염주를 가져오는 것을 잊어버렸잖아. 그래서 내가 말했지. '옷을 갈아입고 염주를 가져올 테니 잠시 기다려 달라'고 말이야."

가족들이 급히 그의 옷을 갈아입히고 목에 염주를 걸어 주었더니 잠시 후에 유통지는 되돌아갔다.

아마도 이 기록이 후대에 전해지면서 가족과의 이별에 시간을 끌다가 반야용선을 놓친 망자가 배에서 던져 준 줄을 악착같이 잡고 극락세계로 건너갔다는 이야기로 변화된 것이 아닌가 추측하고 있다.

이 반야용선대는 법당의 서쪽 들보에 주로 매달려 있다. '서방정토 극락세계'라고 흔히 말하듯이 극락세계는 서쪽에 있다는 불교의 관념이 반영되었기 때문이다.

그럼 반야용선대는 어느 때 사용하고, 아래로 일렬로 매달린 종들은 어떤 용도일까? 필자는 그것이 궁금했다. 그러나 반야용선대의 사용에 관한 기록은 아직까지 찾을 수 없었고 대답해 주는 이도 없었다. 다만 홍천 수타사 대적광전에 설치된 반야용선대에는 양쪽 고리에 기다란 줄을 매달아 신도들이 서서 잡을 수 있는 높이까지 내려와 있었다. 평일에도 신도들이 와서 극락왕생을 발원하며 흔들어 볼 수 있게 한 것인지, 아니면 49재 막재날에 스님들이 의식용으로 쓰기 위해 만들어 놓은 것인지 아직까지도 확실히 알 수가 없다.

•
파주 보광사 대웅보전 외벽 반야용선도

•
서울 보문사 반야용선도. 반야용선에 오르지 못한 사람들이 안타깝게 달려드는 모습이 보인다.

불국사 대웅전 반야용선대. 종이 매달려 있다.

그럼 종은 왜 이렇게 여러 개를 만들어 달았을까? 반야용선 탑승 시간에 지각한 사람에게 알리기 위한 것일까? 불교 의식에 쓰는 요령을 매달아 망자가 그 소리를 듣고 극락세계로 따라 가게 하려는 뜻일까?

극락으로 갈 때 음악 소리가 들린다는 것은 옛 기록에도 있다. 『삼국유사』「욱면비염불서승(郁面婢念佛西昇)」조에 이런 이야기가 실려 있다.

> 경덕왕 때 강주(康州) 땅의 남자 신도 수십 명이 서방정토 극락세계에 가려고 미타사를 세운 후 만일염불계를 만들었다. 이때 아간(阿干) 귀진(貴珍)의 계집종 욱면(郁面)이 주인을 따라 가서는 절 마당에 서서 스님을 따라 일심으로 염불했다.
>
> 주인은 계집종이 직분에 맞지 않는 짓을 한다고 미워하며 매양 곡식 두 섬을 하루에 다 찧으라고 했더니 욱면은 초저녁에 다 찧어 놓고

홍천 수타사 반야용선대. 반야용선대 밑으로 줄이 달려 있다.

절에 가서 염불하기를 밤낮으로 게을리 하지 않았다.
어느 날 하늘에서 '욱면랑(郁面娘)은 법당에 들어가 염불
하라'는 소리가 들려 스님들이 욱면을 법당에 들이고 정진하게 하였
다. 얼마 안 있어 하늘의 음악 소리가 서쪽에서 들려오더니 욱면은
몸을 솟구쳐 법당 천장을 뚫고 하늘로 올라가 서쪽 교외에서 몸을
버리고 부처의 몸으로 변한 후 연화대에 앉아 큰 광명을 놓으면서
서서히 가 버리니 음악 소리는 한참 동안 하늘에서 그치지 않았다.

극락세계로 가는 데는 음악이 있어야 하고 그때의 음악을 상징하는 것이 바로 요령이 아닐까? 요령은 원래 밀교 의식에 쓰던 법구(法具)로 흔들어 소리를 내면 불보살이 기뻐하고 중생을 성불로 이끈다는 의미가 있는 작은 금속종이다. 진언을 외우거나 영가를 초청할 때도 많이 쓰는데 금강령(金剛鈴)이라고도 부른다. 이처럼 요령은 돌아가신 영가를 불교 의식에 초청하고 깨달

음을 얻게 하여 극락세계로 인도하는 중요한 법구이기 때문에 반야용선대에 도 많이 매달았던 것으로 믿어진다.

반야용선, 법당 그리고 상여

반야용선을 타고 극락세계로 가야 한다는 믿음이 민간에 퍼지자 19세기에 들어오며 반야용선에 대한 불교 가사들도 자연스럽게 등장하게 된다. 〈용선가〉, 〈용선배타령〉, 〈반야용선가〉, 〈토굴수제염불(土窟修諸念佛)〉 등이 채록되어 있는데 일부를 추려 보면 다음과 같다.

〈용선가〉
이봐 세상 중생들아 삼계용선(三界龍船) 보았는가.
잘 떠나가는 배도 장할시고 용선거동 거룩하다.
산인가 구름인가 넓고 넓은 바다 구름과
안개 중에 뚜렷이 떠 있고 (…중략…)
이 세상에 나온 사람 승속 남녀노소 없이
염불 많이 하옵다가 극락세계 어서 가서
무상쾌락 받읍시다. 나무아미타불.

〈토굴수제염불〉
(…전략…) 아미타불 아미타불
오탁이 가득한 부정의 세계
하도 더러우니 나를 어서 데려가오.

나만 데려가지 말고 우리 부모 국왕 형제
나머지 은혜의 일체중생 급급한 혼을
반야선에 어서 태워 천지해(天地海)로 가십시다.
나무아미타불 (…하략…)

이렇듯 간절한 백성들의 염원은 무속에도 영향을 미칠 수밖에 없으니 동해안의 별신굿과 오구굿, 전라도 씻김굿의 무가 가사에도 반야용선이 나타나게 된다. 오구굿에는 이런 가사가 있다.

반야용선 둥둥 띄워 놓고
오르시오, 오르시오.
어얼신 금일 영가 오르시오.
오르시며 염불하고
내리시며 염불하고
구비구비 법석이요.
(…중략…)
극락 갈 이는 동참하시고
지옥 갈 이는 물러서시고
나무 서방정토 극락세계로
삼십육만 구천오백 동명동호
금세여래불 삼천불조
오십삼불 부처님이 인도를 해서
유수강 백만 중에
내일이 극락세계 가실 적에

저 배를 타고 좋은 극락세계 가시라고.

(…하략…)

무속은 단군 시대부터 내려온 전통 신앙으로 불교의 극락세계와 큰 관계가 없었지만 오랜 세월을 지나며 서로 영향을 받아 극락세계가 무가에도 흔히 나타나게 되었다고 이해하면 되겠다. 또한 민요에도 불교의 영향을 받은 많은 곡들이 있다. 대표적인 것이 〈회심곡〉이다. 절집의 〈회심곡〉은 마음을 잘 닦고 공덕을 쌓아 서방정토 극락세계로 건너가자는 내용을 담고 있으니, 서산 대사가 지은 〈회심곡〉에서부터 다양한 〈회심곡〉이 있다. 민간의 〈회심곡〉은 석가여래 공덕과 부모님 은덕으로 태어났으니 덕을 쌓고 부모님께 효도하며 살아가자는 내용이 주류를 이룬다. 이처럼 민간에서 돌아가신 선조와 자신들의 극락왕생에 대한 염원이 커짐에 따라 반야용선을 현실세계에서 구현해 보자는 생각도 일어나서 결국 그 대안을 찾아내게 된다. 그 대안이 바로 절집의 법당을 반야용선으로 입체화한 것이다.

조선조에 들어와 법당 어간문 양쪽 기둥 위에 설치된 청룡과 황룡, 법당 정면 계단석 소맷돌에 나타난 용을 배의 앞머리로 보고 법당을 배의 선실로 보면 법당 전체는 중생들을 싣고 서방정토 극락세계로 나아가는 거대한 반야용선이 된다. 고려 시대의 건축물들-수덕사 대웅전, 봉정사 극락전, 부석사 무량수전과 조사전, 은해사 거조암 영산전-에는 법당이나 소맷돌에 용 장식이 없다. 조선 초기에 지어진 강진 무위사 극락전이나 안동 봉정사 대웅전도 역시 마찬가지다. 신라 시대부터 고려를 거쳐 조선 초기까지의 법당터 계단석 소맷돌에도 또한 석조 용 조각은 없다.

용 장식은 조선 시대 들어와 비로소 법당 외부에 나타난 양식이라고 볼 수 있고, 그것이 임진왜란과 병자호란 뒤에 더욱 많이 설치되고 정형화된 것

여수 흥국사 대웅전 용의 머리와 꼬리. 머리는 법당 바깥에 꼬리는 법당 안에 장식되어 있다.

으로 보인다. 심지어 용머리는 법당 정면에, 용꼬리는 법당 뒷면에 설치한 법당도 있다. 확실한 반야용선의 증거가 아닌가.

법당이 반야용선이 되어 바다에 둥둥 떠 있는 선실이라는 것을 좀 더 확실히 나타내기 위해 기단석에 게와 거북이를 새기기도 하고 주춧돌에도 수중생물을 조각해 놓기도 한다. 넘실거리는 바다 위에 일심으로 염불하는 중생들을 선실에 태우고 극락으로 가는 배, 중생들의 염원이 빚어낸 시대의 결과물이다.

그럼 반야용선과 상여(喪輿)는 어떤 관계가 있을까? 절집과 무속에서 조상이나 원통한 영혼을 천도하는 제의가 백성들의 생활 속에 자리 잡게 되면서 유교에서 중시하는 장례 의식에도 영향을 미치게 된다. 우선 상여는 반야용선의 구조와 닮은 곳이 많고, 불가에서 쓰는 요령을 흔들며 상여꾼들을 이끌고 가는 선소리꾼도 쓰고 있다. 민속박물관에 소장된 상여에는 반야용선대의 종처럼 여러 개의 작은 종을 앞뒤에 매달아 놓은 것도 보인다.

상여는 고대에 바퀴가 달린 수레에서 시작되어 말과 소가 끌었지만 조선에서는 『주자가례(朱子家禮)』가 정착되면서 왕가의 장례 외에는 사람들이 메는 방식으로 바뀌었다. 상여의 구조와 장식물도 조선 후기의 사회적·경제적 변화와 함께 변모하였다. 법당 건물을 본떠 다층 누각 형태가 나타나고 극락전이라 이름 붙인 것도 생겼다. 무엇보다도 상여의 앞뒤로 용을 장식한 것은 반야용선대의 양쪽 용을 생각나게 한다. 또 상여 맨 위에 올라가는 반원형 장식물의 앞부분을 용수판(龍首板)이라고 부르는데, 글자 그대로 용의 정면상을 새겨 넣고 있다. 마치 반야용선의 변용이 아닌가 하는 느낌이 든다. 선소리꾼, 요령잡이라고 부르는 상여 소리꾼은 상여에 올라타거나 앞서 가며 요령을 흔들면서 선창을 하며 상여를 인도하는데 인로왕보살이 반야용선 뱃머리에 서서 배를 인도해 가는 것과 닮았다.

조선 시대 상여

망자를 보내는 후손들은 이승에서 못 다한 한을 풀고 극락세계로 가시라고 마지막 타고 가는 반야용선을 화려하게 꾸미니 조선 후기로 갈수록 상여가 화려해진 이유가 여기에 있다. 상여 소리를 만가(輓歌)라고 하니 상여를 이끌고 가는 노래라는 뜻이다. 이 상여 소리에도 자연히 불교의 내용이 담기게 되고 유교·도교의 용어들도 함께 섞이어 삼교(三敎)를 회통하는 노래가 되었다. 상여 소리를 듣다 보면 저승·북망산천·일직사자·월직사자·황천·극락세계 등의 단어들이 여기저기서 튀어 나온다. 인생무상을 이야기하고 달관을 노래하고 극락세계를 외친다.

'초로인생 우리들은 한백년을 못 산다네'

'만승천자 진시황도 불사약을 못 구했네'

'친구 벗이 많다한들 어느 누가 동행할까'

‘삼강오륜 잊지 말고 정초 한식 단오 추석은 부디부디 잊지 마라’

‘반야용선 띄워노니 팔보살이 호위하네’

‘가네 가네 나는 가네 극락세계로 나는 가네’

‘생사윤회 영단하고 불생불멸 영생하소’

반야용선과 같이 화려하게 치장한 상여를 메고 유(儒)·불(佛)·도(道)가 다 녹아 있는 상여 소리를 부르며 망자를 떠나보내는 장례 의식이 우리 문화 속에 전통적으로 이어져 내려 왔으나 이제는 오히려 마지막으로 상여를 타 보기도 어려운 세상이 되었다.

그러나 예나 지금이나 그 시대를 살아가는 중생들의 염원은 늘 똑같다. 돌아가신 조상들이 왕생극락하여 서방정토에 평안하게 머물기를 바라고 우리들도 또한 몸과 마음을 닦아 번뇌 없고 고통 없는 극락세계로 건너가고자 하는 것이다. 혹여 배 시간을 놓쳤다면 저 악착보살처럼 줄에 매달려서라도 기필코 가야 할 곳, 그 염원을 놓을 수는 없으리라. _◑

●
제천 신륵사 극락전 외벽 반야용선도. 큰 배는 물론 매어달린 나룻배에도 중생이 가득하다.

야차

전등사 나부상 전설

고난의 역사를 간직한 강화도의 대표 사찰은 정족산 전등사로 고구려 소수림왕 11년(381)에 아도 화상이 창건했다고 전한다. 이것이 사실이라면 고구려에서 불교가 공인된 지 불과 9년 만에 지어진 사찰이라는 뜻이고, 그렇다면 전등사는 우리나라 사찰 중에서도 가장 오랜 역사를 갖고 있는 사찰의 하나로 손꼽을 수 있다. 그러나 아직까지 이를 증명할 확실한 자료가 있는 것은 아니다. 하지만 전등사는 자랑할 만한 오랜 역사와 문화재를 많이 보유하고 있는 것도 사실이다.

전등사는 단군의 세 아들이 쌓았다는 삼랑성(정족산성) 안에 자리하고 있다. 삼랑성은 병인양요 때는 양헌수 장군이 프랑스군을 격퇴한 전승지이기도 하다. 전등사는 『조선왕조실록』을 보관하던 중요 사찰이었다. 지금도 국가 보물 4점과 지방 문화재들을 보유하고 있고 사고터, 삼랑성과 함께 전설의 은행나무 두 그루도 잘 살아가고 있다.

전등사를 찾는 사람들이 빼놓지 않고 살펴보는 것은 대웅전 네 추녀 밑에 쪼그리고 앉아 있는 나부상(裸婦像)일 것이다. 거의 벌거벗은 여인이 부끄러운 듯 쪼그리고 앉아 한 팔이나 두 팔을 들고 있는 이 조각상은 거기에 붙어 있는 전설 때문에 더욱 유명해져서 참배객이든 관광객이든 꼭 찾아보고 가는 명물이 되었다.

그럼 그 전설 속으로 들어가 보자.

> 대웅전을 중창할 때 절에서는 그 당시 나라 안에서 손꼽히는 도편수(한옥을 지을 때의 우두머리 목수)를 뽑아 그 책임을 맡겼다. 모든 목재를 손으로 다듬던 시절이라 공사 기간도 짧지 않으니 고향에서 멀리

떠나온 도편수는 절 아랫동네의 주막을 드나들다 그만 주모와 사랑에 빠지고 말았다.
사랑에 눈이 먼 도편수는 공사가 끝나면 같이 살 요량으로 돈이 생길 때마다 주모에게 맡기며 미래의 희망에 부풀었다. 좋은 집터를 잡아 자기 스스로 마음에 드는 집을 짓고 주모와 살 생각을 하니 웃음이 절로 나왔다.
도편수는 주모와 함께 살 날을 하루하루 손꼽아 기다리며 대웅전 공사를 부지런히 진행하여 어느덧 마무리 공사를 진행하게 되었다. 기쁜 소식도 전할 겸 어느 날 저녁 무렵 한달음에 주막으로 내려갔으나 주모는 바람같이 사라져 버리고 자취가 없었다.
낙담한 도편수에게 이웃집 여자가 와서 비수를 꽂았다.
"며칠 전에 어느 남정네와 야반도주를 했으니 찾을 생각일랑 아예 마시우."
도편수는 눈앞이 캄캄해졌다. 치밀어 오르는 화를 어쩔 수가 없었다. 당장 쫓아가 두 남녀를 물고 내고 싶었다. 그렇다고 하던 공사를 내팽개치고 주모를 찾아 나설 수는 없는 처지였다. 여인에 대한 배신감과 분노를 억누르고 공사를 마무리해야만 했다. 그래도 배신하고 달아난 여인에게 벌을 주어야만 속이 시원할 것 같았다. 도편수는 공사가 끝나갈 무렵 대웅전 처마 밑 네 군데에 벌거벗은 채 손을 들고 무거운 추녀를 떠받치고 있는 여인의 조각상을 배치했다. 남자를 배신한 이 여인은 오고 가는 사람들의 꾸짖음 속에 부끄러운 모습으로 앉아 몇 백 년 전부터 지금까지 여전히 벌을 서고 있다.

그럼 이 전설은 어느 때부터 전승된 것일까?

•
전등사 대웅전 처마 나부상

•
전등사 대웅전

이 전설은 『고려사』, 『동국여지승람』이나 사대부들의 개인 문집 등에도 전혀 기록이 없다가 1970년 이후부터 신문지상에 나타나기 시작했고 KBS TV 〈전설의 고향〉 에서 드라마로 만들어 방영하면서 아예 오래된 전설로 굳어지게 되었다.

이 전설이 사실이라고 해도 불사를 의뢰한 전등사 스님들이 도편수의 개인적인 아픈 사연을 감싸서 벌거벗은 여인 조각상을 추녀 밑에 배치하도록 허용했을까? 그것도 네 군데 추녀마다 다 세울 수 있도록 허용했을까? 아마 불가능했을 것이다. 또 예전에는 건축을 하든, 탱화를 그리든, 탑을 세우든, 불사를 시작하면 도편수나 금어(金魚:불화나 불상을 조성하는 장인)들이 수행하는 자세로 임했기 때문에 절 밖에 나다니는 것을 꺼렸다. 고기도 끊고 부인과의 합방도 금했을 만큼 오직 불사가 끝날 때까지 마음을 흩트리지 않았기 때문에 전등사 도편수가 마음대로 주막에 왕래했다는 것도 사실과는 거리가 멀다.

전등사 대웅전 나부상 이야기는 대중의 호기심을 자극할 만한 전설이긴 하지만 사실이라고 보기는 어렵다. 이러한 인물 조각상의 배치는 건축상 어떠한 법식(法式)에 의해서 조성되었다는 것이 학자들의 통일된 의견이다.

그럼 이 인물 조각상은 누구일까?

야차냐, 나찰이냐

전등사 대웅전은 임진왜란의 직접적인 피해를 입지 않았다. 정유재란 때 조선 수군이 패퇴하면서 전라도 지역이 처음으로 왜군에게 점령당했지만 이순신 장군의 명량해전 승리로 서해안의 섬들은 큰 피해를 입지 않았고 강화도

도 온전히 지켜 갈 수 있었기 때문이다.

전쟁이 끝난 선조 38년(1605)에 전등사에 화재가 발생하여 사찰이 큰 피해를 입었는데 광해군 6년(1614) 12월 초하루에 또 화재가 발생해서 남아 있는 건물 대부분을 불태워 버렸다. 전등사는 이듬해인 1615년 4월부터 중창을 시작해 6년 후인 광해군 13년(1621)에 드디어 완공을 보았다.

그렇다면 추녀 밑의 조각상도 이때 만들어졌을 것이니 거의 400년이 다 되어 가는 유물이다. 자세히 보면 이 여인상들은 연화좌대 위에 쪼그리고 앉아 있다. 연화좌대는 불보살이나 선신(善神)이 아니면 올라갈 수 없는 자리이다. 그렇다면 이 인물 조각상들은 좋은 의미로 봉안한 것이 아닌가?

쪼그리고 앉아 있지만 조각상들의 머리는 다 추녀에 닿고 두 명은 두 팔을, 다른 두 명은 한 팔을 들어 추녀를 받치고 있다. 마치 추녀의 무게를 지탱하려는 듯한 자세를 지키고 있는 것이다. 원래 법당은 부처님을 모신 신성한 건물이므로 삿되고 나쁜 기운을 막기 위해 벽사용 조각물이 많이 조성된다. 그중 대표적인 것이 용과 도깨비 얼굴이다. 법당 내부에서 이들은 불단, 기둥, 대들보, 닫집 등에 조성되거나 그려지고 법당 외부에도 문짝, 화반, 현판 좌우, 추녀 밑에 많이 나타난다. 특히 추녀 밑은 양쪽을 다 감시할 수 있는 중요한 자리이므로 용이 자리 잡는 경우가 많고 추녀 끝 목재의 수직면에도 도깨비기와를 부착하거나 금강역사나 용을 그리기도 한다. 모두 다 법당을 보호하고자 하는 간절한 바람에서 나온 발상이다.

인도 산치대탑 동문의 야크샤(오른쪽). 동아시아로 넘어오면서 야차로 변한다.

남양주 홍국사 영산전 처마의 야차

전등사 대웅전 추녀 밑의 이 인물 조각상도 이러한 의미로 조성되었을 것이다. 학자에 따라서는 나찰(羅刹)이라 하기도 하고, 야차(夜叉)라고 주장하기도 한다. 특히 야차는 인도 최고의 문헌인 『베다(Veda)』에 나오는 신적 존재인 야크샤(yaksa)를 음차하여 부르는 호칭인데, 병을 낫게 하고 자식과 재물을 주는 성품과 사람을 두려움에 떨게 하는 성질을 다 가지고 있다 한다. 훗날 불교에 수용되어 불법의 외호자가 되어 여러 모습으로 나타난다. 크게 나누면 배불뚝이형[太鼓腹型], 난쟁이형[小人型], 괴인형[異形相型]으로 나눌 수 있는데, 고대에는 건물이나 상부를 받치고 있는 야차의 모습으로 많이 등장한다. 불교 수용 이후에는 아잔타 석굴이나 산치대탑 등 건물이나 탑에서 쉽게 찾아볼 수 있다. 그러나 이렇게 상부를 받들고 있는 도상은 인도에만 있었던 것은 아니다. 중국의 고대 유적인 마왕퇴 유적에도 상부를 떠받치고 있는 역사(力士)가 등장하고 있고, 고구려 고분벽화에서도 많이 발견되었다. 곧 불교가 중국으로 유입되면서 인도의 야차 신앙과 중국의 역사(力士) 신앙이 결합하였을 것으로 추측할 수 있고 자연스럽게 불교 건축물에도 응용된 것이 아닌가 한다.

전등사 대웅전 추녀 밑 조각상도 추녀를 받들고 있다는 점에서 인도 야차상에서 그 유래를 찾을 수 있다. 하지만 불전 건축의 한 요소로서 사전에 계획되어 입체적 조각상으로 조성되고 추녀 밑에 배치되었기 때문에 이전의 그림이나 일부 조각으로 나타난 야차상과는 다른 특징이 있다고 하겠다.

그럼 처마 아래 귀공포에 인물 조각상이 나타난 것은 어떤 법식이나 기준이 있어서였을까?

각신(角神)은 누구인가

『영조법식(營造法式)』은 북송의 이계(李誡)가 황제의 명을 받들어 편찬한 토목·건축의 기본서로 1103년에 간행된 책이다. 이계가 국가의 토목·건축을 주관하는 장작감(將作監)의 직책을 맡으면서 1091년에 출판된 구『영조법식』의 미비한 부분을 개정·보완한 것인데 현존하는 건축 기술 서적 가운데 가장 완성도가 높은 책이다. 하나의 건축물을 짓기 위한 방법과 양식을 '영조법식'이라 하는데 이 용어를 그대로 책 이름으로 사용하였으며, 현재 34권으로 남아 있다.

『영조법식』은 중국 건축술 발전과 전승에 큰 영향을 미쳤고 요(遼)·금(金)나라의 사찰은 물론 명(明)·청(淸) 시대의 궁궐 건축도 이 책의 영향을 크게 받았다. 고려도 송나라와 우방국 관계에 있었기 때문에 『영조법식』도 수입되어 보급되었을 것이다.

이 책의 「대목작제도(大木作制度) 비앙조(飛昂條)」에 '평주(平柱)에 놓인 공포들의 하앙(下昂)과 같은 높이에 결구되는 각앙(角昂), 각앙 위에 한 단 더 결구되는 유앙(由昂), 그리고 유앙 상단에 놓이는 각신(角神)이라는 추녀 지지용 부재가 있다. 이 각신은 단순히 사람 형상만을 의미하는 것은 아니고 보장신(寶藏神)이나 보병(寶瓶)을 포함해서 부르는 명칭'이라고 하였다.

또 이 책에는 지금의 도상(圖像)이라고 할 수 있는 「도양(圖樣) 편」에 처마 귀공포 밑에 앉아 있는 각신이 인물상으로 표현되어 있다. 그렇다면 전등사 대웅전 처마 밑 조각상은 보장신이자 각신으로 보는 것이 타당할 것이다. 그럼 보장신은 누구이며 어디서 온 것인가? 보장신은 바로 야차의 왕이다. 중생들의 재물에 대한 소원을 들어주는 야차왕이 바로 보장신이다.

북송 시대 인도 출신의 학승 법천(法天)이 986년에서 987년 사이에 번역한 『불설보장신대명만나라의궤경(佛說寶藏神大明曼拏羅儀軌經)』에는 보장신대야차왕(寶藏神大夜叉王)이 부처님께 법을 설해 주실 것을 청하는 주인공으로 나온다. 이 경의 내용에 따르면 보장신대야차왕은 여덟 명의 야차들을 거느리고 있는데 이들은 동자와 같은 모습으로 사방팔방을 지키고 있다고 한다. 또 보장신의 오른쪽에는 청정한 보배병, 곧 보병(寶瓶)을 안치한다고도 하였다.

『영조법식』의 내용과 이 경전의 내용으로 미루어 보면 건물의 추녀 밑에 안치한 조각상은 난쟁이이든, 동자의 모습이든, 괴인의 모습이든 모두 야차로서 법당을 지키는 책임을 맡고 있는 호법신이다. 인물 조각상이 없이 보병을 조각해 설치해도 바로 보장신야차왕이 있는 것과 같은 의미를 갖고 있다고 이해한다.

곧 '건물 모퉁이에 있는 지킴이 신(神)'이라는 의미의 각신(角神)이 바로 야차의 왕인 보장신이거나 보장신의 권속들인 야차들이다. 이들은 법당 수호의 중요 임무를 갖고 있었고, 따라서 전등사 대웅전 인물 조각상도 법식에 의해 나타난 야차상임을 알 수 있다.

훗날 이 각신을 모시는 풍속이 없어지면서 그 자리에 용이나 봉황, 연꽃 등이 자리 잡게 된 것도 다 시대의 흐름에 따른 변화였을 것이다.

그러면 전등사 대웅전과 유사한 건물이 또 있을까?

다양한 야차들의 모습

속리산 법주사 팔상전은 국내 유일의 5층 목조탑으로 국보 제55호로 지정되어 있다. 법주사는 신라 진흥왕 14년(553)에 창건된 유서 깊은 사찰이지만 1597년 정유재란 때 왜군의 방화로 소실되었다. 팔상전은 선조 38년(1605)에 공사를 시작하여 11년 뒤인 인조 4년(1626)에 완공하였는데, 신라 시대에 조성된 기단부를 그대로 사용하였으며 전체를 통층으로 설계하여 사람이 올라갈 수는 없는 구조로 되어 있다.

석가모니 부처님의 일대기를 크게 여덟 가지 장면으로 나눈 팔상도 그림을 봉안하고 있기 때문에 팔상전이라고 부르는데 쌍림열반상 앞에는 우리나라에서는 유일한 작은 와불상이 있다. 석가모니 부처님이 쿠시나가라 쌍림 숲에서 열반에 드실 때의 누운 모습을 조각하여 모신 이 와불상(臥佛像)은 조선 시대 유물로는 유일무이한 불상일 것이다. 우리나라는 남방불교와는 달리 와불상을 잘 만들지 않는 전통이 있는데 어떤 이유가 있었는지는 잘 알려져 있지 않다.

이 팔상전 이층 추녀 밑 네 군데에 난쟁이 스타일의 괴이한 인물이 연꽃이나 연잎 좌대 위에 쪼그리고 앉아서 두 손을 머리 위로 들고 추녀를 받치고 있다. 자세히 보면 두 손 위로 연잎을 받쳐 든 채 추녀를 다시 받치고 있는 모습이 보인다. 거의 벌거벗은 몸에 어느 괴인은 손가락이 셋인 듯이 보이고 손톱도 사나운 짐승의 발톱을 닮았다. 또 한 괴인은 청룡을, 또 한 괴인은 황룡의 몸통을 물고 있다. 마치 사천왕 중에서 한 사천왕이 용의 몸통을 부여잡고 여의주를 빼앗고 있는 듯이 자신도 강력한 힘을 가지고 있다고 은근히 자랑하고 있는 듯하다. 이 또한 난쟁이형 괴인 야차상으로 다시는 이 법당이 화마에 휩싸이는 일이 없기를 바라는 마음에서 네 귀퉁이에서 사방을 감시하도록 설치한 것이다. 팔상전은 전등사 대웅전보다 5년 뒤에 완공된 건물인데 이 시기에는 건물 네 귀퉁이에 야차상을 배치하는 것이 하나의 법식으로도 통용되지 않았나 생각해 볼 수도 있겠다.

북한에도 추녀 밑에 야차상이 배치된 사찰이 남아 있다. 평안북도 봉린산 심원사(深源寺) 보광전이다. 심원사는 신라 말 9세기 경 선문구산 중에서 봉림산파를 개창한 현욱 선사(788~869)에 의해서 창건되었다고 전해지는 사찰로 고려 시대와 조선 시대에도 계속 법등이 이어져 숙종 44년(1718)에 중창하였다. 심원사 보광전은 정면과 측면에 툇마루가 있는 특이한 구조의 건물로 특히 정면 창호의 문살은 강화도 정수사 법당의 문살처럼 화병에서 올라온 꽃가지가 창호 전체로 피어 올라간 듯한 모습으로 조각되어 있다. 또 여의주를 다투는 청룡·황룡을 창호 하나에 통째로 새겨 넣은 특이한 문살도 있어 호탕한 생동감이 넘친다.

이 보광전 추녀 밑에 용에 올라탄 채 두 손과 머리로 추녀를 받치고 있는 동자 모습의 야차가 있다. 정면에서 보면 동쪽의 동자는 붉은빛이 나는 짧은 상하의를 입고 웃는 듯한 얼굴로 용을 탄 채 두 손과 머리로 가볍게 추녀

법주사 팔상전

법주사 팔상전 내 와불상. 팔상도중 쌍림열반도 밑에 있는데 조선 시대 작품으로 남아 있는 유일한 와불상이다

법주사 팔상전 야차의 모습

를 받치고 있는 모습이고, 서쪽의 동자는 짧은 붉은색 상의와 흰 바지를 입고 역시 용을 타고 앉아 추녀를 받치고 있는데 아쉽게도 오른손 팔뚝이 손상되어 왼손으로만 받치고 있다. 누가 보아도 동자의 모습이라서 『불설보장신대명만나라의궤경』에 나오는 내용의 동자형 야차를 떠올리게 된다.

평안남도 봉린산 안국사(安國寺) 대웅보전 추녀 밑에도 용을 타고 있는 동자가 밝은 모습으로 조각되어 있다. 대웅보전은 2층의 통층 법당인데 1419년에 중창하였고 여러 번의 중수를 거쳐 1785년에 마지막 중수를 한 것으로 기록되어 있다. 대웅보전 정면 서쪽 추녀 아래에는 중국식의 긴 옷을 입은 동자가 황룡을 타고 옷깃을 휘날리며 앞으로 내달리듯 활기찬 모습으로 조각되어 있다. 자세히 보면 통통하고 귀여운 얼굴에 두 개의 상투가 있어 마치 문수동자를 보는 듯하다. 동쪽 추녀 아래에도 마찬가지로 귀여운 동자가 청룡을 타고 신나게 달리고 있다. 이 대웅보전은 채색 자체도 밝고 화려해 두 동자형 야차의 모습도 어디 소풍이라도 가는 듯 명랑하고 상쾌하다.

황해도 자비산 심원사(心源寺) 보광전 추녀 밑에도 동자형 조각상이 있었다고 1962년에 임천(林泉) 선생이 쓰신 글에 실려 있는데, 지금의 심원사 보광전 추녀에는 조각상이 사라지고 없다. 조사 당시에는 '추녀 네 군데 중에서 세 곳에 조각상이 남아 있었다'고 하였는데 그 후 중수 과정에서 사라진 듯하다. 그러나 다행스럽게도 일제강점기에 유리건판으로 찍은 자료 사진이 남아 있어 조각상의 자세를 살펴볼 수 있는데 머리는 민머리에 무릎을 꿇은 상태에서 오른다리를 세우고 앉았다. 왼손은 머리 위로 올려 추녀를 받치고 있고 오른손은 자연스럽게 오른쪽 다리 위에 올려놓았다. 자세히 보면 머리나 왼손이 추녀에 닿아 있지는 않아서 처음에는 추녀에 닿았단 자세가 건축물의 변화로 달라진 것 같기도 하다. 어쨌든 다른 조각상들에 비해 자연스런 포즈를 취하고 있는 모습이라고 하겠다.

평안북도 봉린산 심원사 보광전 처마 동쪽 동자아자상

환성사 대웅전 수미단 야차상

사실 이와 비슷한 구조의 조각상이 우리나라에만 있는 것은 아니다. 일본 나라 법륭사의 오층목탑에도 법주사 팔상전에서 보았던 괴인형 야차와 비슷한 조각상이 있다. 이 괴인형 조각상은 이층 추녀 아래에 쪼그리고 앉아 두 팔과 머리로 목재를 떠받치고 있는 모습으로 남아 있는데 다른 일본 사찰에도 여러 점 더 있는 것으로 알려져 있다.

결국 전등사 대웅전 추녀 밑의 나부상은 전설에 나오는 주모의 벌거벗은 모습이 아니라 불교에 귀의한 야차들이 여러 가지 다른 형상의 모습으로 법당의 모퉁이에서 법당을 보호하고 있는 각신인 것이다. _◑

황해도 자비산 심원사 보광전 추녀 및 동자형 조각상 옛날 사진

가릉빈가

설화 속의 새들

새는 하늘을 자유롭게 날아다니다 어느 땐가 소리 없이 훌쩍 오고 때가 되면 먼 하늘로 날아간다. 그래서 옛사람들은 새를 이 세상의 소원을 하늘에 전달하는 신조(神鳥)로 여겼다. 솟대는 그 기억의 흔적이다. 그래서 세상 어느 곳에나 이런 새에 대한 전설이나 신화가 남아 있다.

> 인도 히말라야 산속에 화려하고 예쁜 새가 살고 있었다. 설산에 살고 있어 설산조(雪山鳥)라고 불렸다.
>
> 낮에는 산에 사는 친구들과 어울려 먹고 놀며 재미있게 지냈지만 밤이 되면 돌아가 쉴 곳이 없었다. 다른 친구들처럼 집을 가지고 있지 않았기 때문이다. 친구들에게 하룻밤 재워 달라고 청해도 이런저런 핑계를 대며 재워주지 않으니 설산조는 밤만 되면 추워지는 히말라야의 날씨에 오들오들 떨며 밤을 지새울 수밖에 없었다. 그런 괴로움 속에서 설산조는 굳게 결심했다.
>
> '내일 아침 해가 뜨면 반드시 집을 지어서 밤에는 그 집에서 편히 쉬리라.'
>
> 그러나 해가 동쪽에서 떠올라 차차 설산의 추위를 녹이면 설산조는 지난밤의 괴로움을 다 잊고 또 친구들과 어울려 즐거운 하루를 보냈다. 그러다 밤이 되면 또 설산의 추위에 떨며 밤을 지새울 뿐 결국 집을 짓지 못했다. 한낮의 즐거움에 취해 밤마다 춥고 괴로운 밤을 보내는 설산조. 그래서 이 설산새의 이름을 한고조(寒苦鳥)라고도 부른다.

인도 설화에 나오는 이 이야기는 바로 중생들의 어리석음을 비유한 것이다. 좋은 공덕을 쌓아야 좋은 과보가 돌아오고 착한 일을 행해야 좋은 결과가 따르는 것이 단순한 진리이건만, 중생은 조금만 편안해도 거기에 안주하여 미래에 닥칠 재앙과 죽음에 대하여 전혀 생각하지 않는다는 것이다. 마치 우물 속 밧줄에 겨우 매달린 채 곧 뱀 떼가 우글거리는 우물 바닥에 떨어져 죽게 되었는데도 우연히 벌집에서 떨어지는 꿀맛에 도취되어 모든 것을 잊어버린다는 안수정등(岸樹井藤)의 비유와 같다.

중국의 『산해경(山海經)』에는 비익조(比翼鳥) 이야기가 있다. '비견(比肩)'이라는 말이 '어깨를 나란히 한다'는 뜻이듯이 '비(比)'는 '나란히'의 뜻이고 '익(翼)'은 '날개'라는 뜻이므로 비익조는 '날개를 나란히 하고 날아가는 새'라는 뜻이다. 이 새는 눈과 날개를 각각 하나씩만 가지고 있는 새다. 짝을 이루지 않으면 날아갈 수가 없다. 둘이서 짝을 맞추어야만 날 수 있고, 마음도 잘 맞아야 잘 날아갈 수가 있다.

이 비익조는 숭오산(崇吾山)에 살고 있어 만만(蠻蠻)이라고도 부르는데, 이 새가 나타나면 큰 물난리가 난다고 한다. 그러나 『사기』 「봉선서(封禪書)」에는 '황제가 하늘에 천제를 지내는 신성한 봉선(封禪)을 행할 때에는 조공으로 바친 제물 중에 동해의 비목어(比目魚)와 서해의 비익조가 있었다'는 기록이 있다. 다시 말해 비익조가 나타날 때는 길조(吉兆)가 되기도 하고, 흉조(凶兆)가 되기도 한다는 것이다.

그러나 당나라 시인 백낙천(772~846)은 당 현종과 양귀비의 사랑 이야기를 시로 읊은 「장한가(長恨歌)」에서 이렇게 읊었다. 806년의 일이다.

在天願作比翼鳥 재천원작비익조
在地願爲連理枝 재지원위연리지

天長地久有時盡천장지구유시진
此恨綿綿無絶期차한선선무절기
원컨대 하늘에선 비익조가 되고요
땅에서는 연리지가 되길 바래요
하늘과 땅은 다할 날이 있어도
이 한(恨)만은 영원히 이어지리다.

이 한 편의 시 때문에 비익조는 길조나 흉조를 나타내는 새에서 서로 사랑하는 남녀가 영원히 헤어지지 않기를 바라는 소망의 새로 의미가 달라졌다.

연리지(連理枝)도 마찬가지다. 『후한서』「채옹전」에 보면 당시의 문인인 채옹(蔡邕, 133~192)은 효성이 지극한 것으로 소문이 나 있었다. 채옹은 어머니가 병이 나자 3년 동안 옷을 벗지 못한 채 간호해 드렸다. 병세가 악화되자 백 일 동안 잠자리에 들지 않고 보살폈다. 결국 어머니가 돌아가시자 채옹은 무덤 곁에 초막을 짓고 시묘살이를 했다.

그 후 채옹의 방 앞에 두 그루의 나무 싹이 나더니 점점 자라서 가지가 서로 이어져 마침내 한 그루처럼 되었다. 그때 당시 사람들이 이 일을 두고 '채옹의 효성이 지극하여 부모와 자식이 한 몸이 되었다'고 칭송하였다. 효성을 상징하는 이 고사도 백락천의 시에 오르며 각각 다른 나무가 한 몸이 되었다 하여 부부 사랑의 상징으로 탈바꿈하였다.

• 금산 양지리 팽나무 연리목

앞서 말한 비목어(比目魚)도 마찬가

지다. 이 물고기는 가자미나 광어처럼 눈이 한쪽에 있어 반대편을 잘 볼 수가 없다. 그래서 반대편에 눈이 달린 물고기와 짝을 이루어 붙어 다니면서 서로 못 보는 방향을 함께 공유한다고 해서 부부금슬을 나타내는 상징 물고기로 쓰게 되었다.

이야기가 다른 길로 갔지만 어쨌든 새는 이집트 신화에서부터 그리스, 인도, 중국에 이르기까지 많은 신화가 따라 붙었다. 그리고 불교에도 상징으로 나타난 새들이 있으니 그 대표는 역시 가릉빈가다.

가릉빈가가 나타나다

석가모니 부처님께서 사위국 기수급고독원에 계실 때 장로 사리불, 마하가섭 등 사부대중에게 설한 『불설아미타경』에는 극락세계가 어떻게 꾸며져 있는지, 어떻게 해야 그 극락세계에 갈 수 있는지를 말씀하신 내용이 담겨 있다.

이 경전에서 극락세계에는 '가지가지 아름답고 기묘하고 여러 빛깔을 가진 새들이 있으니 곧 백곡(白鵠), 공작(孔雀), 앵무(鸚鵡), 사리(舍利), 가릉빈가(迦陵頻伽), 공명조(公命鳥) 등의 새가 밤낮을 가리지 않고 항상 평화롭고 청아한 목소리로 노래한다'고 하였다.

또 이 새들이 노래하면 그 세계의 중생들은 모두 부처님을 생각하고, 부처님 법을 생각하고, 승가를 생각하게 되는데 이는 모두 아미타 부처님께서 화현(化現)으로 지으신 것이라 하였다.

이 새들 중에서 색다른 모습을 가지고 있는 새가 있으니 바로 가릉빈가다. 가릉빈가는 범어 칼라빈카(Kalavinka)의 음역으로 가릉비가(迦陵毘伽), 가란가(加蘭伽)라고도 불린다. 의역하여 호음조(好音鳥), 묘음조(妙音鳥), 미음조

(美音鳥), 옥조(玉鳥) 등으로 부르는데, 그 울음소리가 곱고 아름다울 뿐 아니라 세상의 어떤 새와도 비교할 수 없을 정도로 뛰어났기 때문이다.

그렇다면 가릉빈가는 어떤 모습일까?

가릉빈가는 상체는 사람의 모습을 갖추고 하체는 새의 모습을 가진 인두조신(人頭鳥身)의 형상으로, 대개 머리에는 화관을 쓰고 악기를 연주하거나 합장을 한 자세로 묘사된다. 혹 공양물을 받들고 날아가는 모습으로 나타나기도 한다. 그러니까 사람의 머리와 두 손을 가진 새의 모습이라고 상상하면 된다. 인도의 고대 전설에는 히말라야 설산에 사는 신기한 새 한 마리 이야기가 있다. 그 새는 무시카(Musikar)라는 악기를 연주하는데, 그 악기는 일곱 개 구멍마다 각기 다른 소리를 낸다고 한다. 또 계절에 따라 소리가 달라지는데 소리의 높낮이와 곡조의 조화가 미묘하여 환희심을 불러일으킨다고 한다. 이 새가 가릉빈가의 원조가 아닌가 한다. 가릉빈가가 인두조신의 몸을 갖게 된 유래에 대해서는 여러 가지 견해가 있다. 그리스 기원설, 인도 기원설, 한대(漢代) 화상석에 보이는 우인(羽人: 날개가 있는 신선) 기원설이 그것이다.

그리스 기원설은 이렇다. 그리스 신화 속 요정인 세이렌(Seiren)은 상반신은 여자고 하반신은 새인데 역시 노래를 부르고 피리를 불고 하프를 연주하여 사람을 매혹시킨다고 한다. 또 하피(Harpy)라는 괴물도 여자 머리에 새의 몸을 가졌는데 숲을 지나가는 인간들을 하늘에서 공격하는 모습으로 나온다. 이러한 신화는 기원전 4세기경 알렉산더 대왕의 동방 원정 때 중앙아시아를 거쳐 인도에 들어왔을 것으로 생각된다. 인도에서 그리스 문명과 불교가 융합하여 간다라 미술이 발생하였듯이 인도의 가릉빈가도 그러한 문명 교류 속에서 지금의 모습으로 정착되었다고 보는 것이다.

또 고대 문헌인 『산해경』에도 인두조신의 신적 동물인 부혜(鳧徯), 반모(鵹鶥)등 여러 인두조신이 등장하고 있다. 이런 문화적 바탕 때문에 인도의 가

•
덕흥리 고분 앞칸 서벽 벽화 1. 사람 머리에 새의 몸을 가지고 있다. 만세지상(萬歲之像)이라는 글자가 보인다.

•
덕흥리 고분 앞칸 서벽 벽화 2. 사람 머리에 새의 몸을 가지고 있다. 천추지상(千秋之像)이라는 글자가 보인다.

릉빈가도 중국에 들어와 거부감 없이 정착하였을 것이다.

고구려의 덕흥리 고분에도 사람 머리에 새의 몸을 가진 벽화가 두 점 있는데 각각 그 옆에 만세지상(萬歲之像), 천추지상(千秋之像)이라고 써 있다. 동진 시대 갈홍(284~364)이 쓴 『포박자』에는 '천세(千歲)라는 새와 만세(萬歲)라는 새는 둘 다 사람 얼굴에 새의 몸을 가졌는데 수명이 그 이름과 같다'고 하였다. 물론 천추(千秋)는 천세(千歲)와 같은 뜻으로 1,000년을 말한다. 고구려인들은 도교의 영향을 많이 받았다. 『포박자』에 나오는 인두조신의 그림을 그려 망자가 다음 세상에서 오래도록 살기를 기원한 흔적이다.

백제의 유물 중에도 백제금동대향로(국보 제287호)에 인두조신상이 두 점 조각되어 있고, 무령왕릉 출토 동탁은잔(銅托銀盞)의 잔 받침에도 인두조신상이 선각되어 있다. 하지만 이 조각상들이 도교의 조각상인지 불교의 가릉빈가인지 확정 짓지 못하고 있다.

그러나 도교의 인두조신상은 사람의 머리만 있고 손이 없이 새겨지는 경우가 많고 가릉빈가는 두 손이 나타나기 때문의 동탁은잔의 잔 받침 선각은 가릉빈가일 가능성이 높다. 자세히 보면 두 손을 함께 모아 연꽃 가지 같은 것을 들고 있는 것이 보인다. 또 시기상 무령왕(462~523) 대는 백제에 불교가 들어와 뿌리 내린 지 120년이 지난 시점이기 때문이다. 이렇게 여러 가지 인두조신상으로 나타나는 도상들은 신라가 삼국을 통일하면서 확실한 가릉빈가의 모습으로 정착된다.

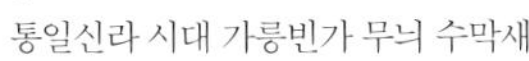
통일신라 시대 가릉빈가 무늬 수막새

무령왕릉 출토 동탁은잔(銅托銀盞) 받침. 희미하지만 상당부에 인두조신상이 보인다.

•
영암사지 금당터 기단부 소맷돌에 새겨진 가릉빈가

『불설아미타경』에 나타나 있듯이 가릉빈가는 극락세계에 항상 출현하는 새이기 때문에 부처님을 모시고 있는 절집에도 여러 가지 형태로 나타난다. 가장 흔하게 나타난 곳이 막새기와이며, 법당의 소맷돌에도 등장한다.

가릉빈가가 새겨진 막새기와는 출토된 절마다 다르다고 할 정도로 다양한 모습을 보여 주고 있다. 신라 시대 사찰인 합천 영암사지 금당터 기단부 소맷돌에는 가릉빈가가 날개를 펼친 모습으로 조각되어 있다. 금당 안에도 가릉빈가의 그림이나 조형물이 있었을 것이라 믿어지지만 신라 시대 건축물은 지금 하나도 남아 있는 게 없으니 확인할 길이 없다.

승탑에 출현하다

신라 말에 선종이 들어오면서부터 선사나 조사(祖師) 들의 승탑에 가릉빈가가 출현하게 된다. 선종에서 깨달음을 인가받은 선사들의 입적은 그 이전 교종 시대 고승들의 입적과는 현격하게 다른 의미를 갖게 되었기 때문이다. 교종 시대의 스님들은 아무리 고승이라도 부처님과의 위계를 따질 수 없었다. 고승이 입적하면 다비(茶毘: 화장)하여 사대(四大: 지·수·화·풍)로 돌아가도록 산골(散骨)하였다.

원효 대사가 입적하자 아들 설총이 그 유해로 소상을 조성하여 분황사에 봉안하였고, 자장율사는 입적 후 그 유골을 석함에 보관하였다는 특별한 기록들이 있기는 하지만 선종 유입 이전 스님들의 승탑은 남아 있는 것이 거의 없다. 그러나 선종의 입장은 달랐다. 선종은 '중생도 깨달으면 부처'라고 주장했고 석가모니 부처님 이래로 전해져 내려온 이심전심(以心傳心)의 전법계보도를 만들어 이를 선맥(禪脈)이라고 했다.

인도에서는 석가모니부터 28대를 내려가 달마에게 전법되고 달마는 중국에 건너와 다시 초조(初祖)가 되면서 육조(六祖) 혜능(638~713) 스님에게로 이어진다. 혜능 스님 이래로 수많은 선승들이 줄지어 일어나면서 선종은 중국에 확고하게 뿌리 내리고 신라 말에 이르러서는 중국에 유학한 신라 스님들에 의해 드디어 신라 땅에도 전해지게 된다. 이렇게 선맥에 의해 사자상승(師資相承)하며 이어져 온 선사는 선종의 큰 어른으로서 존경받게 됐고, 이러한 선사에게서 인가(印可)를 받았다는 것은 바로 '깨달은 선사로서 인정받았다'는 뜻이다.

선종에서의 깨달음은 '그 내용에 있어서 부처님과 차이가 없다'고 말한다. 그러나 부처님처럼 아직 완전하게 모든 번뇌를 없애지 못해서 부처님의 한량없는 지혜와 신통을 다 갖추지는 못했다고도 한다. 그래서 깨달음의 경지가 평소에도 흩어지지 않도록 보임(保任) 공부를 한다거나 업장을 더 녹여야 한다고 말하기도 하는 것이다.

어쨌든 인가받은 선사가 입적하면 교종의 스님이 입적할 때와는 달랐다. 깨달음에 있어서는 부처님과도 견줄 선사이고, 또 다비하면 사리가 출현

화순 쌍봉사 철감선사탑 부분 가릉빈가

화순 쌍봉사 철감선사탑

하니 예전처럼 그냥 산천에 흩어 버릴 수는 없게 된 것이다. 다비하는 방법도 세월이 흐르면서 일정한 법식으로 정착되었는데, 물을 채운 물동이 다섯 개를 중앙과 사방의 지하에 묻고 그 위에 화목을 쌓은 후 선사의 유체를 화장하였다. 다비가 끝난 후 지하에 묻어두었던 물동이 안에 모인 사리를 받들어 모시고 승탑을 세웠는데 이것이 오랫동안 내려 온 다비의 법식이었다.

선종에서는 조사나 선사를 부처님처럼 중시하였지만 제자들이 선사의 입적을 기려 부처님을 모시듯 법당에 모실 수는 없었기 때문에 절 뒤편 산자락의 좋은 장소를 택해 승탑을 세우고, 선사의 탑비는 그 인근이나 절 근처에 세웠다. 석가모니 부처님이 돌아가신 후 다비하여 나온 사리로 여덟 군데 탑을 만들었으니 선종에서 선사의 탑을 만드는 것은 올바른 절차였을 것이다.

선종이 중요한 종파로 자리를 잡으면서 신라 조정에서는 선사의 입적을 나라에 고하면 선사의 시호와 탑명을 내려 주었다. 이러한 관행은 고려 시대와 조선 초기까지 이어진다. 또한 입적하신 선사의 영정을 모시는 조사당을 만들기도 하였는데 신라 시대 절터에서도 선사의 탑비 옆에 이 조사당 터가 발견되고 있으므로 조사당을 만든 역사도 꽤 오랜 역사를 갖고 있다고 하겠다.

그럼 입적하신 선사는 어디에 가 계실까? 바로 깨달음의 세계, 열반의 세계, 극락세계로 가셨을 것이다. 신라 말에 조성된 승탑을 보면 대개 팔각원당형(八角圓堂型)이 기본이다. 팔각(八角)은 팔정도를 의미하고 원당(圓堂)은 원만한 깨달음의 집을 의미하므로 팔정도를 두루 닦아 원만한 깨달음을 이뤘다는 상징으로 여긴다. 그 열반의 세계를 상징하는 동물로 선사들의 승탑에 가릉빈가 조각이 드디어 모습을 드러내게 된다.

신라 시대 승탑 중에서 가장 우수작이라고 평하는 화순 쌍봉사 철감선사탑(국보 제57호)은 경문왕 8년(868) 무렵에 세워졌다. 철감 도윤(798~868) 선사는 당나라에 들어가 육조 혜능의 법맥을 이은 남전 보원(748~834) 선사

•
지증대사적조탑비 부분. 하단에 가릉빈가가 보인다.

에게서 법을 받았으며, 귀국 후에는 금강산을 거쳐 화순 쌍봉사에 머물다 입적하였다. 시호는 철감(徹鑒)이며 탑의 이름은 징소(澄昭)라 한다. 갖추어 말하면 철감선사징소탑이다.

철감 선사 승탑의 가릉빈가 조각은 탑신 괴임대 다리 사이에 제각각 다른 악기를 연주하는 모습으로 8면에 새겨져 있는데, 섬세함과 화려함에 있어 승탑 최고의 걸작임을 자랑한다. 단단한 돌을 마치 무른 석고 다루듯 자유자재로 온갖 솜씨를 발휘하여 조각한 운룡문과 사자들, 사천왕과 비천공양상들, 지붕의 기와골들은 보는 사람으로 하여금 할 말을 잊게 만든다. 도대체 어느 석공의 신묘한 솜씨이며, 어느 불모의 구상이었을까? 한량없는 신심과 무한한 끈기 속에서 탄생한 이 승탑은 하늘에서 내려온 장인의 손길을 기다려 완성한 것일까? 어느 가릉빈가는 피리를 불고 있고 어느 가릉빈가는 비파를 뜯으며 어느 가릉빈가는 장구를 치고 있다. 마치 극락의 음악을 들을 수 있는 듯 상상의 나래를 펴볼 수 있는 승탑이 바로 이 철감 선사 승탑이다.

문경 봉암사 지증대사적조탑(보물 제137호)은 헌강왕 9년(883)에 건립되었는데 이 승탑에도 8면에 각각의 악기를 연주하는 가릉빈가가 새겨져 있다.

구례 연곡사 동승탑(국보 제53호)과 북승탑(국보 제 54호)에도 각각 8면에 가릉빈가의 모습이 나타나 있다. 동승탑은 신라 말기에 만들어졌고 북승탑은 고려 초기에 동승탑을 모델로 조성한 것으로 알려져 있다.

고려 시대에 들어서면 선종의 영향을 받아 다른 종파에서도 승탑을 세우게 된다. 지광국사현묘탑은 법상종의 승려였던 혜린 스님이 입적하자 조정에서 시호와 탑호를 내렸고 이에 따라 만들어진 탑이다. 이 승탑은 선종의 팔각원당형을 벗어나 사각형을 기본으로 하는 새로운 양식의 걸작이다. 원주 법천사에 있다가 현재는 국립고궁박물관 야외에 옮겨져 있지만 최근 다시 원주 법천사터로 옮겨갈 준비를 하고 있다.

원주 법천사 지광국사현묘탑.

구례 연곡사 동승탑 부분. 가릉빈가

구례 연곡사 동승탑

구례 연곡사 북승탑 가릉빈가

구례 연곡사 북승탑

환생을 거듭하다

가릉빈가는 천 년을 산다고 알려져 있는데, 죽을 때가 되면 스스로 불을 피운 다음 그 주위를 돌며 온갖 악기로 음악을 연주한 후 그 불 속에 뛰어들어 스스로 타죽는다. 그러나 불이 꺼진 후 그 따뜻한 재 속에서 한 개의 알이 생겨나고 차차 부화하여 다시 가릉빈가로 환생한다고 한다. 결국 환생을 거듭하며 태어나 영원히 극락세계의 음악을 연주한다.

이처럼 스스로 불로 뛰어들어 죽은 다음 다시 살아나는 새가 서양에도 있으니 바로 피닉스(Phoenix)다. 동양권에서 불사조(不死鳥)라고 부르는 이 새는 아라비아에서 태어나 이집트에서 죽은 신화적인 새다. 기독교에서는 부활의 상징으로, 영혼불멸의 증거로 이용되기도 한다. 이 신화는 헤로도토스(BC 484?~BC 425?)가 그의 저서인 『역사』에 기록해 놓았는데 역시 알렉산더의 동방 원정을 따라 동양권에 전해졌을 것이라 생각된다.

고려 시대 후반기에 이르러 승탑 양식의 변화로 가릉빈가 조각도 점차 자취를 감추게 된다. 더구나 고려 말에 이르면 승탑에도 획기적 변화가 일어나는데 바로 나옹(1320~1376) 선사의 승탑이 범종의 모양을 딴 석종형(石鐘型)으로 만들어지면서 전부터 이어지던 화려한 솜씨는 승탑에서 사라지게 된다. 또 이어진 조선 시대에는 불교계에 가해진 국가적 탄압으로 축소된 팔각원당형이나 석종형 승탑을 만들게 되는데, 선사나 은사를 기리는 경제적 규모도 저절로 줄어들었기 때문이다. 그렇다고 가릉빈가 조각이 아주 없어진 것은 아니다. 불 속에서 다시 태어나는 것처럼 법당 안의 조각으로 계속 조성되고 있었다.

특히 북한 고찰의 법당 안에 나무로 가릉빈가를 조각하여 내부를 장엄한 유물이 여러 점 남아 있다. 황해도 자비산 심원사(心源寺) 보광전 법당 내

신륵사 나옹선사 승탑. 범종의 모양을 닮았다고 해서 석종형이라고 부른다.

부 전면의 양쪽 모서리에는 날개를 펼치고 두 손을 합장한 채 아래로 내려오는 듯한 모습의 가릉빈가가 조성되어 있다. 남한의 사찰에서는 한 번도 본 적이 없는 모습의 가릉빈가가 유연하고 자연스럽게 허공을 날며 극락의 노랫소리를 들려주는 듯하다.

평안남도 봉린산 안국사 대웅보전 내부의 공포 사이에도 화려한 가릉빈가가 조각되어 있다. 두 손으로는 연꽃 봉오리를 꼭 잡은 채 날개를 활짝 펴고 화려한 꼬리털을 휘날리며 내려온다. 마치 비천(飛天)이 하늘에서 내려오는 듯한 자세로, 가볍고도 경쾌한 모습이다.

이 법당 내부 모서리에는 가릉빈가와 같은 스타일의 인면조가 또 있다. 자세히 보면 머리가 둘이다. 가릉빈가는 아니다. 바로 『불설아미타경』에 나오는 공명조(共命鳥)다. 새의 이름에서 알 수 있듯이 수명을 함께하는 새이기 때문에 머리는 둘이지만 몸은 하나로 되어 있다.

『잡보장경』에는 이 공명조에 관한 이야기가 실려 있다.

•
황해북도 자비산 심원사 법당.
사진 우측 상단에 가릉빈가가 보인다.

히말라야 설산에 몸은 하나고 머리는 두 개가 있는 새가 있었는데 둘은 항상 한쪽이 자면 다른 한쪽이 지켜 주고 있었다. 어느 날 한쪽의 머리가 잠든 사이 다른 한쪽의 머리는 맛있는 빨간 열매를 발견하곤 '우리의 몸은 하나인데 그냥 먹어도 되겠지' 하고 혼자 그 열매를 먹어 버렸다.

잠에서 깬 한쪽의 머리는 '나는 먹은 것도 없는데 왜 배가 부르지' 하며 다른 쪽의 머리에 '무얼 먹었느냐'고 물었다.

과일을 먹은 머리가 사실대로 이야기했더니 잠에서 깬 머리는 속으로 몹시 화가 났다. '나도 모르게 맛있는 과일을 혼자 먹었다'고 생각한 머리는 다른 머리가 잠이 든 사이 독이 든 열매를 발견하고 복수할 마음으로 그 열매를 먹어 버렸다.

잠에서 깬 머리가 이 사실을 알고는 '미움과 복수 때문에 나만 죽는

평안남도 봉린산 안국사 대웅보전 내부 가릉빈가

평안남도 봉린산 안국사 법당 내부의 공명조(共命鳥)

경산 환성사 대웅전 수미단 부분. 가릉빈가

경산 환성사 대웅전 내부

•
경산 환성사 대웅전 수미단 부분. 연리지와 비익조

것이 아니라 너도 죽게 된다'고 한탄하였고 결국 두 머리를 가진 공명조는 죽고 말았다.

공명조(共命鳥)가 공멸조(共滅鳥)가 되고 만 것이다. 중생은 항상 나는 '옳다'고 생각하고 다른 사람은 '그르다'고 내친다. 네가 먹었으니 나도 먹어야 한다고 욕심을 낸다. 마음을 비우기가 쉽지 않다. 사실 모든 중생은 공명조의 운명과 같다. 이것이 생(生)하면 저것이 생하고, 저것이 멸(滅)하면 이것도 멸하는 법이다. 지구 환경이 나빠지면 모든 중생이 피해를 입는다. 그러나 마음만 비우면 공생의 삶을 살 수 있다. 저 공명조처럼 바로 극락으로 날아올라 아름다운 음성으로 그 세계를 장엄할 수 있다. 안국사 법당의 공명조는 바로 그런 의미일 것이다.

법당의 수미단에도 가릉빈가는 자주 등장한다. 은해사 백흥암 극락전(보물 제 790호) 안의 수미단은 조선 시대의 작품으로 다양한 구성과 뛰어난 조각 솜씨로 인해 극락전보다도 먼저 보물 제 486호로 지정되었을 만큼 우수한 문화유산이다.

이 수미단에도 복숭아인지, 연꽃 봉우리인지를 받들고 날아가는 독특한 가릉빈가가 새겨져 있다. 지그시 감은 눈에 통통한 상반신은 선녀의 띠 같은

백흥암 수미단에 새겨진 가릉빈가

긴 천을 휘감고 있고 하반신은 옆으로 눕히고 있다.

경산 환성사 대웅전 수미단에도 독특한 모습의 가릉빈가가 한 칸에 새겨져 있다. 두 발로는 연잎을 딛고 섰고 두 손을 높이 들어 활짝 핀 연꽃 줄기를 붙잡고 있다. 중생이 극락에 태어날 때 연꽃이 피어나며 그 안에서 화생(化生)으로 나타나니 이를 연화화생(蓮花化生)이라 한다. 이처럼 연꽃은 극락세계에서도 중요한 의미를 갖는 꽃이다. 가릉빈가도 극락세계의 상징이요 연꽃도 또한 그 세계의 상징이니 이 법당이 바로 극락세계임을 일깨워 주는 것이리라. 이 대웅전 수미단에는 연리지로 추측되는 조각도 있다. 양쪽 바닥에 뿌리 내린 두 나뭇가지가 중앙에서 서로 합쳐지고, 합쳐진 가지에서 위로 뻗은 나무에는 잎과 꽃이 무성하다. 이 조각이 연리지라면 그 앞에 새겨진 두 마리 새도 비익조일 것이다. 연리지나 비익조나 다 사랑의 상징물로서 화합과 평화를 의미하기 때문에 자연스럽게 수미단에도 등장하게 되었을 것이다.

가릉빈가는 청정하고 미묘한 소리로 아미타 부처님의 극락세계를 장엄하는 새이기도 하지만 중생으로 하여금 부처님을 생각하고 부처님 법을 생각하고 승가를 생각하게 하여 청정한 부처님 세계로 인도하는 새이기도 하다. 중생으로서 가릉빈가의 소리를 들으려고만 할 것이 아니라 스스로 부처님 세계로 들어가 가릉빈가가 되고자 하는 것, 그것이 가릉빈가에 담긴 의미라고도 생각된다. _◑

삼신할미

노고단과 화엄사

백두대간의 끝자락 지리산, 뫼도 높고 골도 깊다. 민족의 성산(聖山) 백두에서 흘러나온 힘찬 정기는 동해를 끼고 남쪽으로 달리며 금강·설악·오대·태백을 세운 뒤 잠시 숨을 고르고 서쪽으로 방향을 틀어 소백·속리에서 다시 한 번 힘을 쓴 다음 남쪽으로 달리며 덕유를 지나 마지막 용틀임으로 온갖 기력을 쏟아 부어 지리산을 일으킨다. 백두산이 남성적 기백을 내세운다면 지리산은 어머니같이 푸근한 산이다. 너른 품새를 벌려 온갖 중생을 품어준다. 그래서 도시의 팍팍하고 삭막한 살림살이에 염증을 느끼고 사람답게 살아보겠다고 떠나는 사람들은 거개가 이 지리산을 1순위로 꼽아 본다.

설악산같이 바위로 이루어진 골산(骨山)은 풍광은 좋지만 사람이 들어앉기에는 어딘가 차갑다. 지리산은 살집 넉넉한 육산(肉山)인데다 세 개 도에 걸쳐 있을 만큼 골도 깊으니 그 갈피갈피에 들어선 절집과 산골 마을 고단한 중생들을 다 살아가게끔 보살핀다.

백두산을 조산(祖山)으로 하여 흘러나온 산맥은 마치 인체의 혈맥처럼 전 국토로 퍼져 나갔다. 그 산맥 중에서 인체의 척추처럼 중요한 줄기가 되는 산맥을 백두대간이라 하고 그 백두대간에서 갈라져 나온 작은 지맥들을 정맥(正脈)이나 정간(正幹)이라 이름 붙였다. 여암 신경준(1712~1781)의 『산경표(山經表)』에 보면 우리의 지리 체계를 산줄기와 하천 줄기로 파악하여 조상들의 생활 권역이 이 산세에 따라 나뉘어졌음을 알 수 있게 해준다. 그래서 너른 평야에 살든, 산골에 살든, 어촌에 살든 마음만 먹으면 뒷동산에 올라가서 산등성이를 타고 가면 물을 건너지 않고 민족의 시원인 백두산까지 갈 수 있다.

지리산은 백두산의 정기가 마지막으로 모여 이루어진 산이다. 그래서

지리산 노고단

원래 이름은 두류산(頭流山)이다. 백두(白頭)의 정기가 흘러내려 온 산이라는 말이다. 게다가 남쪽 끝에 치우쳐 있어 겨울에도 덜 추운데다 골이 넓고 깊어 나는 산물도 많으니 이 지리산에 사람들이 옛적부터 모여 들었고 자연스레 기도터가 생겼다. 그 중에 가장 오래되고 유명한 곳이 지리산 북쪽 끝자락 산봉우리에 자리잡은 노고단(老姑壇)이다.

단(壇)은 건물이 없이 제사를 지낼 수 있는 평평한 땅이다. 가장 시원적인 제사의 장소로 땅을 평평하게 고르거나 약간 높여서 다듬은 공간이라고 하겠다. 여기에서 제사를 모시다가 집이 들어서면 당(堂)이 되고 각(閣)이 된다. 곧 산신단(山神壇)이었다가 산신당(山神堂)이 되고 산신각(山神閣)이 된다. 그러니까 원초적 제사터는 단(壇)이다.

우리 산에는 산마다 봉우리 이름이 있어 ○○봉(峰)이나 ○○대(臺)라고 이름을 붙이는데 여기는 애초부터 노고단이다. 그만큼 제사를 지낸 내력이 깊다는 뜻이다. 지리산 최고봉인 천왕봉에도 지리산을 관장하는 여신인 지리성모(智異聖母)를 모시는 사당이 있었다고 하지만 이미 건물이 들어선 것으로 보아 지리산에서 가장 오래된 기도터는 노고단으로 믿어지고 있다.

그럼 여기서 제사를 모시는 대상은 누구일까? 늙은 노(老) 자에 시어머니 고(姑) 자를 썼으니 바로 늙은 할미다. 전설에는 마고(麻姑)할미라고도 하는데 태고 시절 삼신할미의 변화신으로 보고 있다. 동양학자 조용헌 선생도 노고단의 주신은 삼신할미로 추정하고 있다. 이 신령한 노고단의 지맥이 화엄사로 내려오다가 멈춘 곳에 하악단 터가 있다. 화엄사 위 봉천암 뒤쪽에 있는 이 터는 봉황의 머리 부분에 해당된다고 하고, 봉황의 눈에 해당하는 곳엔 조그만 샘도 있다. 그래서 암자의 이름도 봉천암(鳳泉庵)이다. 노고단은 1,500미터의 고지대여서 날씨가 변덕스럽다. 그래서 노고단에서 제사를 모시기 어려울 때 봉천암에서 임시변통으로 제사를 지냈고 차츰 공식화된 것으로 보인다.

계룡산 중악단

지리산은 신라 시대부터 고려 시대까지 나라에서 주관하는 제사를 지내왔던 곳이다. 조선 시대에 들어와서도 태조 3년(1394)에 묘향산을 상악단, 계룡산을 중악단, 지리산을 하악단으로 해서 제사를 모신 기록이 있는데 효종 2년(1651)에 폐지한 기록도 전한다. 그 후 고종 16년(1879) 명성왕후의 명으로 앞서 말한 세 곳의 산에 삼악단을 세우고 제사를 지냈지만 지금은 계룡산 중악단(보물 제1293호)만 남아 그 명맥을 이어 가고 있다. 화엄사에도 노고단과 연관된 것으로 추정되는 중요한 문화재가 있다. 바로 효대(孝臺)에 있는 4사자 3층석탑(국보 제35호)이다. 화엄사는 신라 진흥왕 5년(544)에 연기 조사가 창건한 절로 알려져 있는데, 이 석탑은 상층 기단부 네 귀퉁이에 꿇어앉은 네 마리 석사자를 배치하였고 그 안에 공손히 합장한 인물상을 모셨다.

석탑 앞에는 탑을 향하여 한

화엄사 효대 사사자석탑과 석등

쪽 무릎을 세우고 꿇어앉은 스님이 왼손에 차 그릇 같은 것을 든 모습으로 조각되어 있고 그 위에 석등의 화사석이 얹어져 있다. 전하는 말로는 연기 조사가 차를 들고 석탑 기단부 가운데에 서 있는 어머니에게 공양하는 효도의 모습이라고 한다. 그래서 여기를 효대라고 부른다. 그러나 이 석탑은 통일신라시대인 8세기 중엽의 작품으로 확인되었다. 또 탑은 법당 앞에 세우는 것이 정석인데 효대의 위치는 화엄사의 중심에서 벗어난 서북쪽 언덕 위이며 석탑 뒤에 법당이 있었던 흔적도 없다.

상식적으로 생각해도 속가의 어머니를 신격화해 석탑 안으로 모신다는 것은 이해가 되지 않는다. 어떤 이는 삼신할미를 모시는 노고단의 지맥이 화엄사로 내려오는 길목에 하악단이 있고 다시 그 맥이 효대로 내려왔으니 석탑 안의 인물은 삼신할미일 것이라고 추정하기도 한다. 노고단에 좌정하고 계신 삼신할미를 절집에서 공손히 모셔온 것이라고 생각하는 것이다.

그럼 도대체 삼신할미는 누구인가?

삼신(三神)이냐, 산신(山神)이냐

지금이야 자식 없는 부모들이 후손을 갖기 위하여 진보된 과학에 많이 의존하지만 예전에는 삼신할머니(삼신할미)에게 비는 방법밖에 없었다. 뒤꼍에 정화수를 떠놓고도 빌고 서낭당에 가서도 빌었다.

아이를 점지해 달라고 비는 풍속은 우리나라에만 있었던 것은 아니다. 중국은 낭낭신(娘娘神)이나 송자관음(送子觀音)에게 빌고, 일본은 고야스가미(子安神)나 고야스칸논(子安觀音)에게 빌었다. 가만히 살펴보면 중국이나 일본은 불교가 들어온 후 아이를 점지하고 양육을 관장하는 관음이 등장하는데 반해 한국의 불교에는 그런 흔적이 없다. 올곧게 삼신할머니를 지켜 내려 온 것이다.

삼신(三神)을 문헌에서 찾아보면 아주 다양한 해석이 있어 정말 삼신이 무엇을 의미하는지 혼동이 온다. 그러한 다양한 해석을 크게 정리해 보자.

① 아이의 출산과 양육을 맡은 포태신(胞胎神)이며 양육신이니 곧 산신(産神)이다.
② 민족 고대사에 등장하는 국조 삼신인 환인·환웅·환검(단군)을 말한다.
③ 천지인 삼계를 다스리는 삼신상제(三神上帝)다.
④ 우주 창조력을 가진 한민족 신앙의 중심신이다.

이 삼신에 대하여 최남선은 『조선상식』「의례편」'삼신' 조에서 이렇게 기술하고 있다.

> 우리 고신도(古神道)에 있어서 중대한 위치에 있는 점이 분명한데, 후세에 와서 이 근본적 실체는 도리어 숨겨지고, 그 여러 속성 중에서 산육(産育)의 방면이 드러나고, 더욱 유아수호의 일면으로서 각 가정생활로 더불어 가장 신선하고 심중한 교섭을 가지게 되었다.

곧 최남선도 삼신이 아이들을 출산하고 양육하는 수호 기능이 강조되어 있지만 원래는 그 이상의 능력과 창조력을 가진 민족 신앙의 중심축에 있었던 신이었을 것으로 추측하고 있다. 그러나 삼신에 대한 기록을 『삼국유사』나 『삼국사기』에서는 확인할 수가 없다. 오히려 『환단고기』나 『규원사화』를 살펴보면 삼신에 대한 내용을 대강 짐작할 수 있다. 두 책에는 제천(祭天)에 대한 기록이 33회, 제삼신(祭三神)에 대한 기록이 30회 나온다. 곧 하늘에 제사지내는 대상 신이 삼신이었음을 알 수 있다. 또 삼신상제라는 용어를 쓰는 것으로 보아 삼신은 민족신앙 최고의 신격을 갖춘 것으로 보인다.

앞에서도 이야기했듯이 우리의 선조들은 우주의 모습을 크게 셋으로 나누었다. 바로 하늘[天]·땅[地]·사람[人]이다. 여기서 사람이란 천지간에 존재하는 모든 만물을 의미하고, 그 만물의 생명은 물에서 시작된다. 지구에 생명이 시작된 건 역시 하늘과 땅과 물이 있었기 때문이고 이 천·지·인의 조화 속에 모든 생명이 태어났다. 이 신비스런 우주 자연계의 현상에 우리의 조상들은 각각 신격을 부여하였다. 하늘을 관장하는 칠성신, 땅을 관장하는 산신(지신), 물을 관장하는 용신이다. 그러나 만물을 탄생시키려면 하늘·땅·물이 다 필요하다. 어느 하나 빠져서도 안 된다. 셋으로 나누어진 삼신(三神)이지만 셋은 단독으로 존재할 수 없는 불가분의 관계에 있다. 바로 삼신일체(三神一體)요, 삼신상제다.

우리 민속신앙에도 수많은 신들이 있지만 그 연원을 좇아 올라가면 다이 천신(天神)·지신(地神)·인신(人神) 세 가지 신에 포섭되고, 세 신은 결국 삼신상제로 돌아간다. '하나에서 셋이 나오고 셋은 그 근본을 다함이 없다'는 이 믿음은 우리 전통문화의 모태이며 뿌리 깊은 신앙이다.

이 삼신상제에서 모든 만물이 비롯되고 또한 자비롭게 만물을 품고 있기 때문에 그 신에게 자비로운 여성성을 부여하여 삼신할머니가 되고 마고할머니가 된다. 그래서 아득한 저때부터 지리산 노고단에 좌정하고 계신 어르신이 바로 삼신할머니인 것이고, 지금까지도 봉우리 이름으로 남아 끊어지지 않는 민족신앙의 생명줄을 잇고 계신 것이다.

세계에는 어디에나 지모신(地母神) 신앙이 있다. 대지는 모든 만물이 자라고 살아가는 터전이고 푸근하고 자애로운 어머니같이 뭇 생명을 보듬고 안아주니 자연히 여성 신격으로 나타나게 된다. 이것이 어머니의 땅, 지모신이다. 이집트에는 이시스, 그리스에는 가이아, 인도에는 프리티비(Prithivi)가 있고 우리나라에는 마고선녀(麻姑仙女), 곧 마고할머니가 있다. 지리산 노고단에 아득한 세월 이전부터 좌정하고 계신 지신(地神)이자 산신(山神)이시다.

지리산에는 주봉인 천왕봉 쪽에도 또 한 분의 산신이 있으니 바로 지리산 성모다. 그러나 그 연원을 살펴보면 역사의 변천에 따라 지리산 성모의 내용이 박혁거세의 어머니나 왕건의 어머니, 석가모니의 모친인 마야 부인으로 바뀌는 것으로 보아 노고단의 마고할머니보다 늦게 형성된 것으로 보인다. 조선 시대 선비인 김종직(1431~1492)과 그의 제자인 김일손(1464~1498)의 지리산 기행문에는 천왕봉 꼭대기 성모사(聖母祠)에 돌로 만든 성모상(聖母像)이 있음을 기록하고 있으나 이도 역시 노고단의 마고할머니보다 후대에 조성된 것일 것이다. 왜냐하면 신령(神靈)은 본래 형체가 없으나 인지(人智)가 발달하면서 신령의 모습이 조성되기 때문이다. 노고단의 마고할머니는 아무런 상이 없는데 천왕봉 성모사에 성모상이 있다는 것은 노고단이 가장 오래된 신단임을 말해 주기 때문이다. 그러나 천왕봉 성모사에 모셔졌던 성모상도 우여곡절 끝에 지금은 제자리를 떠나 지리산 동쪽 자락 산청군 시천면 중산리 천왕사에 모셔져 있다.

우리나라는 특히 산신 신앙이 강하다. 국토의 대부분이 산지이기 때문에 거의 모든 마을들이 산자락에 의지해 자리를 잡았다. 자연히 답답하고 풀

지리산 중산리 천왕사 성모상

리지 않는 일이 있으면 산에 들어가 산신님의 품에 안긴다. 그래서 '입산(入山)한다' 하고, '산에 든다'라고 말한다. 어느 마을에나 뒷산에 제당(祭堂)이 있고 어느 고을에나 진산(鎭山)이 있다. 몸이 아파도 빌고 일이 안 풀려도 빌고 가지가지 소원도 빈다. 모든 중생들의 바람을 묵묵히 다 품고 빌어주니 그 너른 품은 한량이 없다. 그래서 산신은 자비로운 여성성을 띠고 손자를 아낌없이 사랑하는 할머니라는 애칭이 붙는다. 오래된 산신의 기록을 보면 대개 여성신인 것은 이 때문이니 이를 한번 살펴보자.

경주 선도산 선도성모(仙桃聖母), 충주 월악산 월악신모(月岳神母), 보은 속리산 대자재천왕(大自在天王), 합천 가야산 정견모주(正見母主), 부산 금정산 고당(姑堂)할미, 포항 운제산 운제성모(雲梯聖母), 양산 통도사 변재천녀(辨才天女), 제주도 한라산 설문대할망이 있고 서울 북한산, 김제 모악산, 공주 계룡산 등도 여산신으로 알려져 있다.

어찌되었든 우리 한민족은 삼신할머니의 점지를 받아 태어나고 이 세상에 얼굴을 내밀 때는 삼신할머니의 애정 어린 매를 볼기에 맞고 울음을 터뜨렸다. 한민족은 누구나 태어날 때 푸른 반점이 있으니 몽고반점이라 하든, 몽골리안 버스 마크(Mongolian birth mark)라 하든 우리는 모두 삼신할머니의 자손이다.

삼신상제(삼신할머니)에게서 천신·지신·인신의 삼신이 나오고, 모든 산에 지신인 산신님이 좌정해 계시니 우리 문화에서 3이라는 숫자는 성스러울 수밖에 없다. 3을 길수(吉數)로 믿는 탓에 우리 문화는 3을 기본으로 하는 홀수 문화로 이루어져 있다. 이를 기수문화(奇數文化)라고 한다. 중국은 이와 반대로 음양론을 기반으로 하는 짝수 문화, 곧 우수문화(偶數文化)다. 한글의 모음도 천·지·인 셋을 기본으로 만들었다는 것은 다 아는 사실이다.

그렇다면 우리의 기수문화에는 어떤 내용들이 있을까?

북한산 원효암 산신각 여산신

•
계룡산 동학사 삼성각 내부. 여산신과 산신도

우리 민족의 '3'자 사랑

우선 우리의 전통음악이 3박자다. 정악이든 민속악이든 모두 3박자가 기본이다. 저잣거리의 풍물패부터 민요, 판소리, 궁중음악에 이르기까지 모두가 3박자 세상이다. 그러나 일본이나 중국의 전통음악은 2박자를 기본으로 한다. 근래에 나온 일본의 엔카(演歌)는 3박자인데 우리 전통음악의 영향을 받아서 만들어진 음악이다. 엔카를 처음 만든 사람은 고가 마사오(古賀政男, 1904~1978) 선생이다. 그는 여덟 살 어린 나이에 가족과 함께 조선으로 건너와 선린상고를 졸업하고 일본으로 귀국할 때까지 12년을 조선에서 살았다. 그의 형 가게에는 60여 명의 조선인이 일하고 있었는데 감수성이 예민한 성장기에 조선인들이 흥얼거리는 우리 가락을 듣고 자랐고 훗날 그의 음악이 한국의 전통음악에서 영향을 받았음을 고백했다. 그의 엔카에는 우리의 3박자가 녹아들어 간 것이다. 그 엔카가 다시 한국으로 들어와 트로트로 탄생하게 되었다. 그 뿌리가 한국에 있었기 때문에 모든 대중들이 쉽게 따라 불렀고 오랫동안 우리 음악계를 석권하게 된 것이다.

음악이 3박자이니 춤도 따라서 3박자다. 앞으로 세 걸음 내딛으면 뒤로 세 걸음 물러서니 이를 '전삼삼 후삼삼'이라고 부른다. 무슨 일을 할 때 세 가지가 잘 맞아 일이 순조롭게 잘 풀리면 흔히 '삼박자가 잘 맞는다'는 표현을 쓰는 것도 오랫동안 이어진 우리의 전통문화 속에서 만들어진 것이다.

우리의 전통 무예인 택견도 3박자이다. 고구려의 수박희(手搏戲)가 그 연원이라고 알려진 택견은 외적으로는 부드러워 보이지만 공격과 방어가 조화를 이루는 강력한 무술이기도 하다. 택견의 기본 동작에는 '품밟기'라는 것이 있다. '품(品)' 자처럼 삼각형 꼭짓점을 가상하고 두 발로 밟아 나가는데 '하나, 둘'에 아래의 꼭짓점을 차례로 밟고 '셋'에 위쪽 꼭짓점을 밟는다. 또

일제강점기에 촬영된 속리산 법주사 천왕문. 양쪽에 삼태극 문양이 보인다.

역순으로 밟아내려 오면서 발을 바꾸어 위쪽 꼭짓점을 밟는다. '품밟기'는 신체의 리듬을 익히는 최적의 방법이다. 전문가들은 택견의 강력한 무술적 힘이 이 '품밟기' 보법에서 비롯된다고 주장한다. 천·지·인 셋의 기운이 3박자로 함께 어우러져 부드러운 듯하면서 강력한 힘이 솟아나는 것이 바로 택견이다.

태극도 삼태극이다. 중국은 음양론에 따라 쌍태극이다. 조선 시대 말기에 국기를 급히 만들면서 비록 쌍태극을 갖다 썼지만 우리 문화는 전통적으로 삼태극이다. 천·지·인이 원활하게 융통하고 교섭해야 만물이 자연스럽게 번성하기 때문이다.

서원의 대문이나 왕릉의 홍살문에도 삼태극 문양이 많이 남아 있고 사찰에도 가끔 보인다. 특히 하동 쌍계사는 삼신산(三神山) 쌍계사라고 부르듯이 금강문, 사천왕문, 대웅전 등에서 삼태극 문양을 많이 볼 수 있다. 보은 속리산 천왕문 옛 사진을 보면 문 입구 양쪽 벽에 삼태극 문양이 그려졌던 것을 확인할 수 있다.

순천 송광사 약사전과 영산전도 문짝에 삼태극 문양이 그려져 있었지만 건물을 보수할 때 모두 사라졌다고 밝힌 논문도 있다. 절집에서도 으레 삼태극 문양을 써 왔던 풍습이 오히려 근래에 와서 사라졌다는 것이다.

이 천·지·인 삼재를 도상으로 나타내면 하늘은 둥그니 ◯이 되고 땅은 네모났으니 □가 되며 인은 천지간에 서 있으니 △가 된다. 바로 원(圓)·방(方)·각(角)이다. 삼원색은 만들 수 없는 근원적인 색깔이라는 뜻인데, 다른 색을 섞어서는 만들어 낼 수 없다는 의미이다.

원·방·각을 전통적인 삼원색으로 나타내면 천은 적색(赤色), 지는 청색(靑色), 인은 황색(黃色)이다. 그러나 빛의 삼원색은 적·청·녹색이다. 『재물보(才物譜)』에는 녹색을 청황색으로 보고 있어서 황색이 청황색에서 왔다고 볼 수도 있다. 중요한 점은 이 빛의 삼원색을 섞으면 곧 백색이 된다는 것이다. 백색에서 빛의 삼원색이 나오고 이 삼원색의 조합으로 온갖 색깔이 나타난다. 근본인 하나(삼신상제)에서 천·지·인이 벌어지고 천·지·인의 조화로 만물이 생장한다. 신관(神觀)을 대입하면 일신(一神)에서 삼신(三神)인 천신·지신·인신이 나오고 삼신에서 온갖 신이 파생된다. 색의 삼원색도 마찬가지다. 보통 빨강·노랑·파랑이라고 하지만 정확히 말하면 다홍색·노랑색·청록색이다. 이 세 가지 물감을 서로 섞어 다양한 색깔을 만들고 채색을 한다. 빛이든 색이든 모두 삼원색이 기본이 되어 있다. 선조들이 삼원색의 색깔을 정확히 알지 못했다 하더라도 세 가지 색이 기본이 된다는 것은 확실히 알고 있었다고 믿어진다. 이것을 알게 되면 우리 민족이 왜 백색을 좋아하는지, 농악꾼들이 왜 삼색 띠를 매는지, 부채에 왜 삼태극을 그리는지 이해하게 된다.

앞서 말한 원·방·각에서 가위[인]·바위[천]·보[땅]가 나오고 씨름의 삼세판이 나온다. 놀이판의 점수 계산도 1·3·5·7·9 홀수로 한다. 축의금도 홀수로 낸다. 그러나 중국은 축의금도 짝수로 낸다. 짝수가 길수(吉數)이기 때문이다. 초가도 삼칸을 기본으로 짓고 집을 더 크게 지어도 5칸, 7칸, 9칸으로 늘려 가지 짝수 칸으로는 짓지 않는다.

'3' 자가 두 번 겹치면 더욱 상서로운 수가 된다. 제야의 종도 33번을 친

•
쌍계사 금강문의 삼태극 문양

다. 원래는 조선 시대 한양 도성에서 4대문의 개방과 통행금지 해제를 알리는 타종, 즉 파루를 33번 친 데서 유래한 것인데 그 의미는 도리천(33천이라고도 한다)의 제석천왕에게 그날의 국태민안을 기원하기 위해서였다고 한다. '33'이라는 상서로운 수와 33천(三十三天)이라는 도리천의 별칭이 맞아 떨어진 것이다. 그래서 조선 시대 과거시험의 최종 합격자 수는 33명이고 3·1운동 당시의 민족 대표도 당연히 33명이 된다. 기수문화에서는 홀수가 두 번 겹쳐도 다 좋은 날이 되니, 설날(1월 1일), 삼짇날(3월3일), 단오(5월 5일), 칠석(7월 7일), 중양절(9월 9일)이 다 명절이 된다.

'3' 자를 좋아하는 것은 혼례와 장례의식에도 남아 있다. 조선 시대에 와서 중국의 『주자가례』를 좇아 모든 의례가 유교식으로 바뀌었지만 끝까지 바꾸지 않고 고수한 풍속도 있다. 예를 들면 중국은 신부를 신랑 집에 데려다가 혼례를 치르지만 한국은 신부 집에 가서 혼례를 치르고 또 일정 기간 신부 집에 머물다가 본가로 돌아오기도 한다. 중국은 혼례를 밤에 치르지만 한국은 낮에 치른다. 일부 지역에서는 함진아비가 신부 댁에 가서 '함 사시오' 하고 세 번 외치기도 하고, 신부가 신랑을 맞이하며 세 번 읍하고 신랑도 세 번 읍하는 곳이 있다. 또 신랑이 기러기를 받아서 상 위에 올려놓고 앞으로 나서서 삼배, 뒤로 물러서서 삼배 하는 곳도 있고, 신랑신부가 처음 맞절할 때 신부가 삼배 하고 신랑이 맞배 하는 곳도 있다.

제사를 모실 때도 제일 먼저 향을 피워 천계(天界)의 조상령을 모시고 술을 땅에 부어 지하의 조상령을 모시며 차린 음식으로 지상의 조상령을 모신다. 천·지·인 삼계(三界)에 계신 조상들을 모두 함께 청하는 것이다.

술도 당연히 세 번 올리고 나물과 과일도 삼색이 기본이다. 가짓수를 늘린다고 해도 항상 홀수로 늘린다. 철저하게 '3'을 기본으로 홀수를 지킨다. 목수의 톱질도 삼박자로 한다. 처음에는 가로로 당기고 두 번째는 반쯤 눕혀서 당기고, 세 번째는 거의 수직으로 당긴다. 한 번 톱질에 세 동작이 들어간다. 물론 가로는 땅이고 반쯤 눕힌 것은 인, 수직은 천이다. 목수가 가지고 다니는 연장도 33가지다.

무당들이 쓰는 모자에 고깔이 있다. 종이로 만들어 쓰는데 삼신고깔이라고도 부른다. 가운데에 높은 삼각 봉우리가 있고 양옆에 낮은 봉우리가 있다. 세 봉우리가 한 개의 산을 이루니 바로 삼봉일산(三峯一山)이요, 삼신일체(三神一體)다. 그래서 이런 형태의 머리 관이 있으면 삼산관(三山冠)이라고 한다. 국보 제83호인 금동미륵반가사유상에서 머리에 쓰고 있는 관이 바로 이 삼산관이다. 때문에 이 보살상을 삼산관반가사유상이라고도 부른다. 이 삼산관은 중국에는 없다. 일본에 있는 것은 백제의 영향을 받았기 때문이다.

국보 제83호 금동미륵보살반가사유상. 머리에 3면이 둥근 산 모양의 관(冠)을 쓰고 있어서 '삼산관반가사유상(三山冠半跏思惟像)'으로도 불린다.

삼산관 역시 천·지·인 삼재 사상을 보여 주는 우리 민족 고유의 보관이다. 삼산관에 관해 이곳저곳 외국의 영향을 받은 관으로 주장하는 이야기들이 많지만 필자는 이 삼산관이야말로 우리의 문화적 정체성을 지키고 있는 보물이라고 생각한다.

'3' 자를 좋아하다 보니 음식에도 삼합이 있다. 대표적인 것이 홍어삼합이다. 홍어, 묵은 김치, 돼지고기를 함께 먹는 홍어삼합은 이제 고향 전라도를 떠나 전국 어디에서나 먹을 수 있는 국민음식이 되었다.

생활 형편이 나아지고 냉장 시설의 보급, 물류의 활성화가 이루어지면서 이제는 새로운 삼합 음식이 많이 개발되어서 호평을 받고 있다. 차돌삼합(차돌박이, 키조개 관자, 나물)도 있고, 문어삼합(문어, 돼지고기 수육, 부추), 전복삼합(전복, 차돌박이, 키조개 관자)도 있고 꼬막 삼합, 장흥삼합, 두부삼합도 있다.

이렇듯 우리 문화에는 '3' 자에 대한 믿음, 기수 문화에 대한 사랑이 폭넓게 깔려 있다. 그것이 천·지·인 삼재 사상, 삼신 신앙에서 비롯된 것임은 잊어 먹었다고 하더라고 알게 모르게 그것을 지켜 왔고 지켜 가고 있다.

절집의 풍속도 또한 예외는 아니다.

절집에도 삼신할미가 산다

한국의 절집에서 꾸준히 지켜 내려 왔고, 지켜 가고 있는 양식 중의 하나가 바로 삼존불 양식이다. 우리나라 절집에서는 어디를 가나 기본적으로 삼존불을 모신다. 시대 상황에 따라 주존불로 모시는 부처님이 달라지긴 했어도 삼존불 양식은 꼭 지킨다.

삼존불이 아닐 때는 홀로 모시는 독존불이거나 아니면 늘려 가더라도 다섯 분, 일곱 분 등 꼭 홀수를 지킨다. 법당도 정면 3칸을 기본으로 5칸, 7칸 등으로 늘려 간다. 짝수 부처님을 모시거나 짝수 칸을 가진 법당이 없다. 철저하게 기수 문화를 지키고 있는 것이다.

그러나 중국이나 동남아 사찰에 가 보면 이런 기준이 없다. 몇 분 부처님을 모신 법당이 있는가 하면 수없이 많은 부처님을 모신 법당도 있다. 도대체 어떤 기준을 찾을 수가 없다. 일본 사찰의 경우는 종파불교의 영향으로 본

김제 귀신사 대적광전 삼존불. 비로자나불을 중심으로 좌측에 약사불 우측에 아미타불을 모셨다.

불국사의 석가탑과 다보탑

당에 독존불, 대사당에 종파의 종조 스님을 단독으로 모시는 경우가 많다.

탑도 마찬가지다. 인도에서 발생한 탑은 마치 발우를 엎어 놓은 것 같은 복발탑(覆鉢塔)으로, 재료는 벽돌이었다. 이 탑의 양식이 중국으로 들어왔으나 중국은 다층 건물을 짓는 전통이 있었기 때문에 벽돌을 소재로 하는 다층 전탑을 만들었다. 그러나 국토가 넓은 만큼 자연 환경에 따른 재료가 달라 자연히 나무나 돌로 만든 다층탑이 만들어지게 되었다.

이러한 다층탑의 양식이 삼국 시대에 들어왔다. 하지만 전탑은 벽돌을 따로 만들어야 하는 번거로움과 여름 장마, 겨울의 눈에 취약하여 정착되지 못했다. 목탑 역시 날씨 그리고 화재에 취약하다.

한반도는 좋은 화강암이 도처에 있었기 때문에 자연히 목조 건축을 본뜬 석탑이 출현하게 되고 점차 안정적인 모습이 나오면서 이중기단에 삼층 석탑이라는 기본 모델이 만들어지게 된다.

그 석탑이 바로 불국사의 석가탑이다.

그럼 왜 이중기단을 썼을까? 정답은 석탑의 높이를 법당의 높이에 맞추기 위해서였다. 단층기단을 쓸 경우 지붕돌도 더 커져야 하고 커진 비례만큼 기단부의 돌도 커져야 한다. 그렇게 되면 무게를 받는 지대석과 함께 그 지하의 구조도 훨씬 더 견고해져야 하고 크기만큼 무게도 늘어나 공사하기가 훨씬 더 까다로워진다. 이중기단을 택함으로써 탑의 몸집을 줄일 수 있고 법당과 어울리는 안정적인 모습을 유지할 수 있었다.

그럼 왜 삼층탑일까? 불교에서 가장 중요한 가치는 불·법·승 삼보(三寶)다. 삼보는 부처님[佛]과 부처님의 가르침[法]과 부처님의 가르침을 배우고 실천 수행하는 승가[僧]라는 세 가지 보배라는 뜻이다. 불교도는 당연히 이 삼보에 대해 공경·예배한다. 그래서 법당 안에서 부처님께 예경할 때에는 항상 절을 세 번 한다. 불·법·승 삼보에 귀의한다는 뜻이다. 이렇게 절집

지리산 대원사 산왕각 내부. 성모상과 탱화

에밀레박물관 칠성여신

고성 옥천사 칠성각·독성각·산신각·옥천각(용왕각)

에서 중요한 삼보와 민족 전통의 삼재 사상이 다 '3'을 중요시하니 서로 쉽게 어울려 삼층탑이라는 기본 양식으로 나온 것은 아닌가?

『법화경』의 핵심이 '성문·연각·보살이 하나의 부처님 세계로 돌아간다'는 회삼귀일(會三歸一) 사상이니 이 또한 전통 문화의 삼신일체 사상과 궤를 같이한다. 사실 기본 석탑을 왜 삼층탑으로 만들었는지에 대해서는 아직까지 정확하게 밝혀진 결론이 없다. 불·법·승 삼보와 천·지·인 삼재, 삼국통일이라는 시대적 과제가 서로 융합하여 불국사 석가탑으로 나타난 것은 아닐까 필자는 추정해 본다.

큰 절집에 들어갈 때는 세 문을 통과해야 한다. 일주문, 금강문, 사천왕문이다. 금강문이 없는 경우 해탈문을 세우기도 한다. 삼문을 통과해 올라가면 요즈음 큰 절집에는 삼성각이 있다. 물론 산신·칠성·독성을 모시고 있다. 앞에서 말했듯이 삼신할미[삼신상제]는 분화해서 천신(칠성신), 지신(산신), 인신(용신)으로 나누어 믿어졌지만 조선 시대 이전에는 민간의 신앙으로 이어져 왔지 절집에 들어오지는 않았다.

조선 시대에 들어와 불교는 유교에 밀려 국교로서의 자격도 잃고 국가의 지원도 끊어졌다. 불교계에서도 자구책이 필요했다. 효를 강조하는 유교이념에 따라 지장전과 시왕전이 합해져 명부전이 되면서 조상 천도나 예수재 의례가 정착돼 나갔다. 또 일반 백성들이 아직까지 굳게 믿고 있던 민간신앙을 절집에서 포용해 안게 되니 자연스럽게 산신각·칠성각·용왕각이 들어와 앉게 되었다. 전각에도 위계가 있어 불보살은 ○○전에 모시지만 이 세 신은 한 단계 낮은 ○○각에 모시게 된 점만이 다르다.

또 불보살은 중생제도를 위해 갖가지 모습으로 화현하여 중생을 깨달음으로 이끌어 가니 산신·칠성·용왕을 그 변화신의 하나로 간주하여 불교에서 포용한 방식을 택한 것이다. 그러다 세월이 지나가면서 용왕 신앙이 절

•
통도사 삼성각

공주 마곡사 산신각의 남녀 산신

대관령 박물관 삼신할미

집에서 점차 쇠퇴하였고 임진왜란 후에 독성 신앙이 일어나자 용왕각을 밀어내고 독성각이 나타나게 된다. 그러나 전통을 지키는 만신들은 아직도 용왕신을 굳건히 지키고 있다. 유명한 기도 신당에 가 보면 산신·칠성과 함께 용왕단은 꼭 모셔놓는다. 근대로 들어오면서 산신각·칠성각·독성각의 개별 건물들을 따로따로 유지 보수하기가 어려워지니 좀 더 쉬운 방법으로 한 건물 안에 모두 포용한 후 당호를 삼성각(三聖閣)이라 하고 내부에 산신·칠성·독성을 함께 모시게 되었다. 삼신할미(삼신상제)의 분신들이 여전히 절집에 살고 있는 것이다. 특히 산신각의 경우 옛 기록대로 여산신을 모시고 있는 절집도 꽤 많이 남아 있다. 지리산 대원사 산신각이나 법계사 산신각도 그렇고, 북한산 원효사에는 여산신이 암각으로 남아 있다. 파주 보광사 도솔암 산신각도 여산신이고 공주 마곡사 산신각에는 남녀 산신이 다정스럽게 앉아 있다. 학자들에 따르면 대개 여산신이었던 것이 조선 시대에 들어와 남존여비라는 남성 우위 사회가 되면서 남성 산신으로 대체되었을 것으로 보고 있다. 그래도 삼신할머니 신앙은 뺏을 수 없었으니 질기고 긴 민족 문화의 생명력이라고 하겠다. 또 산신(山神)은 지신(地神)이고, 만물의 모신(母神)이며 삼신할미의 분화신이니 절집에서도 삼신할미의 생명은 끈질기게 이어지고 있다 하겠다. _◑

에밀레 박물관 삼신할미

신선

불교와 도교의 대립

중국 후한(後漢) 명제 10년(AD67) 인도의 고승 축법란과 가섭마등이 낙양으로 들어온 것이 공식적으로 기록된 불교의 최초 중국 유입이다. 명제는 이 두 고승을 위해 중국 최초의 사찰인 백마사(白馬寺)를 세웠고, 포교를 허용하였다.

이때만 해도 기존의 종교적 기득권을 선점하고 있던 도교 측에서는 불교가 주장하는 내용이 도교와 유사하다고 생각하여 적극적인 반대가 없었다. 명예와 이익을 추구하는 세속을 떠나 이상세계로 가려는 뜻도 비슷하고, 중생을 이롭게 한다는 붓다를 불행을 물리치고 행복을 주는 신선이나 천제(天帝)로 해석하였기 때문이다. 또한 이 해 이전에 이미 실크로드를 따라 불교가 들어와 도교와 융합하며 민간에 퍼져 있기도 하였다. 그러나 두 스님은 물론 다양한 불교 경전이 유입되고 차츰 불교에 대한 국가의 지원이 늘어나자 상황이 달라졌다. 도교 측의 상실감은 커져갔고 차츰 불교와 대립하는 양상을 띠게 된다.

4년 뒤 정월 보름, 낙양성 남문 바깥으로 도성 사람들이 몰려들었다. 불교의 상승세에 도교의 도사들이 명제에게 스님들과 도력을 겨루게 해 달라고 요청했고, 명제는 이를 받아들여 시합 장소를 이날 이곳으로 정했기 때문이다.

대결 장소에는 높은 두 개의 단이 설치되고 한 곳에는 도교의 경전이, 또 한 곳에는 불교의 경전과 사리가 놓였다. 동시에 불을 붙여 타지 않는 쪽이 승리하도록 결정되어 있었다. 양쪽의 의식이 끝나고 드디어 불을 붙이자 도교의 경전은 모두 불타서 재가 되었지만 반대편에 있는 사리에서는 오색찬란한 빛이 나와 사방을 뒤덮었고 불경은 불에 약간 그을리기만 하였다. 게다가 가섭마등 스님은 허공으로 몸을 솟구쳐 자유자재로 날아다니기까지 하였다. 모인 사람들이 모두 경탄할 때 축법란 스님이 불법을 설파하자 누구나 빠짐없이 한마음으로 불교에 귀의하였다. 훗날 이 자리를 기념하기 위해서 세워졌던 동한석도분경대(東漢釋道焚經臺)라는 기념비는 1936년 지금의 백마사 경내로 옮겨졌다. 두 스님의 무덤도 백마사에 있다. 불교의 경전을 만들 때 노란 표지에 빨간 색실로 꿰매게 된 것도 불길 속에서 타지 않고 그을리기만 한 것을 기념하기 위해서라고 한다.

이러한 대결 내용은 불교를 선양하고자 당나라의 도선 스님(596~667)이 661년에 쓴 『집고금불도논형(集古今佛道論衡)』에 실려 있는 것이다. 하지만 불교와 도교가 서로 대립한 역사는 시초부터 있었음을 알게 해준다.

사실 불교가 중국으로 처음 들어올 당시만 해도 도교는 종교로서의 체제를 갖추지 있지 못했다. 도교는 훗날 전통적인 신선 사상에 노자의 『도덕경』의 가르침을 받아들이면서 차츰 하나의 종교로 성장해 나아갔다. 당연히 불교의 체제와 영향도 무시할 수 없었을 것이다. 그래서 불교에 불타(부처님)가 있다면 도교에는 옥황상제가 있고, 불교에 스님과 대장경이 있다면 도교에는 도사(道士)와 5,485권에 이르는 도장(道藏)이 있다. 또 불교에 법맥(法脈)이 있다면 도교에는 도맥(道脈)이 있고, 사찰에 대응하는 도관(道觀), 삼신불에 대응하는 삼청(三淸)이라는 체계가 있다.

중국 역사에서 불교는 네 번의 큰 탄압을 받게 되는데 이를 삼무일종(三武一宗)의 법난(法難)이라고 한다. 세 명의 황제는 시호에 무(武) 자가 있었고, 한 명은 후주(後周)의 세종(世宗)이었기에 이런 이름이 붙었다.

선비족 출신의 북위 태무제(408~452)는 중국 북부를 장악한 영웅이었지만 도사 구겸지와 한족 출신 관료 최호의 진언을 받아들여 폐불을 단행하며 불상과 경전을 불태우고 스님들을 묻어 죽였다. 도교를 받들었으나 44세로 독살되었다. 북주(北周) 무제(543~578)는 유교를 숭상하며 불교를 탄압했는데 사찰을 철폐하고 수많은 승려를 환속시켰다. 당나라 무종(814~846)은 도교 신봉자여서 불교를 핍박하였는데, 사찰 4,600여 개 소를 헐고 26만여 명의 승려를 강제로 환속시켰다. 불교뿐만 아니라 경교, 마니교, 조로아스터교도 모두 탄압하였다. 후주의 세종(921~959)은 경제적인 이유로 불교를 탄압하였는데, 지나치게 비대해진 불교 재산을 몰수하여 국가 재정을 확보하기 위한 정치적 결과였다.

결국 불교계는 도교와의 대립으로 두 번, 유교와의 대립으로 한 번, 재정적 이유로 한 번, 총 네 번의 폐불 사건으로 큰 타격을 입었다. 그런데 이상하게도 북위 태무제는 44세로 독살, 북주 무제는 35세, 당나라 무종은 32세로 요절했고, 후주 세종은 38세로 병사했다.

훗날 불교계에서는 폐불을 단행한 황제들이 요절하거나 병사한 것은 불교를 탄압해서 얻은 과보라고 이야기하기도 했지만, 어쨌든 불교가 도교·유교의 핍박으로 여러 번의 법난을 겪은 것은 역사적 사실이다.

도교의 한반도 유입

이렇게 불교와 도교가 대립한 역사는 고구려에도 있었다. 불교는 고구려 소수림왕 2년(372)에 받아들여진 후 다른 종교와 마찰 없이 정착해 내려왔다. 그러나 고구려의 마지막 왕인 보장왕(?~682)은 643년에 당에서 도교를 들여오자는 연개소문의 주청을 받아들여 당나라에 사신을 보냈고, 이에 당 태종은 도사 숙달 등 8명을 파견하고 『도덕경』을 보냈다. 보장왕은 이들을 맞이하여 사찰을 그들에게 내려 주어 도관으로 삼았다. 이로부터 고구려는 점차 도교를 장려하고 불교를 억제하는 정책을 펴기 시작했다. 보장왕은 누구의 진언도 듣지 않았다.

결국 고승 보덕 화상은 보장왕 9년(650)에 백제 완산주(지금의 전주) 고달산으로 옮겨 갔다. 수행과 학식이 높고 『열반경』에 통달하였기 때문에 이곳에 경복사를 세우고 강의를 시작, 훗날 통일신라 열반종의 종조가 되었다. 보덕 화상 이전에도 혜편(惠便), 혜자(惠慈), 승륭(僧隆), 혜관(慧灌) 등의 고승들이 교화하던 절을 도교에 빼앗기고 신라나 일본으로 흩어지기도 하였다. 고구려에서는 불교와 도교의 힘겨루기에서 불교가 완전히 밀려난 것이다.

백제도 건국 초부터 산천에 제사 지내는 의례가 있었겠지만 사비천도 이후에 다시 재편되었을 것으로 보인다. 백제는 고구려보다 12년 늦은 침류왕 1년(384)에 동진의 마라난타 스님이 오면서 불교를 공식적으로 받아들였지만 사비성[부여] 인근의 일산(日山)·오산(吳山)·부산(浮山)을 삼산(三山)이라 하고 '전성시대에는 그 산 위에 신인(神人)들이 있어 아침저녁으로 날아다녔다'고 기록하고 있다. 신인(神人)은 도교적 신선의 성격을 띠고 있는데 전통적인 산신 신앙에서 그렇게 기록한 것으로 추측된다.

신라도 원래 큰 제사를 모시는 삼산을 가지고 있었으니 곧 나력(奈歷)·골화(骨火)·혈례(穴禮)산이고, 모두 호국신이 거주하던 곳이다. 삼국통일 후에는 당나라의 오악 신앙을 받아들여 토함산·계룡산·지리산·태백산·팔공산을 오악(五岳)으로 하고 중간 규모의 제사를 올렸다.

곧 백제와 신라는 전통적인 삼신 신앙이 있어 나라를 지키는 호국신으로 삼았는데 삼국통일 후에 오악 신앙이 들어오면서 삼산오악으로 정비되었고, 오악에는 도교의 개념인 신군(神君)도 끼어들게 되었을 것이다.

그러면 불교 이전의 한반도에는 심신을 수련하는 수행법은 없었던 것일까? 아니다, 바로 선도(仙道)가 있었다.

신라의 대문장가 최치원이 지은 「난랑비서(鸞郎碑序)」에 다음과 같은 글이 있다.

> 우리나라에 현묘한 도가 있으니 '풍류(風流)'라고 한다. 가르침을 베푸는 근본은 『선사(仙史)』에 자세히 실려 있는데 실로 유불도 삼교(三敎)의 가르침을 다 포함하여 중생을 교화한다.

난랑이라는 화랑이 바로 이렇게 고유한 풍류도를 수련하였다는 의미이기도 하다. 신라의 사선(四仙)이라 하면 술랑(述郎)·남랑(南郎)·영랑(永郎)·안상(安詳)을 지칭하고 있는데, 강원도 지역에 이들이 다녀간 흔적이 여러 곳 남아 있다. 사선이 3일간 놀다 갔다는 삼일포(三日浦), 통천의 사선봉과 총석정, 간성의 선유담과 속초 영랑호, 금강산 영랑봉 등이 그런 곳이다. 강릉 한송정(寒松亭)에는 이들이 놀던 유적이라는 다천(茶泉), 돌아궁이[석조(石竈)], 돌절구[석구(石臼)]가 지금까지 전해지고 있다. 그러나 이들이 어떤 수련법으로 어떻게 수련했는지는 정확히 알 수 없는 것이 아쉽다.

신라에는 중국의 도교도 들어왔다. 『해동전도록(海東傳道錄)』에는 신라에 최초로 도교를 전한 인물로 김가기, 최승우, 자혜를 거론하고 있다.

김가기(金可紀, ?~859)는 당나라에서 해외 유학생의 과거 시험인 빈공과(賓貢科)에 급제한 인물인데, 신라로 돌아오지 않고 종남산으로 들어가 수련한 후 승천하였다고 한다. 중국에서 더 알려진 도사이다. 최승우(崔承祐, ?~?)도 빈공과에 합격한 인물인데, 귀국한 후 견훤에게로 갔으나 견훤이 왕건에게 패하면서 빛을 발하지 못했고, 자혜(慈惠) 스님은 생몰년이 미상이다.

최치원(857~?)도 어린 나이에 중국에 들어가 빈공과에 합격하고 「토황소격문」을 지어 문명을 날렸지만 도교도 배운 인물로 기록돼 있다. 곧 유·불·도 삼교에 통달한 인물이었다. 그가 쓴 글을 보면 삼교의 내용을 자유자재로 구사한 것을 알 수 있다. 하여튼 이런 분들에 의해 한민족 고유의 선도와 중국의 도교가 접촉하면서 새로운 모습의 도교로 나아간 것은 아닌가 생각되기도 한다. 그런 모습으로 나타난 것이 고려의 도교라고 믿어지기 때문이다. 고려 시대에는 불교가 국교였지만 도교는 왕실의 복덕을 비는 국가 의례로 중요시되었다. 예종(1079~1122)은 복원궁(福源宮)을 건립한 후 재앙을 물리치고 복을 비는 도교식 제사인 재초(齋醮)를 행하였다. 고려 초에도 이미 개성 송악산에 팔선궁(八仙宮)을 세웠다. 태조 왕건의 「훈요십조」 여섯째 항목에는 팔관회를 소홀히 다루지 말라고 하면서 '팔관(八關)은 천령(天靈) 오악(五嶽)과 명산·대천(大川)과 용신(龍神)을 섬기는 것'이라고 하여 불교의 연등회와 성격이 다름을 밝혀 놓고 있다.

인종(1109~1149) 때에 이르면 팔성당(八聖堂)을 짓고 각 당에 선인(仙人)을 모셨는데, 도교의 신인(神人)의 이름과 불보살의 명호를 아예 섞어서 쓰고 있다. 첫 번째 선인의 명호는 이렇다.

> 호국백두악 태백선인 실덕 문수사리보살
>
> (護國白頭嶽 太白仙人 實德 文殊師利菩薩)

이쯤 되면 불교인지 도교인지 분간하기가 어렵다. 아마도 국가적인 차원에서 모든 종교를 융섭하기 위해 나온 방안은 아니었을까 생각해 본다. 조선 시대 초기에도 고려 시대의 유습으로 소격서(昭格署)를 설치하고 태일전·삼청전에 도교의 신들을 모시어 국가의 안녕과 왕실의 번영을 비는 재초를 행하였으나 중종 13년(1518) 조광조의 강력하고 끈질긴 상소로 결국 혁파되었다. 이처럼 한반도에서도 오랜 기간을 지내면서 불교와 도교는 때론 다투고 때론 습합되며 영향을 주고받았다.

중국의 송자관음(送子觀音)은 아이를 점지해 주는 도교의 '송자낭랑'이 관음보살과 합쳐진 것이다. 부처님을 금빛 나는 신선이라 해서 금선(金仙)이라 불렀다. 또 금빛 얼굴을 가진 노자라고 하면서 황면노자(黃面老子)라는 별칭도 썼다.

한국불교에도 도교의 시왕(十王)이 들어왔고 부엌에는 조왕신(竈王神)이 좌정했다. 『북두칠성연명경(北斗七星延命經)』은 도교의 경전이지만 지금도 불교의 경전처럼 읽히고 있다. 이 경전은 설하는 이가 태상노군(太上老君), 바로 노자다. 노자는 실존인물로 알려져 있지만 도교에서 신격화되고 태상노군이라는 신선으로 자리 잡았다. 민간에서는 불교와 도교가 공존하면서 도교의 신선들도 생활 속으로 들어와 차츰 낯설지 않게 되고 옥황상제나 동방삭, 서왕모 같은 신선들의 명호도 흔히 쓰이게 되었다. 그럼 도교의 신선들은 언제 사찰에 들어왔을까?

신선들이 사찰에 나타나다

현재까지 남아 있는 사찰의 벽화나 탱화를 보면 고려 시대까지는 신선들의 모습을 그리는 풍속은 없었던 것으로 보인다. 아직 불교가 국교였고 국가의 지원을 확고하게 받고 있었기에 왕실이나 민간에 퍼진 도교의 신선들을 받아들일 필요성을 느끼지 못했을 것이다. 그러나 조선 시대에 들어오면서 상황은 180도 달라졌다. 국가의 지원은 끊어졌고, 도심의 사찰은 철폐되었으며, 사대부들의 발길도 저절로 줄어들었다. 사찰을 유지·보전하기 위한 재정적 압박이 심해지다 보니 저절로 스러지는 사찰도 생겨났고, 양반들의 횡포로 강제적으로 폐찰되는 사원도 발생했다. 사찰 터가 명당이다 보니, 조상

•
김홍도필 파상군선도(波上群仙圖)
파도가 치는 물 위를 걸어 서왕모의 잔치에 가는 신선들을 그림 그림이다. 해상군선도(海上群仙圖)라고도 한다.

태왕노군(노자)
백석생
동방삭
윤희
이팔백
적송자
동왕공
해섬자(하마선인)
이태백
조국구
한상자
철괴선생
종리권

의 묘를 쓰기 위해 힘없는 스님들을 완력으로 쫓아냈기 때문이다. 흥선대원군이 자신의 부친인 남연군의 묘를 쓰기 위해 폐찰시킨 충청남도 덕산의 가야사가 대표적인 사례라고 하겠다. 특히 정조가 1800년에 붕어한 후 안동김씨 한 가문에 모든 권력이 집중되면서 백성들의 살림은 더욱 곤궁해졌고, 불교계도 그 영향으로 더욱 더 피폐해졌다. 스님들의 숫자가 줄어든 것은 물론 신도들의 시주에 의해서만은 사찰 유지가 힘들었다. 스님들은 누룩을 만들고 종이를 뜨고 방아를 찧었다. 신도들도 사찰의 어려운 살림을 돕기 위해 칠성계, 산신계, 지장계 등을 만들었으니 일반 백성들의 평범한 바람인 무병장수·소원 성취·조상 천도를 빌어 주는 현세 구복적 모습이 확산되었다. 형편이 이러하니 민간에 익히 알려진 신선들의 벽화가 등장하게 된 것도 자연스러운 현상의 하나였다. 괴로움의 현실 세계를 벗어나 장생불사의 신선 세계로 가거나 번뇌가 끊어진 극락정토로 가는 것은 평범한 백성들의 꿈이었겠지만 점점 더 힘들어지는 세상살이에서 그 바람은 더욱 커질 수밖에 없었다. 조선 후기에 들어서면서 많은 사찰의 법당 내외의 벽이나 천장에 여러 신선들이 등장하게 된 것도 다 시대의 요청이었던 것이다.

신선이라 하면 우선 도교의 팔선(八仙)을 생각할 수 있다.

그럼 팔선은 누구누구인가?

종리권, 여동빈, 장과로, 이철괴, 하선고, 남채화, 한상자, 조국구 등이 도교의 팔선이다. 이 중에서 사찰 벽화에 자주 등장하는 인물이 이철괴와 여동빈이다. 이철괴는 정신이 육체를 빠져나갔다가 거지의 몸을 얻은 것이 달마대사가 총령에서 선정에 들었다가 또한 거지의 몸과 바꾼 것과 같은 내용이어서인지 여러 벽화에 그려져 있다.

여동빈은 보통 중생들처럼 세상풍파를 많이 겪은 데다 마조 도일 선사나 황룡 선사 등과 얽힌 이야기들이 있고 불교에도 조예가 있어서인지 자주 그려지는데, 법당 벽에 칼을 그릴 수는 없어서 얌전한 선비풍의 모습으로 나타난다. 이 팔선이 가지고 다니는 물건을 도안화하여 상서로움의 상징으로 나타낸 것이 암팔선(暗八仙)이니 우리 문화에도 여러 곳에 나타난다. 종리권의 파초 모양 부채, 여동빈의 칼, 장과로의 어고, 이철괴의 표주박, 남채화의 꽃바구니, 하선고의 연꽃, 한상자의 피리, 조국구의 음양판이 바로 그것들이다. 중국 문화가 '8'이라는 숫자를 애호하다 보니 암팔선 문양 외에도 팔보(八寶) 문양이 있다. 암팔선처럼 고정된 문양은 아니고 여러 가지 보배 문양 중에서 여덟 가지를 골라 쓰는데 흔히 다음의 문양들을 팔보 문양으로 많이 쓴다.

①돈 ②서적 ③경쇠 ④쑥잎 ⑤구슬 ⑥방승(方勝) ⑦연환(連環)
⑧물소 뿔로 만든 술잔

불교에도 당연히 팔보 문양이 있다. 티베트불교에서 많이 쓰이는 문양이기도 한데 우리나라 사찰에서는 많이 보이지 않는다.

①법라(法螺) ②법륜(法輪) ③보산(寶傘) ④백개(白蓋)
⑤연화(蓮花) ⑥보병(寶甁) ⑦금어(金魚) ⑧반장(盤長)

중국은 팔선 이외에도 다신교라고 할 만큼 수많은 신선들이 있다. 그중에서 우리나라의 그림이나 벽화에 자중 등장하는 신선들이 있으니 그 신선들의 유래를 살펴보자.

하마선인(蝦蟆仙人) 유해(劉海)

유해의 본명은 유조(劉操)인데 후량(後梁)의 재상을 지냈다. 어느 날 정양자(正陽子)라는 도인이 동전 열 개, 계란 열 개를 가지고 와서 번갈아 가며 수직으로 쌓아 놓고 유조에게 보여 주었다. 유조는 많은 녹을 받는 재상이지만 세상살이가 이처럼 위태하다는 뜻임을 즉시 깨달았다. 유조는 집안 식구들을 불러 모아 잔치를 베풀고 모든 재산을 나누어 준 뒤 병을 핑계로 조정을 떠나 산으로 들어갔다. 열심히 수련하다가 여동빈을 만나고 결국 신선이 되었다. 남루한 옷에 머리를 흩트리고 맨발의 모습인데 자신을 어느 곳에나 데려다 주는 영물 두꺼비를 타고 다녔다. 세 발만 달린 이 두꺼비가 가끔씩 심술이 나서 우물 속으로 도망쳐 숨으면 유해는 돈을 좋아하는 두꺼비를 불러내려고 긴 끈에 동전을 매달아 유인해 내었다. 두꺼비를 타고 다니면서 어려운 백성에게 돈을 나누어 주었다고 해서 새해가 되면 이 신선의 그림을 그려 붙이고 복을 빌었다.

두꺼비를 타고 바다를 건너간다 해서 호가 해섬자(海蟾子)라고 하며 성씨를 따라 유해섬(劉海蟾)이라고도 한다. 두꺼비를 하마(蝦蟆)라고도 부르기에 하마선인으로도 부른다.

서왕모(西王母)

여자 신선들을 총괄하는 우두머리 여선(女仙)으로 요지금모(瑤池金母), 왕모낭랑(王母娘娘)이라고도 하며 우리나라에서는 왕모님이라고 부르기도 하였다. 곤륜산 정상의 궁전에 기거하는데 궁전 왼편에 요지(瑤池)라는 아름다운 연못이 있으며 산 밑에는 약수(弱水)라는 강이 있다. 이 강은 용이 아닌 자가 건너가면 빠져 죽기 때문에 아무나 건너가지 못하도록 되어 있다. 해상군선

•
마곡사 대광보전 내부 벽화 중 하마선인 유해 부분

•
논산 쌍계사 벽화 중 서왕모도

도(海上群仙圖)는 여러 신선들이 바다를 건너가는 그림인데 그 바다가 이 강을 모티프로 한 것이다. 서왕모는 반도원(蟠桃園)이라는 복숭아 밭을 가지고 있어 신선들이 한번 먹어 보기를 원한다. 이 신비한 복숭아는 3,000년에 한 번 열리는 데다 한 번 먹으면 1,000년을 산다고 하기 때문이다. 손오공과 삼천갑자 동방삭이 훔쳐 먹은 복숭아가 바로 이 복숭아다. 이 반도 복숭아가 익을 때쯤 서왕모는 신선들을 요지에 초청해 나누어 주는 잔치를 여니 이를 요지연(瑤池宴)이라 한다. 이 장면은 그림으로도 많이 그려졌는데 바로 요지연도(瑤池宴圖)다.

『산해경』에서 묘사한 서왕모는 사람의 몸에 헝클어진 머리에 비녀를 꽂고 표범 꼬리와 호랑이 이빨을 가진 괴이한 모습이고 역병과 다섯 가지 형벌을 관장하는 죽음의 신이다. 고대로 올라가면 서쪽은 해가 지는 곳으로 어둠과 죽음의 땅이다. 자연히 서쪽에 있던 서왕모는 역병이나 재앙, 형벌과 죽음을 관장하였을 것이다.

그러나 죽음을 관장했다는 것은 그 죽음을 극복할 수 있는 능력도 가지고 있다고 간주되어 차츰 죽음보다는 영생과 불사(不死)의 신선으로 전환되었다. 반도 복숭아는 그 상징이다. 시대가 내려갈수록 서왕모는 온화하고 매력적인 여인으로 그 이미지가 바뀌게 되고, 음양오행설과 가부장적 관념이 세간에 뿌리 내리면서 동왕공(東王公)이라는 남편 신선까지 만들어 낸다. 한나라 무제(BC 156~BC 87)는 서왕모의 열렬한 신봉자로 사당을 짓고 서왕모의 강림을 기원하는 제의를 열심히 행하였는데 마침내 칠월칠석날 서왕모가 아홉 가지 빛깔의 용이 끄는 수레를 타고 천상에서 내려왔다. 한 무제가 불사약을 간청하자 서왕모는 기꺼이 반도 복숭아를 내려 주었다. 그러나 한 무제는 69세로 죽었다. 그래서 그 당시 한 무제의 신하였던 동방삭(BC 160~BC 93)이 반도 복숭아를 몽땅 훔쳐 먹고 자취를 감추었다는 이야기가 등장하게 된다.

이후에도 서왕모 숭배는 점점 깊어져서 일반 백성들의 민속 신앙에 깊이 뿌리 내렸다. 소원을 이룰 수 있는 대중적 신선으로 크게 지지를 받았고 시와 글의 소재로도 많이 인용되었다. 그러나 불교 신앙이 두드러지게 일반 사회에 퍼지면서 차츰 그녀의 대중적 인기는 관세음보살로 대치되어 간다. 관세음보살은 중생의 요구에 맞춰 갖가지 모습으로 화현해서 나타났기에 대중에게 훨씬 친숙했다.

청오공(靑烏公)

청오공은 팽조(彭祖)의 제자이다. 팽조는 은(殷, BC 1600~BC 1046)나라 말기에 이미 나이가 700여 세가 되었지만 늙지 않았다고 한다. 수정(水晶)과 운모와 사슴뿔을 복용하여 항상 소년의 모습을 유지했다. 목왕이 벼슬을 내려 주었으나 나아가지 않았다. 청오공은 도에 밝은 스승의 가르침을 받아서 참다운 신선이 되는 기묘한 이치를 다 터득하였고 화음산으로 들어가서 471세까지 살았다. 먹으면 무병장수한다는 금액(金液)을 복용하고 하늘로 올라갔다. 오래 산다는 사슴을 데리고 다니거나 타고 다니는 모습으로 많이 나타난다.

수노인(壽老人)

인간의 수명을 관장하는 남극성(南極星)을 의인화한 것이다. 수성노인(壽星老人)이라 부르며 줄여서 수노인이라고도 한다. 항상 보이는 북극성과 달리 전쟁이 나거나 나라가 혼란하면 보이지 않다가 천하태평이 찾아오면 비로소 모습을 나타낸다고도 한다. 이 수노인에게 비는 것은 수명장수뿐만 아니라

김홍도필 선객도. 수노인을 그렸다.

천하태평도 있다. 수노인은 작은 키에 이마가 높고 기다란 머리와 긴 수염을 가지고 있어 누구나 쉽게 알 수 있다. 거기에다 손에는 3,000년에 한 번 열리고 하나를 먹으면 1,000년을 산다는 반도(蟠桃) 복숭아를 들고 있고 사람은 도저히 알아볼 수 없는 영지(靈芝)를 산속에서도 찾을 수 있는 능력을 가진 수사슴을 대동한 형상으로 나타난다.

기해신선(騎蟹神仙)

신선의 반열에 올랐다면 매일 걸어 다닐 수는 없었을 것이니 그 타고 다니는 동물들도 다양하였다. 흔히 학을 타거나 사슴을 타지만 이태백은 고래를 탔고 유해는 세 발 달린 두꺼비를 탔다. 또 황안(黃安)이라는 신선은 신기한 거북을 타고 다녔다. 혜원 신윤복(1758~1814?)의 그림에는 특이하게 게를 타고 다니는 신선이 있는가 하면, 단원 김홍도(1745~1806?)의 그림에도 새우를 탄 신선이 등장한다. 옛사람들은 게가 전진과 후퇴가 분명하기에 청렴의 상징으로 삼았다. 또한 갑옷처럼 단단한 껍질에 싸여 있어 갑옷 '갑(鉀)'과 같은 음인 으뜸 '갑(甲)'으로 이해하였다. 이때의 갑(甲)은 과거 시험에 응시하여 으뜸으로 급제함을 뜻하기도 한다.

새우도 단단한 껍질을 갖고 있으나 등이 굽었다 하여 바다에 사는 늙은이라는 의미로 '해로(海老)'라 하였는데, 부부해로(夫婦偕老)의 '해로'와 음이 같아 부부가 해로한다는 좋은 상징으로도 쓰였다. 어쨌든 게나 새우나 좋은 의미의 동물이니 신선이 탔다고 허물이 될 일은 없다. 민간에서도 유명한 화가들이 그런 그림을 그렸으니 절집 벽화에 이런 그림들이 나타났다고 해서 하나도 놀랄 일은 아니다. 파주 보광사 대웅보전 안의 내벽에는 각각 게와 새우를 탄 신선이 그려져 있고 잉어를 탄 신선도 보인다. 잉어도 또한 세간을

파주 보광사 대웅전 내부 잉어를 탄 신선

파주 보광사 대웅보전 내부 새우를 탄 신선

•
파주 보광사 대웅보전 내부 게를 탄 신선

벗어나는 출세(出世)의 상징이기도 했으니 신선들이 타기에도 안성맞춤이었을 것이다.

실존 인물들도 후세에 신선으로 등극하여 많은 일화를 남기고 있는데 대표적 인물은 이태백일 것이다. 또 생몰연대는 정확치 않으나 뛰어난 수행력을 보인 사람들도 신선급의 대우를 받았으니 한산과 습득이 그런 수행자였을 것이다.

이태백(李太白)

시선(詩仙) 이백(李白, 701~762)을 모르는 사람은 없다. 우리나라 동요에도 등장할 만큼 유명한 당나라 시인으로 낭만적이고 즉흥적인 그의 시는 두보(杜甫, 712~770)와 함께 쌍벽을 이루었다. 술을 좋아해 주선(酒仙)이라 하기도 하고 이 세상에 귀양 온 신선이라 하여 적선(謫仙)이라고도 불렀다. 이는 도교에도 심취한 자유분방한 성격임을 말해 주기도 한다. 달밤에 채석강에서 최종지(崔宗之)와 함께 뱃놀이를 하다 술에 만취해서는 물속의 달을 잡으려다 빠져 죽었다. 그러나 이후에 그는 고래를 타고 신선이 되었다고 전해지게 된다.

두보가 그의 시에서 '고래를 타고 가는 이백을 만나거든(若逢李白騎鯨魚)'라는 시구를 썼다고도 하는데 정확하지는 않다. 오히려 송나라 시인 매요신(梅堯臣, 1002~1060)이 그의 시에서 '이백이 고래를 타고 하늘로 돌아가니(便當騎鯨上靑天)'라고 써 점차 이백이 신선이 된 것으로 굳어지게 되고 그림에도 등장하게 되었다.

상주 남장사 외부 벽화 고래를 탄 이태백

한산(寒山)과 습득(拾得)

당나라 때 호랑이도 타고 다녔다는 풍간(豊干) 스님이 어느 날 길가에 버려진 아이를 데려다 국청사에 맡기고는 '주워 왔다'는 뜻에서 '습득(拾得)'이라고 이름을 붙였다.

이때 국청사 뒤쪽 한암(寒岩)이란 석굴 속에도 한 스님이 살고 있었는데 당시 사람들이 이름을 몰라 '한산(寒山)'이라고 불렀다. 둘은 서로 어울려 놀며 남은 밥을 얻어먹고 잔심부름이나 청소를 하며 지냈는데도 언제나 웃고 떠들며 흥겹게 춤을 추었다. 대중들은 한산을 미친 사람으로, 습득을 모자라는 바보로 취급했지만 두 도인의 마음은 언제나 무사태평이었다. 그러나 그들이 지은 시는 예사로운 시가 아니었다.

吾心似秋月 오심사추월
碧潭淸皎潔 벽담청교결
無物堪比倫 무물감비륜
如何教我說 여하교아설
내 마음 밝기가 가을 달이요
깨끗하기는 맑은 연못이로다.
무엇으로도 견줄 수 없으니
나에게 무엇을 가르치겠는가.

여구륜이라는 벼슬아치가 이 고을의 자사로 부임하여 풍간 스님을 뵈러 갔더니 '나보다는 문수 · 보현에게 물어보라'며 국청사로 보냈다.

여구륜이 한산과 습득에게 예를 올리려 하자 둘은 '풍간이 실없는 소리를 지껄였다'며 절을 나가 돌아오지 않았다. 여구륜이 다시 예물을 갖춰 한암

마곡사 대광보전 내부 벽화 중 한산과 습득

굴로 찾아가니 둘은 여구륜에게 '도적놈아, 도적놈아' 하면서 석굴 속으로 들어갔고 돌문은 저절로 완전히 닫혀 버렸다. 여구륜은 성인을 친견하고도 법문을 듣지 못함을 섭섭히 여기며 숲속의 나뭇잎이나 석벽, 촌락의 벽에 써 놓은 세 사람의 시 300여 수를 골라 책으로 엮었다.

이밖에 모범이 될 만한 고사(古事)도 자주 그림의 소재가 되었는데 대표적인 것이 호계삼소도일 것이고, 장자방의 이야기를 담은 이교납리도도 절집의 벽화에 보인다.

호계삼소도(虎溪三笑圖)

동진의 혜원(334~416) 스님은 여산 동림사(東林寺)에 주석하면서 결코 산문 밖을 나가지 않겠다고 서원하였다. 누가 와도 절 초입에 있는 호계(虎溪)라는 개울에 놓인 다리를 건너가지 않고 손님을 배웅하였다. 깊은 산중이라 이 계곡 근처에서 호랑이가 흔히 울었던지 이름도 호계라 하였고, 다리 이름도 호계교(虎溪橋)라 하였다.

혜원 스님은 『사문불경왕자론(沙門不敬王者論)』을 지을 만큼 수행자로서의 긍지도 대단한 스님이었다. 출가 수행자는 왕이나 제후에게 예경을 올려서는 안 되며 세속법을 따라서도 안 된다고 당당히 책에서 주장한 것이다. 그만큼 기개도 있었으니 스스로의 약속도 굳건히 지켰던 스님이다.

어느 날 도교의 도사인 육수정(406~477)과 유교의 도연명(365~427)이 찾아왔다. 세 사람은 며칠 간 법담을 나누며 즐겁게 지냈는데 두 사람이 돌아가는 날 혜원 스님은 이야기하면서 배웅을 하다 자기도 모르게 호계교를 건너가고 말았다. 그때 마침 호랑이가 울었다.

혜원 스님이 깜짝 놀라 '내가 30년 동안 산문을 나가지 않았는데 그대들과의 즐거운 대화 때문에 그 서원을 잊어 버렸네'라고 말하였고 세 사람은 손뼉을 치며 크게 웃었다.

이 고사를 그림으로 그린 것이 호계삼소도인데 종교 간의 존경과 이해가 중요한 덕목임을 나타내는 것이어서 지금도 자주 이 내용이 거론된다. 사람을 위해 존재하는 종교이지 종교를 위해 존재하는 사람은 아니라는 메시지도 또한 포함하고 있다.

시선 이태백이 이 아름다운 고사를 그냥 지나칠 리 없으니 역시 시로 읊었다.

東林送客處동림송객처

月出白猿啼월출백원제

笑別廬山遠소별여산원

何須過虎溪하수과호계

동림사 절 앞에서 두 벗을 보내는데

달은 이미 밝게 뜨고 원숭이가 우네.

웃으며 헤어지는 여산의 혜원 스님

아뿔사, 호계의 다리를 건너고 말았네.

이교납리도(圯橋納履圖)

장량(張良, ?~BC 186)은 자(字)가 자방(子房)이라서 보통 장자방이라고 부른다. 중국 역사상 가장 위대한 책사(策士)로 알려져 있으며 좋은 참모를 지칭하는 일반명사로도 많이 쓰였다. 원래 한(韓)의 귀족 출신으로 조상들이 대대로 상국(相國)을 지낸 명문가였으며 집안의 노비만 300명에 이르렀다 한다. 진시황에 의해 나라가 멸망한 후 진시황 암살 계획을 짰지만 결국 실패로 끝난 후 이름을 바꾸고 숨어 살았다.

어느 날 흙으로 만든 다리를 지나는데 어느 노인이 장량을 보더니 신발을 벗어 다리 아래로 던지고는 신발을 좀 주워 달라고 부탁을 했다. 장량이 노인의 말씀에 공손히 신발을 주워 와서 건네주었더니 노인은 도리어 '주워 왔으면 당연히 신겨 주어야지' 하면서 발을 내밀었다. 그래도 장량은 거절하지 않고 공손히 신발을 신겨 드렸다.

노인은 그제서야 '자네는 가르칠 만한 사람이군. 닷새 뒤 여기에서 다시 만나세'라고 말했다. 장량이 닷새 후 다리로 가니 이미 노인은 나와 있었다.

•
용주사 대웅보전 내부 벽화. 왼쪽이 이교납리도 오른쪽이 호계삼소도

•
통도사 용화전 내 벽화. 서유기를 묘사한 그림이다.

'노인을 기다리게 한다'고 꾸지람만 받고는 다시 닷새 후에 만나기로 했다. 장량은 닷새 뒤에 새벽같이 다리로 갔지만 노인은 벌써 나와 있었다. 닷새 뒤에는 아예 전날 밤 한밤중부터 날이 새기를 기다렸다. 노인은 그제서야 장량에게 『태공병법서(太公兵法書)』를 건네주며 '10년을 공부하면 왕의 스승이 될 것이다' 하고는 사라졌다.

이 내용을 이교납리(圯橋納履), 곧 흙다리에서 신발을 (노인에게) 올린다고 하여 그림의 소재로 쓴다. 이 고사를 읽다 보면 노스님의 지시로 아홉 번 솥을 옮겨 걸다가 깨달음을 얻은 구정(九鼎) 선사의 이야기가 생각난다. 누군가에게 무엇을 진정으로 배우려 한다면 자신 안의 것을 모두 비워야 함을 깨닫게 하는 이야기의 구조가 같다. 장량은 결국 유방을 도와 한(漢)나라가 천하통일을 이루는 데 크게 기여했고, 처세도 잘하여 자기의 삶을 잘 마무리하였다. 전국 통일 후 벼슬을 버리고 은거한 곳이 경승지로 유명한 장가계(張家界)라 하는데 확인된 이야기는 아니다.

이외에도 사찰 벽화에는 『삼국지』나 『서유기』 같은 소설의 내용을 그리기도 하는데 이는 그만큼 민간에서 이런 소설들이 유행하고 있었기 때문에 시류에 맞추어 그린 것이라고 하겠다. 결국 일반 백성의 눈높이에 맞추어 벽화의 내용도 변한 것이니 그만큼 백성들도 친근한 마음을 가지고 절집에 드나들 수 있었을 것이다. _◑

제천 신륵사 극락전 외부 벽화. 사명대사행일본지도(泗溟大師行日本之圖).
사명 대사의 일본 방문을 표현한 그림이다. 일본을 향하기 직전 조선에서의 행렬을 그린 것이라는 주장도 있다.

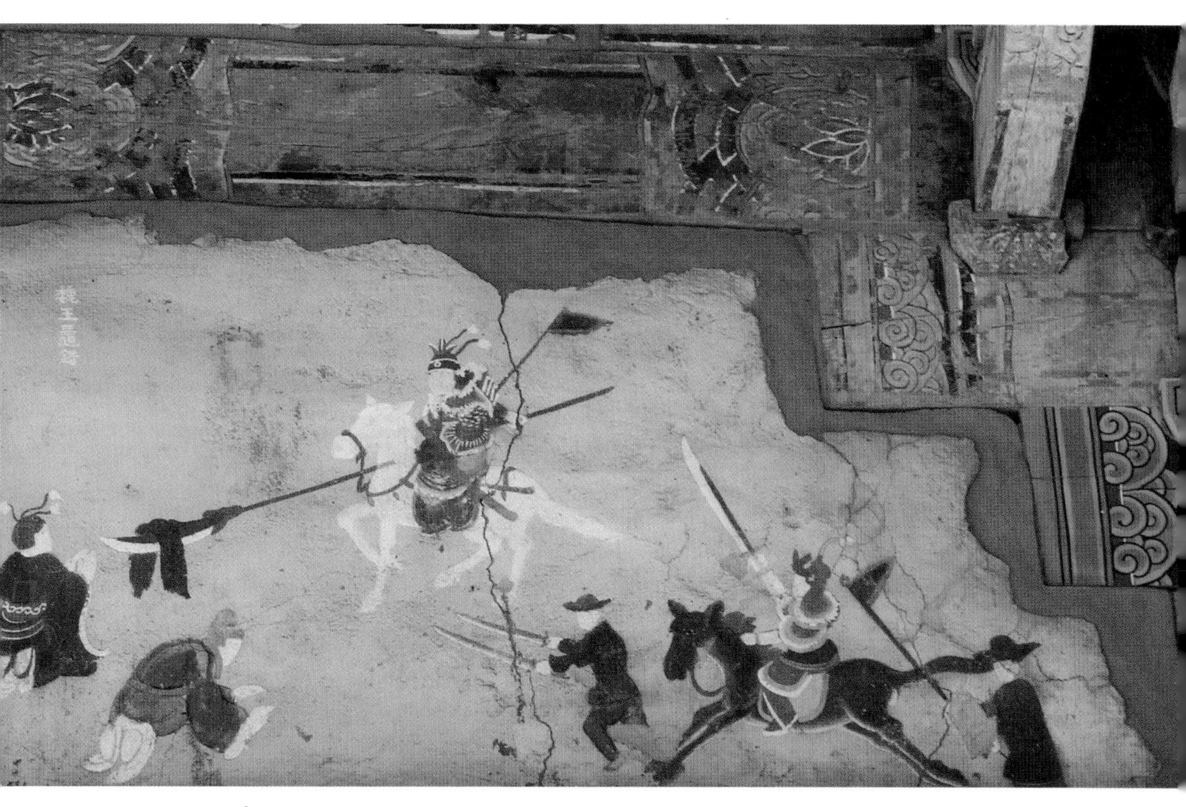

•
제천 신륵사 극락전 외부 벽화. 위왕 조조도(魏王 曺操圖).
삼국지 주인공 중의 한 명인 조조를 그렸다.

Ⅳ

꽃과 풀

연꽃·모란·포도·매란국죽

연꽃

기이한 식물-연(蓮)

일본의 식물학자 다이카 이치로(大賀 一郎) 박사가 일본 한 지방의 지하 3.9미터 니탄층(泥炭層)에서 약 2천 년 전의 연꽃 씨앗(연밥, 연자(蓮子)라고도 부른다.) 세 개를 발견한 후, 이 씨앗 중 한 개를 발아시켜 꽃을 피우고 결실을 맺게 하는 데 성공하였다. 1951년의 일이다. 이를 기념하여 연꽃 이름을 다이카렌(大賀蓮)이라 명명했는데, 현재는 일본을 비롯하여 중국, 인도, 독일, 미국, 호주 등지에서 재배하고 있다.

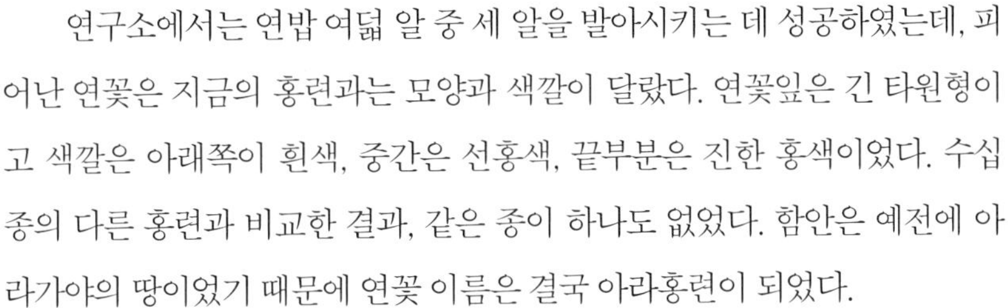

신라 시대 연꽃무늬 수막새

일본에 다이카렌이 있다면 우리나라에는 아라홍련(阿羅紅蓮)이 있다. 2009년 함안 성산산성 발굴 중 연밥 열여덟 알을 수습하였는데, 방사선 탄소 연대 측정 결과 650~750년 전의 씨앗으로 확인되었다. 대략 700년 전의 씨앗인 셈이다.

연구소에서는 연밥 여덟 알 중 세 알을 발아시키는 데 성공하였는데, 피어난 연꽃은 지금의 홍련과는 모양과 색깔이 달랐다. 연꽃잎은 긴 타원형이고 색깔은 아래쪽이 흰색, 중간은 선홍색, 끝부분은 진한 홍색이었다. 수십 종의 다른 홍련과 비교한 결과, 같은 종이 하나도 없었다. 함안은 예전에 아라가야의 땅이었기 때문에 연꽃 이름은 결국 아라홍련이 되었다.

이처럼 연꽃은 생명력이 매우 강하다. 연밥은 껍질을 벗기지만 않으면 땅속에서 3,000년을 견딜 수 있다고 한다. 명나라 이시진(1518~1593)이 쓴 『본초강목』에는 '연의 씨는 아주 여물어서 생명력은 가히 영구적이다. 씨 속의 심[薏]은 생명의 기운을 가지고 있으며 뿌리에서 트는 싹은 끊임없이 자라나 그 조화가 멈추지 않는다'고 기록하고 있다.

연은 원래 인도와 동남아시아, 호주 북부에 자생하는 식물이다. 연은 하(荷)라고도 부르며 별명으로 부용(芙蓉)이라고 부르는 등 여러 이름이 있다. 또 줄기, 잎, 뿌리, 열매를 부르는 명칭이 다 다르다. 식물의 부분 명칭을 이렇게 상세히 나눠 부르는 경우는 거의 없다고 한다. 그만큼 인간에게 중요한 식물이라는 뜻이기도 하다.

연은 크게 나누어 연꽃과 수련(睡蓮)이 있다. 물 위에 떠서 피는 꽃은 수련이라 하고, 물 위로 솟아올라 피는 꽃은 연꽃이라고 한다. 연꽃이나 수련이나 밤에 잠자는 것은 똑같아서, 해가 뜨면 꽃잎을 펴기 시작해 하루 종일 피어 있다가 해가 기울기 시작하면 꽃잎을 닫고 잠을 잔다. 그런데 수련은 아예 물밑으로 내려가 잠을 자기 때문에, '깊은 잠을 자는 연꽃'이라는 의미로 수련(睡蓮)이라는 이름을 붙인 것이 아닌가 짐작하기도 한다.

조선 시대 한양의 선비들은 한여름 연꽃이 필 무렵이면 서대문 밖 연지(蓮池)에 모여 연꽃 피는 소리를 감상하는 풍류가 있었다. 이른 새벽 말을 달려 연지에 모인 선비들은 배를 띄워 연꽃 밭으로 들어간다. 붓과 벼루, 안주와 술은 이미 배에 실렸다. 이윽고 해가 뜨고, 사람을 기다린 듯 연꽃 봉오리가 몸을 펴기 시작한다. 고요함 속에 연꽃이 터지며 형용하기 어려운 맑은 소리가 들려온다. 여름 더위는 이미 잊었고, 시상(詩想)만 나래를 펴고 날아간다. 이것이 바로 선비들의 여름 풍류, 청개화성(聽開花聲)이니 '연꽃이 피는 소리를 듣는다'는 말이다. 이런 풍류를 기록해 놓은 사람이 바로 다산 정약용(1762~1836)이다.

청나라의 문인 심복(1762~1822?)의 『부생육기(浮生六記)』에도 연향차(蓮香茶)를 만드는 비법이 나온다. 작은 비단 주머니에 싼 찻잎을 저녁 무렵 연꽃의 심방에 넣는다. 연꽃은 꽃잎을 오므리고 잠을 자는데 차를 품은 연꽃은 밤새 별빛과 달빛, 이슬을 맞으며 차의 향을 그윽한 연꽃의 향으로 만든다. 아침에 다시 연꽃이 피면 찻잎을 꺼내고, 그 찻잎으로 차를 우리면 연꽃 향이 배어나는 은은한 차가 된다고 한다. 연은 뿌리부터 연밥까지 모두 먹을 수 있는 식물이기도 하지만 이처럼 우리 생활의 풍류와 여가생활에도 큰 도움을 주어 왔다. 이런 문화는 지금도 연꽃 축제라는 이름으로 사찰과 민간에서 그 명맥을 이어 가고 있다.

연은 흙탕물에서 자라면서도 더러움에 물들지 아니하고 우아한 꽃을 피운다. 맑은 계곡물 속에서는 오히려 잘 자라지 않는다. 마치 번뇌와 탐욕에 휩싸인 세속에 살면서도 거기에 물들지 않는 청정한 마음을 지닌 군자처럼 언제나 자기의 맑은 성품을 지킨다. 이러한 처염상정(處染常淨)의 품성은 불교의 내용과 잘 맞아서 자연스럽게 불교의 상징 꽃이 되었다.

그러나 불교에서만 연꽃을 중요시한 것은 아니다. 불교 이전의 바라문교에서도 연꽃은 중요한 상징이었다. 바라문교는 훗날 불교의 영향을 받아 신앙 체계를 재정비하면서 기존의 민속 신앙도 융섭하여 지금의 힌두교가 되었는데, 그 고대신화에 세상의 질서를 유지하고 인류를 평화롭게 하는 비슈누 신의 이야기가 나온다. 태초에 세상의 모든 것이 혼돈에 빠져 있을 때 비슈누는 천 개의 머리를 가진 우주적인 뱀 아난타 위에 잠들어 있었다. 그때 그의 배꼽에서 연꽃이 피어오르며 창조의 신 브라흐마가 태어나고, 이마에서는 파괴의 신 시바가 태어났다. 브라흐마가 세상을 창조하자 비슈누는 그 세상의 질서와 평화를 유지하는 역할을 맡게 되고, 말세가 되면 그 세계의 파괴는 시바가 담당하기로 하였다. 이처럼 연꽃은 세상의 창조와 깊은 관련이 있는 꽃이다. 그래서 비슈누는 지물(持物)로 연꽃을 들고 있다.

불교에서도 마찬가지다. 우선 싯달타 태자가 룸비니 동산에서 태어났을 때 바로 일곱 걸음을 걸었고, 걸을 때마다 땅속에서 화현으로 피어난 연꽃이

통도사 영산전 팔상도 부분. 룸비니 동산에서 태어난 싯달타 태자 주변으로 연꽃이 둘러 있다.

此老貫太微宮
唯我獨尊
指天指地
温井

태자의 발을 떠받들었다고 한다. 연꽃에서 창조신 브라흐마가 나왔듯이, 연꽃이 태자의 발을 받들었다는 것은 이 탄생이 이미 상서로움을 알리는 징조인 것이다.

괘불도(봉은사, 조선 시대). 좌우에 가섭 존자와 아난 존자가 있고 하단에 문수와 보현이 있다. 부처님이 연꽃을 들고 있고 가섭 존자가 있으면 염화시중을 상징한다.

우리가 잘 아는 염화미소(拈花微笑)에도 연꽃이 등장한다. 『대범천왕문불결의경(大梵天王問佛決疑經)』에서 대범천왕이 금색의 바라화(연꽃)를 석가모니 부처님에게 바치며 법문을 청하자 석가모니 부처님은 아무 말씀도 없이 그 연꽃을 들어 대중에게 보였고, 가섭 존자만이 빙그레 웃음을 지어 보였다. 석가모니 부처님은 '나에게 정법안장(正法眼藏) 열반묘심(涅槃妙心)이 있으니 이를 가섭에게 부촉하노라' 말씀하시고 법문을 마무리하셨다. 이 내용을 '염화시중(拈花示衆) 가섭미소(迦葉微笑)'라 하는데 선종에서는 이심전심(以心傳心)의 전법(傳法)이 여기에서 시작되었다고 주장한다. 하여튼 석가모니 부처님이 들어 보였던 꽃도 역시 연꽃이었다. 대승불교 사상을 대표하는 경전 중의 하나인 『묘법연화경』에서는 책 제목에서 알 수 있듯이 부처님의 미묘한 가르침이 연꽃과 같다고 비유로써 설명하고 있다. 천태 대사(538~597)는 『묘법연화경』의 중요한 특징을 세 가지로 나누어 들고 있다.

1. 위련고화(爲蓮故華)

연밥을 맺기 위해서는 꽃이 먼저 피어야만 하듯이 어리석은 중생들에게는 우선 방편을 쓴다는 것이다.

2. 화개연현(華開蓮現)

연꽃이 피면 그 심방에 연밥이 같이 나타나듯이 어느 정도 수행이 된 사람에게는 방편과 함께 진실을 내보여 준다는 것이다.

3. 화락연성(花落蓮成)

연꽃이 지면 연밥이 홀로 드러나듯이 수행이 깊이 익은 사람에게는 방편을 쓰지 않고 바로 진실을 드러내서 이끈다는 것이다.

이처럼 연꽃은 중생의 근기에 따른 가르침을 잘 담고 있어서 경전의 제목으로 쓰였다고 한다. 또『대반열반경』에는 '일체중생 실유불성(一切衆生 悉有佛性)'이라는 구절이 있다. '일체의 중생은 누구나 부처님의 성품을 가지고 있다'는 뜻이다. 이러한 뜻을 상징적으로 잘 나타내고 있는 것도 또한 연꽃이다. 모든 중생은 탐욕과 번뇌의 진흙탕 속에서 때 묻은 모습으로 살아가지만, 그 더러움에 물들지 않는 연꽃처럼 부처님의 성품을 누구나 가지고 있다는 것이다.

불교의 상징이 되다

연꽃만큼 불교를 대표하는 꽃은 없다. 법당에 가 보면 내부나 외부나 전부 연꽃 밭이다. 추녀 밑 공포에도 연꽃이 숨어 있고, 문짝 아래 궁판에도 연꽃 문양이 그려져 있다. 법당 안 천장에도 수없는 연꽃 문양이 베풀어졌고, 수미단에도 연꽃이 곧 피어난 듯 여기저기 새겨져 있다. 부처님 좌대도 연화좌대이고, 수미단 앞 탁자에도 연꽃은 빠지지 않는다. 불교신도들이 두 손을 연꽃잎처럼 합쳐 모은다고 해서 연화합장이라 하고, 스님들의 가사를 연화의(蓮花衣)라고도 부른다. 극락세계를 연화세계라 부르고, 초파일에는 원찰에 가서 연등을 단다. 중요 무형문화재 제122호로 지정된 제등 행렬의 공식 명칭도 연등회다. 그럼 경전에는 이러한 연꽃에 대해 어떤 말씀이 있을까? 인도 출신의 학승 법호(法護) 스님이 1019년에서 1023년 사이에 번역한 『불설제개장보살소문경(佛說除蓋藏菩薩所問經)』은 제개장보살의 질문에 부처님이 대답하신 내용을 싣고 있는 경전인데, 여기에서 연꽃의 열 가지 덕[蓮花十德]에 대하여 말씀하셨다.

1. 이제염오(離諸染汚)

   연꽃은 진흙탕 속에서 자라지만 그 더러움에 물들지 않는다.

2. 불여악구(不與惡俱)

   물이 연잎에서 굴러 떨어지듯 나쁜 것과는 함께 하지 않는다.

3. 계향충만(戒香充滿)

   연꽃이 피면 진흙탕의 연못을 은은한 향기로 가득 채운다.

4. 본체청정(本體淸淨)

   어떠한 곳에 있어도 줄기나 잎은 청정함을 잃지 않는다.

5. 면상희이(面相喜怡)

   연꽃은 우아하고 연잎은 둥글어 누구나 보고 있으면 마음이 온화하고 넉넉해진다.

6. 유연불삽(柔軟不澁)

   연꽃의 줄기는 부드럽고 유연하지만 제자리를 지킨다.

7. 견자개길(見者皆吉)

   꿈에서 보든 실제로 보든 연꽃을 보면 다 길하다고 한다.

8. 개부구족(開敷具足)

연꽃이 꽃잎을 펴면 반드시 열매를 맺는다.

9. 성숙청정(成熟淸淨)

활짝 핀 연꽃은 맑고 깨끗한 기운을 사방에 펼친다.

10. 생이유상(生已有想)

연꽃은 싹이 날 때부터 연꽃의 싹인 걸 알아볼 수 있다.

사실 이 연꽃의 덕은 부처님이 항상 갖추고 계신 덕성을 견주어 말한 것이다. 또한 중생이 비록 세간의 더러움 속에 살고 있지만 부처님과 똑같은 불성을 다 간직하고 있으므로 자기의 수행에 따라 열 가지 덕을 다 성취할 수 있다는 상징이기도 하다.

현수 법장(643~712) 스님이 쓴 『화엄경탐현기』에서는 연꽃의 네 가지 덕을 이야기하고 있는데 바로 향(香)·결(潔)·청(淸)·정(淨)이다. 우아한 향기·뛰어난 고결함·티 없이 맑음·때가 없는 깨끗함이야말로 연꽃이 가지고 있는 덕이니 이 연꽃으로 만든 자리에는 누가 앉을 것인가?

여수 흥국사 관세음보살 벽화 부분.
문수동자가 연꽃 위에 서서 합장하고 있다.

안양암 팔상도 부분. 부처님이 연화대좌에 앉아 계시다.

바로 이 연화대좌는 불보살이 앉아야만 하는 자리인 것이다. 『대지도론』 제8권에는 부처님이 연꽃에 앉는 뜻에 대해 이렇게 설명한다. '평상은 세간의 속인들이 앉는 법이다. 연꽃은 깨끗하고 부드럽기 때문에 부처님이 신통력으로 능히 그 위에 앉아도 꽃이 무너지지 않음을 보이기 위해서다. 속세의 연꽃은 크기가 1척 정도지만 만타기니지(漫陀耆尼池), 아나바달다지(阿那婆達多池)의 연꽃 크기는 수레의 일산(日傘:해를 가리는 큰 우산)만 하다. 천상의 보배 연꽃은 이보다 더 커서 결가부좌하기에 족하다.' 결국 연꽃으로 이루어진 대좌는 크기도 크고 향기도 맑고 깨끗해 불보살이 앉을 만하다는 것이다. 우리가 법당이나 야외의 석불에서 가장 쉽게 볼 수 있는 것이 연화대좌인데, 사각이든 팔각이든, 목조든 석조든 연꽃 문양을 기본으로 하는 것도 다 이러한 여러 가지 의미를 갈무리하고 있기 때문이다.

연꽃 문양 가운데 여덟 장의 꽃잎을 가진 팔엽 연꽃은 특히 밀교의 신앙 체계에서 중요한 의미를 가진다. 지금은 밀교 계통의 종파가 약화되어 있지만, 고려 때에는 원나라의 영향으로 한동안 큰 세력을 떨쳤다. 원나라의 불교가 바로 티베트의 밀교였기 때문이다.

밀교는 『대일경』을 소의경전으로 하는데 대일여래는 바로 비로자나불이다. 태양을 중심으로 우주가 있는 것처럼 불교 세계의 중심에도 근원적인 부처님이 있어, 이 부처님으로부터 수많은 여래와 보살이 출현하는데, 그 근원적 부처님이 바로 대일여래라는 것이 밀교의 주장이었다. 그래서 모든 불보살 등을 그 지위에 따라 도상으로 만들어 놓은 것이 '태장계 만다라(胎藏界曼茶羅)'이다.

이 만다라에 보면 중심에 팔엽 연꽃이 그려져 있는데 이를 중대팔엽원(中臺八葉院)이라 한다. 연꽃 중앙에는 비로자나불인 대일여래가 앉아 있고, 주위에 네 분 부처님과 네 분 보살님이 배치되어 있다. 이 4불 4보살은 대일여래의 각 역할을 분담하고 있음을 나타내고, 그 밖의 세계도 결국 대일여래의 역할에서 분화된 것이라고 한다. 어쨌든 중대팔엽원의 팔엽 연꽃은 그 중심에 법신불인 대일여래가 있고, 주변 8엽은 중생제도의 화현으로 나타난 네 부처님과 네 보살을 의미한다. 팔엽은 떨어져 있는 것 같아도 다 연꽃 중심에 붙어 있는 것처럼, 모든 법은 하나의 법으로 귀결된다는 것을 상징하고 있는 것이다.

• 태장계 만다라(胎藏界 曼茶羅)

이 팔엽의 연꽃 문양은 부처님의 좌대나 두광(頭光)에도 많이 쓰이지만 지금도 복장 의식이나 점안 의식을 할 때 반드시 쓰는 물건이기도 하다. 부처님 복장에 넣는 사리병 함에는 팔엽대홍련도(八葉大紅蓮圖)라고 해서 종이에 그린 팔엽연화 문양이 방위에 맞추어 들어가고, 점안 의식을 할 때는 반드시 천장에서 내린 오색실에 금속이나 두터운 종이로 오려 만든 연꽃의 팔엽 문양을 묶어서 매달아 놓는다. 부처님이 세계의 중심, 믿음의 중심으로 모셔지기를 발원하는 의미로 해석할 수 있는 것이다. 이처럼 연꽃은 불교에서 다양한 의미를 가지고 있기에 절집의 건물에서부터 의식에 이르기까지 골고루 쓰여져 왔다.

군자의 상징

연꽃은 불교의 상징이지만 또한 선비들이 애호하는 꽃이기도 했다. 송나라의 주돈이(1017~1073)는 고결한 성품을 지닌 도학자이긴 하였지만 속세를 완전히 떠난 것은 아니었다. 벼슬살이도 했고, 도가(道家)에 대해서도 알았으며, 선종의 영향도 받은 사람이었다. 그런 그가 지은 〈애련설(愛蓮說)〉은 짧은 글이지만 후대 유학자들의 연꽃에 대한 인식을 규범 지을 정도로 심대한 영향을 미쳤다.

> 수중이나 지상에 있는 풀과 나무의 꽃에는 사랑스런 것들이 너무나 많다. 진(晉)나라 도연명은 유독 국화를 좋아했고, 당나라 이래로는 세상 사람들이 모란을 매우 사랑했다.
> 그러나 나는 오직 연꽃만을 사랑하리라. 연꽃은 진흙탕에서 났으나 더러움에 물들지 아니하고, 맑은 물에 깨끗이 씻기어도 요염하지가 않다. 줄기의 속은 텅 비우고도 겉모습은 반듯하게 서 있으며, 넝쿨을 치지도 않고 잔가지도 뻗지 않는다. 그 향기는 멀리 갈수록 더욱 맑으며, 곧고 깨끗하게 서 있어 멀리 바라볼 수는 있으나 가까이서 어루만지며 희롱할 수가 없다.

분청사기 연꽃 버드나무 무늬 납작병(조선 시대)

그래서 나는 국화는 꽃 가운데 은사(隱士)라 하고 모란은 꽃 가운데 부유한 자라 한다면, 연꽃은 꽃 가운데 군자라고 생각한다.
아, 국화를 사랑하는 이는 도연명 이후로는 드물었으니 나처럼 연꽃을 사랑하는 이는 몇이나 있을까? 모란을 사랑하는 이가 너무 많구나.

〈애련설〉에서 주돈이는 세 가지 뜻을 피력하고 있다. 첫째는 세상에는 사랑할 만한 꽃이 매우 많지만 사람에 따라 좋아하는 꽃이 각각 다르다는 것이며, 둘째는 자신이 왜 유독 연꽃을 사랑하는지 그 이유를 설명하였고, 셋째는 연꽃을 빌려 자신의 마음을 깨끗이 하려는 사람이 적고 부귀를 쫓는 사람이 많은 것을 개탄하고 있다.

짧은 글인데도 의미가 심장해서 읽을수록 그 의미가 드러나는 것이 바로 이 글이다. 예를 들어 '불만부지(不蔓不枝)'는 넝쿨 퍼지듯이 무엇을 잡으려 하지 않고 잔가지도 치지 않는 연꽃의 속성을 드러낸 말이다. 하지만 이 말을 빌려 주돈이가 말하고 싶은 것은, 부귀와 명예를 쫓는 사람이 세력가에게 빌붙거나 자기 세력을 키우기 위해 이런저런 사람들을 자기의 영향권에 두려는 자세를 비판하고 있는 것이다. 곧 군자로서의 몸가짐을 강조하고 있는 것이다.

중통외직(中通外直)도 같은 비유다. 연꽃의 줄기는 속이 비었지만 물속에서 꼿꼿이 서 있으니, 마치 대나무와 같이 지조를 지키고 있다는 뜻이다. 마음속에 헛된 욕심이 없어야 언제나 한결같은 지조를 견지할 수 있다는 군자의 도리를 비유로 말하고 있는 것이다.

조선조 말의 문장가 조긍섭(1873~1933)은 〈애련설비(愛蓮說批)〉라는 글을 지었는데 그는 이 글에서 '이 한 편의 글은 119자에 불과하지만 한 자도 옮기거나 움직일 수 없고 더하거나 덜 수도 없다'고 하며 최고의 찬사를 보냈다. 그러면서 〈애련설〉의 내용 한 구절 한 구절에 대한 주석을 달아 이것이 바로 군자의 참 모습을 그린 것이라고 하였다.

조선조 중엽에 살았던 선비 유박(1730~1787)은 뜻한 바 있어 벼슬을 하지 않고 꽃을 심어 가꾸면서 문인들과 교류하던 인물이었다. 그는 자신의 집을 백화암(百花庵)이라 부르기도 했는데, 『화암수록(花庵隨錄)』이라는 책에서 연꽃의 품성에 대해 이렇게 말하고 있다.

> 깨끗한 병 속에 담긴 가을 물이라고나 할까, 비 개인 맑은 하늘의 달빛이라고나 할까. 말하자면 홍련이나 백련은 강호에 뛰어나되 이름 구함을 즐기지 않지만 자연히 그 이름을 감추기 어려우니, 이것은 기산·영천 간에 숨어 살던 소부(巢父)·허유(許由) 같은 부류라고 하겠다.

소부와 허유는 숨어 사는 은사(隱士)로 굳이 명성을 구하지 않았지만 그 이름이 저절로 드러났듯이 연꽃도 그러한 품성을 지녔다는 것이다.

연꽃은 군자의 상징으로 선비들이 가져야 할 덕목을 상징하기도 했지만, 선비들의 실생활에서도 중요한 상징을 가지고 있었다. 조선 시대 유교의 선비들이 가정을 이끄는 덕목 중의 하나가 봉제사 접빈객(奉祭祀 接賓客)이었다. 조상의 제사를 잘 받들고 오는 손님을 잘 맞이해야 한다는 것이다. 조상의 제사를 잘 받들려면 대를 이을 아들을 낳아야 했고, 아들이 없을 경우 양자라도 들여야 했다. 연꽃은 이러한 바람에 잘 부합되었다. 연꽃은 꽃이 되면서 씨방이 같이 올라온다. 꽃과 열매가 같이 성장하기 때문이다. 연밥을 연자(蓮子)라고 하는데, 연(蓮)은 '연속할 연(連)'과 같은 음이라서 연자(蓮子)를 연생귀자(連生貴子)라고 풀어서 해석했다. 곧 연속해서 귀한 아들을 얻고 싶다는 소망을 담은 것이다. 게다가 연꽃은 씨주머니 속에 많은 연밥이 들어 있

•
운문사 오백전 벽화. 화병에 담긴 연꽃과 함께 물고기 그림을 그렸다.

•
서울 창신동 안양암의 연꽃 벽화. 새가 연밥을 쪼는 그림은 득남을 의미한다.

다. 씨앗이 많다는 것은 다자(多子)를 상징해 이 또한 자손창성을 바라는 소망을 잘 나타낸다. 또 새가 연밥을 쪼고 있는 그림도 많이 볼 수 있는데, 이 또한 빨리 득남하기를 바라는 마음을 담아낸 그림이라고 한다. 이러한 상징들로 인해 당연히 연꽃 그림은 조선 시대 민간의 집 안을 장식하게 되고, 결국 절집의 벽화에까지도 흔하게 나타나게 된다.

연꽃과 함께 수중에서 노니는 물고기 그림도 자주 등장한다. 연(蓮)이 연(延)이나 년(年)과 발음이 같고, 어(魚)와 여(餘) 역시 중국어로는 발음이 같기 때문에 연연유어(蓮蓮有魚)가 연년유여(延年有餘)로 해석되었다. 곧 해마다 풍족하고 여유 있기를 바라는 마음을 하나의 연꽃 그림에 담았다고 할 것이다. 연꽃과 원앙을 함께 그린 그림도 많이 보이는데, 이를 원앙희하(鴛鴦戲荷)라고 한다. 원앙은 금슬 좋기로 유명한 새이고, 연꽃의 다른 이름인 하(荷)는 화(和)와 중국어로 같은 음이다. 곧 남녀 간의 화목, 부부 화합을 바라는 소망을 연꽃 아래 유유히 노니는 원앙 한 쌍을 그린 그림으로 표현하고 있다 하겠다. 결국 연꽃은 군자의 덕목과 함께 선비들이 지켜 가야 했던 유교적 실천 항목으로서 자손창성, 나아가 실생활에서 갖추어야 할 부부 화목이나 여유로움 등을 상징했기 때문에 언제 어디서나 가까이 할 수 있는 꽃으로 자리 매김 하였을 것이다.

극락으로 갑시다 - 연화화생

인도의 고대신화에서는 비슈누의 배꼽에서 연꽃이 피어나고 그 연꽃 속에서 창조신 브라흐마가 나타나 세상을 창조했다고 한다. 하지만 또 다른 신화에서는 혼돈의 물밑에서 잠자는 영원한 정령 나라야나(Nārāyana)의 배꼽에서

연화화생. 5~7세기 제작 추정. 호탄에서 출토

연꽃이 솟아나면서 우주의 창조와 생성이 시작되었다고도 한다. 그러나 나라야나는 비슈누의 또 다른 이름이기 때문에 두 신화가 다른 것은 아니다. 결국 비슈누의 연꽃에서 세계 창조가 시작된 것이다. 이러한 인도신화는 불교에도 영향을 미쳤다. 서방정토에 왕생할 때 연꽃 속에서 다시 태어난다는 연화화생(蓮花化生)으로 연결된 것이다.

불교의 가장 이상적인 세계도 연화장세계라고 하는데 연꽃에서 출생한 세계 또는 연꽃 중에 함장(含藏)된 세계란 뜻이니, 청정국토인 극락세계에 태어나려면 연꽃이 등장할 수밖에 없다. 『불설아미타경』에서는 극락정토의 모습에 대해 '연못 속에는 연꽃이 피어 있는데 그 크기가 수레바퀴 만 하며 푸

•
호국지장사 극락구품도

른색에서는 푸른 빛이 나고 황색에서는 황색 빛이 나고 붉은색에서는 붉은 빛이 나고 흰색에서는 흰 빛이 나며 맑고도 미묘한 향이 나느니라' 하였고, 『불설무량수경』에서는 '이러한 사람이 임종할 때에는 무량수불(아미타불)이 여러 대중과 함께 그의 앞에 나투시나니 그러면 그는 그 부처님을 따라서 극락세계에 왕생하는데, 바로 칠보 연꽃 가운데 자연히 화생하여 다시는 물러나지 않는 불퇴전의 자리에 머문다'고 하였다. 또 『구품왕생아미타삼마지집다라니경』에는 '극락에 왕생할 때에는 평소의 수행과 그 정도에 따라 상품상생(上品上生)부터 하품하생(下品下生)까지 구품(九品)으로 나뉘어 태어난다'고 하였다.

극락세계에 태어날 때는 왜 연꽃에서 화생할까? 『연종보감(蓮宗寶鑑)』 권8에는 '정토에 나서 그 연태(蓮胎)에 들어가 모든 쾌락을 얻는다'라고 하였다. 연태는 꽃잎을 오므린 연꽃을 의미한다. 염불로 아미타불의 정토에 왕생하는 사람들은 연꽃 속에서 화생하는데, 그 편안하고 안락함이 마치 어머니의 자궁에서 태어나는 것과 흡사하기 때문이라는 것이다.

결국 극락세계에 가서 화생(化生)을 하든 이 세상에 다시 돌아와 환생(還生)을 하든, 연꽃은 그 상징으로서 우리 문화에 자주 등장하게 되었다. 『심청전』에서 심청이가 인당수에 몸을 던졌지만 용왕님에 의해서 연꽃으로 다시 떠올라 인도(人道)에 환생하고, 『장화홍련전』에서도 계모의 갖은 박해로 죽은 장화·홍련이 연꽃 두 송이로 나타나 이 세상으로 다시 환생하고 있다. 꽃상여에 연꽃이 장식되는 것도 마찬가지다. 연꽃이 재생과 환생을

법주사 석연지. 돌로 만든 작은 연못으로, 연꽃을 띄워 두었다고 한다.

고구려 무용총 천장과 벽 사이에 그려진 연꽃

상징하기 때문에, 다음 생에 다시 생명을 받아 좋은 세상에 태어나기를 바라는 백성들의 마음을 담아낸 것이다. 이처럼 정토에 태어나고자 하는 것은 불교 신도들의 궁극적 바람이었기 때문에 자연스럽게 연화화생을 소재로 한 그림도 고구려 시대부터 조선 시대까지 꾸준히 그려져 왔다.

중국 지안(集安)의 고구려 삼실총에는 연꽃마다 한 사람씩 화생하고 있는 벽화가 남아 있고, 장천 1호분에도 한 쌍의 남녀가 함께 연화화생하고 있는 벽화가 그려져 있다. 부부가 함께 극락세계에 태어나고자 하는 바람 때문에 한 송이 연꽃에 한 쌍의 남녀를 같이 그렸을 것이다. 백제의 유물로는 석연지(石蓮池)가 남아 있다. 연화세계를 상징하기 위하여 커다란 돌을 가공하여 연꽃을 기를 수 있도록 한 이 연지(蓮池)는 법당 앞에 배치되어, 정토에 가서 태어나려는 간절한 마음을 상징하였을 것이다.

이 석연지는 법주사와 공주박물관, 부여박물관에 남아 있는데, 이 석연지가 수조(水槽)를 거쳐 아예 연못을 파고 연꽃을 기르는 사찰 경내의 연지로 발전한 것으로 본다. 익산 미륵사지나 정림사지에 남아 있는 연지가 바로 그

•
지온인 관경십육관변상도

파주 보광사 대웅보전 후벽 연화화생도

흔적이다.

신라에도 구품연지가 있었으니 바로 불국사다. 불국사(佛國寺)는 이름 그대로 부처님의 나라, 정토세계이니 연못이 없을 수 없다. 그 연못을 청운교, 백운교 아래에 만들었다고 한다. 비록 지금은 메워져 맨땅이 되었지만 배를 띄워 연못에 들어갈 수 있었다고 하니 무척 큰 연못이었을 것이다.

고려 불화 속에도 연화화생을 그린 것이 여러 점 남아 있는데, 거의 일본에 건너가 있다. 지온인(知恩院) 소장 〈관경십육관변상도〉에는 극락에 왕생한 중생들이 갖가지 색깔의 연화좌대에 앉아 있다. 어느 스님은 아미타 삼존에게 예경하느라고 등을 돌리고 앉아 있고, 어느 중생은 이제 막 극락에 태어난 듯 정면을 향해 합장하고 있다. 스님도 있고, 여자도 있고, 남자도 있으며, 연꽃 색깔도 제각각이고 입고 있는 의상도 다양하다. 자세히 보면 각각의 연못에는 구품(九品)으로 나뉘어 화생하는 각 품의 이름의 쓰여 있다.

이 지온인에는 조선 초기의 〈관경변상도〉가 두 점 더 있는데, 여기에도 스님들과 일반 중생들이 연꽃 위에서 화생하는 모습이 섬세한 필치로 그려져 있다. 원래 『관무량수경』에는 수행한 사람이 어떻게 극락에 왕생하여 어떤 품(品)으로 태어나는지 그 구품(九品)에 대하여 상세하게 말씀하고 계시기 때문에, 이 『관무량수경』의 내용을 그림으로 나타낸 〈관경변상도〉는 항상 연화화생하는 중생들의 모습과 그 연못을 함께 표현하고 있다.

일본에는 이른 시기에 연화화생을 나타낸 문화재가 있는데 바로 나라(奈良)의 추구사(中宮寺)에 있는 〈천수국수장(天壽國繡帳)〉이다. 극락세계인 천수국에 가기를 바라는 마음을 자수로 놓은 작품으로 가로 8미터, 세로 2미터나 되는 대작이다. 일본 불교문화의 초석을 다진 쇼토쿠 태자(聖德太子, 574~622)를 기리는 뜻으로 그가 죽은 뒤에 제작된 것으로 추정하고 있는데, 그 밑그림이 고구려의 영향을 받은 것으로 알려져 있다. 고구려의 담징

•
직지사 대웅전 후불탱 부분

•
용문사 대웅전 문창살

(579~631)이 나라 호류지(法隆寺)의 벽화를 그렸으므로 일본 불교문화에 고구려 문화의 특징이 나타났다고 해서 크게 어색한 일은 아닐 것이다. 실제로 이 자수의 문양은 고구려 고분벽화의 문양과 아주 유사하다.

조선 시대에서도 연화화생 그림은 반야용선과 함께 계속 그려졌는데, 탱화로도 그려졌지만 법당의 외벽이나 내벽에도 남아 있다. 대표적인 외벽 그림은 파주 보광사 대웅보전 뒤편 외벽에 그려진 연화화생도일 것이다. 흙벽이 아니라 나무 널벽에 그려진 독특한 이 벽화는 1898년경에 그려진 것으로 추정하고 있는데, 외벽에는 연화화생도 외에도 문수보살, 보현보살, 위태천, 금강역사부터 호랑이까지 다양한 그림이 그려져 있다.

이 연화화생도는 위편에 궁전 누각과 칠보문, 극락조, 영지 문양, 산개(傘蓋) 등을 간단히 표현하여 이곳이 극락정토임을 나타내고, 그 아래에 불보살님을 세 분씩 3단으로 배치하였다. 나머지 빈 공간에는 극락에 왕생한 사람들이 연꽃이나 연잎 위에서 불보살들에게 예경하는 모습을 그려 넣었는데, 이는 결국 구품으로 나뉘어 화생하는 광경을 묘사한 것이다. 오른쪽 상단 모서리에는 다섯 분의 스님이 청색 연밥을 갖춘 커다란 연화대에 예경하는 모습도 보이는데, 연화대는 바로 아미타불을 상징하고 있기 때문이다.

이렇듯 연꽃은 인도신화에서부터 생명의 탄생이라는 중요한 상징으로 나타나기 시작해 불교의 처염상정, 유교의 군자 등을 아우르는 꽃으로 자리 잡으면서 아시아 어디에서나 환영받는 식물로 성장하였다. 또한 뿌리에서부터 연밥까지 모든 중생의 먹거리가 되는 자원이면서도 끈질긴 생명력으로 지금까지 그 명맥을 이어 오고 있다. 그러나 무엇보다도 우리 중생들이 가고자 하는 정토, 맑고 청정한 극락세계의 꽃으로 항상 우리들을 경책하는 의미를 담고 있는 꽃임도 잊지 말아야겠다. _◑

모란

중국의 대표화

서양에 '꽃 중의 꽃' 장미가 있다면 동양에는 '꽃 중의 왕' 모란(牡丹)이 있다. 모란은 꽃송이가 크고 화려한데다 색깔도 다양해 다른 꽃에 비유할 수가 없다. 한문으로는 牡丹(목단)이라고 쓰지만 우리말의 활음조 현상으로 모란이라고 부르는 이 꽃은 가장 중국적인 꽃이며 또한 중국인에게 가장 사랑받는 꽃이다.

꽃 중에서 풍성하고 아름다운 풍염(豐艶)의 꽃으로는 모란이 단연 1순위에 꼽혀 왔기 때문에 부귀화(富貴花)라고도 부르며 꽃 중의 왕이라고 해서 화중왕(花中王)이라고도 부른다. 이외에도 백화왕(百花王), 천향국색(天香國色), 낙양화(洛陽花), 화신(花神) 등 여러 가지 이름으로 부른다.

모란과 비슷한 꽃으로는 작약(芍藥)이 있다. 작약(함박꽃)은 여러해살이 초본(草本)이고 모란은 낙엽관목인 목본(木本)이어서 모란을 목작약(木芍藥)이라 부르기도 한다. 작약은 풀이기 때문에 해마다 땅속에서 줄기가 올라와 꽃이 피고 모란은 나무이기 때문에 가지 끝에서 싹이 나와 꽃이 핀다. 그래서 모란을 화왕(花王), 작약을 화상(花相)이라고 부르기도 한다. 모란이 꽃 중의 왕이라면 작약은 재상에 해당한다는 것이다.

모란은 중국이 원산지이다. 수나라 때인 6세기에 그 이름이 알려지면서 재배하기 시작하였는데, 당나라 때에 이르러 크게 유행하였다. 당 고종과 측천무후 대에 모란이 처음으로 궁중의 후원에 심어져 세상의 주목을 받기 시작했고, 현종이 양귀비의 아름다움을 모란에 비유하고 크게 사랑했기에 민간에서도 다투어 재배하기에 이르렀다.

어느 날 현종은 귀한 모란이 많이 심어져 있는 흥경궁에 양귀비를 데리고 나아가 주연을 베풀었는데 이태백으로 하여금 이 풍경을 시로 지으라 명

령했다. 이태백은 즉석에서 〈청평조(淸平調)〉 3수(首)를 지어 올렸는데 이 일로 인해 모란은 화왕(花王)의 지위에 오르게 되고 또한 최고 미인의 상징으로 세간에 널리 퍼지게 되었다.

특히 이 〈청평조〉의 세 번째 시가 압권이었다.

名花傾國兩相歡 명화경국양상환
常得君王帶笑看 상득군왕대소간
解識春風無限恨 해식춘풍무한한
沈香亭北倚欄干 침향정북의난간
명화[모란]와 경국지색[양귀비]이 서로 기뻐하니
군왕은 언제나 웃음 지으며 (양귀비를) 바라보네.
봄바람이 끝없이 시새움 하는 것을 알면서도
침향정 북쪽 난간에 기대어 서 있네.

모란과 양귀비가 서로 쳐다보며 아름답다고 기뻐하는 모습과 이를 바라보는 현종, 이러한 광경을 봄바람이 시샘하며 불어오는데 자리를 뜰 줄 모르는 양귀비의 아름다운 모습이 저절로 떠오른다. 오죽하면 현종이 양귀비를 해어화(解語花 : 말을 알아듣는 꽃)라고 하였을까.

이처럼 화왕의 지위에 오른 모란의 명성은 송나라 때까지 계속 이어졌다. 정치가이자 문인으로 이름 높았던 송나라의 구양수(1007~1072)는 모란에게 최고의 예찬을 헌사한다. 그가 쓴 〈낙양모란기(洛陽牡丹記)〉는 모란에 대한 최초의 전문서인데, 모란은 여러 지방에서 자라지만 낙양의 모란이 천하제일이라고 이야기하며 31종의 모란 품종을 기록해 놓았다.

또 모란을 낙양화(洛陽花)라고 부르게 된 연유도 밝혀 놓았다. 측천무후가 조서를 내려 '상원(上苑)에 놀러갈 테니 모든 꽃들은 피어 있으라' 명령했지만 모란만이 그 명령을 듣지 않아 낙양으로 쫓겨났고, 그 이후로 낙양화로 부르게 되었다고 한다. 실제로 낙양은 13개 왕조의 수도로서도 유명하지만 모란으로도 유명한 도시다. 현재 낙양 중국국화원(中國國花園)에는 1,000여 종의 모란 품종 50만 송이가 재배되고 있다.

구양수는 또 '모란에 이르러서는 굳이 꽃 이름을 부르지 않고 바로 꽃이라고 하면 된다. 그 뜻은 천하의 진정한 꽃은 오로지 모란뿐이기 때문이다.'라고 써서 '꽃'이라 하면 바로 '모란'을 의미하는 것이라고 최고의 찬사를 보냈다. 중국음식점에 가면 왜 그렇게 모란꽃이 많은지 이 글을 보면 자연히 이해가 된다. 풍려함과 존귀함, 아름다움을 다 갖추었고 꽃 중의 왕으로서의 지위도 얻었으니 모란은 지금까지도 중국을 대표하는 꽃으로 굳건한 자리를 지키고 있다.

그러나 중국이 공식적으로 모란을 국화(國花)로 지정한 것은 아니다. 청나라 시대까지 모란이 최고의 꽃나무로 인정을 받아 왔지만 신해혁명으로 중화민국이 건국되면서 1929년에 모란이 아닌 매화를 국화(國花)로 정하였다. 그러다가 중화인민공화국이 들어서며 국화를 폐지했고 대만으로 물러난 중화민국에서만 매화를 국화로 유지하고 있다. 중화인민공화국에서는 지금까지 여러 의견이 상충되어 국화를 지정하지 못하고 있지만 중국인들은 모란과 매화를 둘 다 국화라고 생각하고 있다.

그럼 이 모란이 언제 한반도에 들어왔을까?

선덕여왕과 모란

모란이 우리나라에 들어온 것은 신라 진평왕 때로 알려져 있는데 『삼국유사』, 『삼국사기』에 그것에 관한 기록이 있다.

> 당 태종이 붉은색·자주색·흰색의 모란꽃을 그린 그림과 씨 석 되를 보내왔는데 왕의 딸 덕만공주(후일의 선덕여왕)가 이 그림을 보고 '나비가 없으니 향기가 없는 꽃'이라고 말했다. 모란을 심어 보니 역시 향기가 없어 나비가 날아오지 않았다.

모란은 향기도 있고 나비도 날아 들지만 모란 그림에는 나비를 그리지 않는 것이 중국의 풍습이다. 나비의 날갯짓이 질수(耋壽 : 80)를 뜻한다고 해서 나비를 그려 넣으면 '부귀를 80세까지만 누리라'는 제한적 의미로 읽을 수 있어 나비 그림을 피한다는 것이다. 하지만 그 당시에도 이러한 상징이 존재했는지는 확실히 알 수 없다.

신라가 삼국통일을 한 시기는 당나라가 정치적·문화적 안정기에 들어섰던 때다. 이에 따라 수많은 사절과 유학생·유학승들이 당나라를 오가면서 당나라 문화가 신라 땅에도 전해졌을 것이고 더불어 모란에 대한 사랑과 함께 재배지도 늘어갔을 것이다.

당나라 시인 유우석(772~842)은 아예 모란을 국색(國色)이라고 표현하면서 모란을 극찬했다.

> 庭前芍藥妖無格정전작약요무격
>
> 池上芙蕖淨少情지상부거정소정

唯有牡丹眞國色유유모란진국색

花開時節動京城화개시절동경성

정원의 작약이 요염하지만 품격이 없고

연못 속의 연꽃은 깨끗하지만 열정이 적네.

오직 모란만이 진정 나라의 으뜸 꽃이라

꽃이 피는 시절에는 온 서울이 들썩이네.

이러한 상황은 신라말까지 이어졌고 최치원(857~?)도 당나라에서 돌아와 가야산 청량사, 지리산 쌍계사, 석남사 등에 모란을 심었다고 전하고 있다.

고려 시대에도 이러한 풍습은 그대로 이어졌다. 모란은 궁궐에서부터 권문세가에 이르기까지 귀한 대접을 받았고 비싼 모란을 앞다투어 심었다. 당나라 때에도 귀한 모란은 그 값이 비단 25필과 맞먹는다 했으니 지금의 명품을 사듯 서로 경쟁하였던 세태는 세상의 비판을 받기도 하였다.

고려 현종(재위 1009~1031)은 대궐 안 사루(紗樓) 앞에 손수 모란을 심었고, 예종(재위 1105~1122)은 이 사루에서 모란에 대한 시를 짓고 신하들에게 화답시를 짓도록 하였다.

의종(재위 1146~1170) 때의 문인 임춘은 그의 시 〈양국준가정홍모란(梁國俊家鞓紅牡丹 : 양국준 집에 하사하신 붉은 모란)〉이라는 시에서 벼슬아치들이 다투어 (모란을) 재배하고 있다는 시구를 써놓아 궁궐에서나 세력가의 집에서나 모란을 널리 애호하고 재배하고 있었음을 알 수 있다.

신종(재위 1197~1204) 때는 이런 일도 있었다. 어느 날 중서성에 함께 들어간 차약송(?~1204)이 기홍수(1148~1209)에게 '공작은 잘 있느냐'고 물었고 기홍수는 '고기를 먹다 가시가 걸려 죽었습니다.'라고 대답했다. 기홍수가 차약송에게 되묻기를 '모란을 잘 기르려면 어떻게 해야 합니까' 하니 차약송은 기홍수에게 모란 기르는 법을 자세히 일러주었다. 이 이야기를 들은 사람들이 '재상의 직책은 도를 논하고 나라를 다스리는 일에 있거늘 어찌 백관(百官)의 본보기가 되겠는가'라고 하였다. 나랏일은 뒷전이고 새소리나 탐스런 모란에 빠진 재상들이 있으니 세태와 나라 걱정을 하는 비판의 소리가 자연히 나오게 된 것이다.

고종(재위 1213~1259) 때에는 몽고의 침입으로 오랫동안 전화에 시달렸는데 그 와중에도 모란에 대한 글이 전해져 오고 있다. 한림(翰林)의 여러 선비들이 함께 지은 〈한림별곡(翰林別曲)〉 다섯 번째 연(聯)은 꽃에 대해 읊고 있는데 첫머리에 여러 가지 색깔의 모란과 작약을 제일 먼저 나열하고 있어

고려 시대 청자 상감 모란무늬 매병

모란 사랑은 계속 이어지고 있음을 알 수 있다. 이 어려운 시기에 고려를 대표하는 대문호가 세상에 출현하여 문장으로서 종횡무진 활약하는데 그가 바로 백운거사 이규보(1168~1241)다. 이규보는 모란에 대해 여러 시를 남기고 있지만 그 중에서도 〈절화행(折花行)〉은 모란을 빌어 사랑을 노래한 재기발랄한 시로 오랫동안 인구에 회자되었다.

牡丹含露眞珠顆모란함로진주과
美人折得窓前過미인절득창전과
含笑問檀郎함소문단랑
花强妾貌强화강첩모강
檀郎故相戱단랑고상희
强道花枝好강도화지호
美人妬花勝미인투화승
踏破花枝道답파화지도
花若勝於妾화약승어첩
今宵花同宿금소화동숙
진주 이슬 머금은 모란꽃
미인이 꺾어 들고 창 앞을 지나네
살짝 웃으며 낭군에게 묻기를
꽃이 예뻐요, 제가 예뻐요?
낭군이 짐짓 장난스럽게
꽃이 당신보다 더 예쁘구려~
미인이 그 말에 획 토라져서
꽃을 발로 밟으며 한마디 하네

꽃이 저보다 예쁘시거든

오늘 밤은 꽃을 안고 주무시지요.

신혼부부의 달콤한 사랑과 신부의 재치가 저절로 떠오르는 이 명시에서 모란은 여전히 미인의 상징이다.

고려 말기의 충숙왕(1294~1339)도 원나라 공주와 결혼하여 본국으로 돌아올 때 천자로부터 진귀한 화초를 많이 하사받았는데 그 안에도 여러 가지 색깔의 모란이 당연히 끼어 있었다.

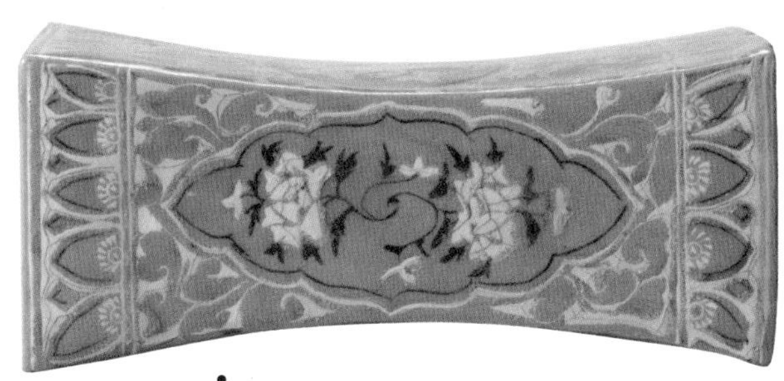

고려 시대 청자 상감 모란 구름 학무늬 베개

안동 태사묘 출토 모란무늬 허리띠

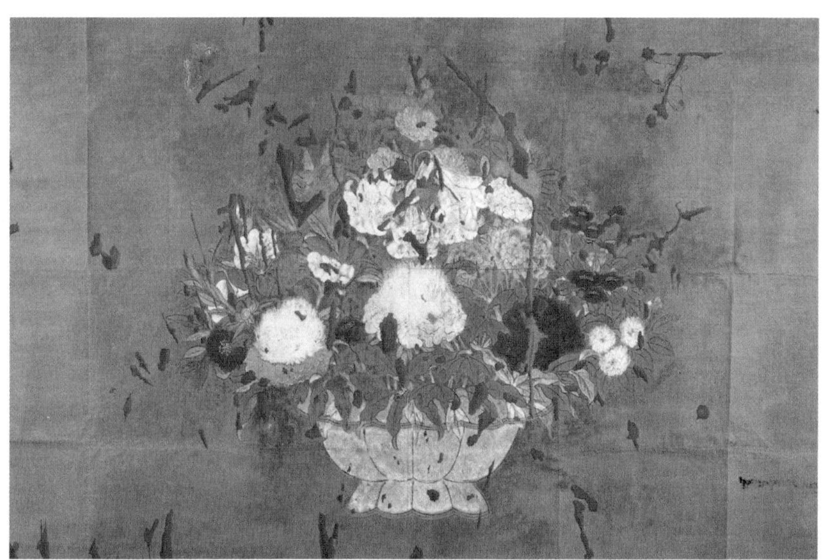

•
수덕사 벽화 모사도. 모란

황해도 자비산 심원사 보광전 수미단

이처럼 고려 왕조의 시작부터 멸망 때까지 줄기차게 궁중과 민간에서 애호를 받아온 모란은 자연히 고려의 공예문화에도 큰 영향을 끼쳤다. 모란꽃을 사랑한 만큼 모란무늬도 일반화된 것이다.

고려 초기의 문신인 최사위(961~1041)의 부장품에서도 모란무늬가 발견된다. 고려 말기 공민왕(재위 1351~1374)이 홍건적에 쫓겨 안동으로 몽진을 왔을 때 하사한 것으로 알려진 모란무늬 허리띠는 보물 제451호로 지정되어 안동 태사묘에 보관되어 있다. 모란무늬와 함께 모란 넝쿨무늬도 많은 공예품에 나타났다. 모란이나 연꽃은 넝쿨이 뻗어나가는 식물이 아니지만 넝쿨처럼 길이길이 뻗어나가기를 소망하는 마음을 담아 만들어진 무늬이고, 이러한 무늬는 조선 시대 말까지 그 생명력을 잃지 않는다. 육법공양의 예에서도 알 수 있듯이 절집에는 꽃 공양을 올리는 오랜 전통이 있고 고려 시대에는 모란을 모두가 애호하였음으로 당연히 모란꽃 공양을 올렸을 것이다. 그러한 그림이 고려 시대 건축물인 수덕사 대웅전 벽화로 남아 있었다.

원래 수덕사 대웅전 벽에는 홍련·백련이 다른 야생화와 함께 소담스럽게 수반에 꽂혀 있는 그림과 홍모란·백모란이 담뿍 꽂혀 있는 그림이 다른 고려벽화들과 함께 그려져 있었다. 일제강점기인 1937년에 대웅전 수리를 위해 벽체를 떼어냈으나 태평양전쟁과 한국전쟁의 혼란 속에서 다 인멸되어 버렸다. 다행스럽게도 임천(1908~1965) 선생이 그 당시에 모사해 둔 그림이 남아 있어 그 모습을 볼 수 있는데, 고려 시대에는 불교에 관련된 소재만 주로 벽화로 그리고 민간의 풍속은 반영하지 않던 시대인데도 불구하고 모란이 그려진 것은 연꽃과 같이 귀한 대접을 받았다는 방증이다.

그러한 증거가 바로 이 수덕사 대웅전 삼존불 중에서 중앙에 계신 부처님의 고려 시대 대좌이다. 육각형 대좌 윗면에는 병에 꽂혀 있는 모란과 모란 넝쿨무늬 조각이 여섯 면에 모두 부착되어 있다.

북한의 황해북도 자비산 심원사 보광전은 우왕 1년(1374)에 중건한 건물인데 삼존불이 앉아 있는 수미단이 화병에 꽂혀 있는 모란과 모란 넝쿨무늬 조각으로 삼면에 장식되어 있다. 또 어간문 네 칸 중에서 가운데 두 칸은 연꽃 문살이, 나머지 두 칸에는 모란무늬 문살이 조각돼 있어 고려인의 모란 사랑이 지극했음을 알게 해 준다.

부귀(富貴)냐 운치(韻致)냐

고려 충선왕(1275~1325) 때부터 정계에 나서기 시작한 익재 이제현(1287~1367)은 고려말의 공민왕 때까지 정치가·문장가·사상가로서 나라를 이끌어가는 큰 기둥이었는데, 부패한 고려 조정을 혁신할 국가이념으로 성리학을 받아들일 것을 주장하였다.

그러나 고려의 왕과 귀족들은 이를 수용하지 않았고 이제현은 성리학을

조선 시대 백자 청화 모란무늬 병

널리 알리며 제자들을 키웠다. 그의 문하에서 목은 이색(1328~1396)이 출현하고 이색의 제자로 정몽주, 정도전, 권근, 이숭인, 하륜, 조준, 길재 등이 배출되었다. 이들 중 상당수가 조선 건국에 참여하였고 결국 조선은 성리학을 국가 경영의 기본 이념으로 세우게 된다.

그럼 모란에 대한 사랑은 어떻게 되었을까?

유교의 선비들은 인의와 지조를 숭상하고 그것을 실천하는 것을 큰 덕목으로 삼았기 때문에 화려함보다는 간소함을, 농염함보다는 운치를 애호하였다. 부귀와 영화를 상징하는 모란은 선비의 정서에 잘 맞지 않았고 오히려 고아하고 정숙하면서도 굳센 지조를 지키는 매란국죽 사군자(四君子)가 선비

•
성혈사 나한전 우측 칸의 우측 문짝 소슬모란문 꽃

•
강화도 정수사 대웅보전 문창살 부분. 중앙에 연꽃이 좌우측에 모란이 있다.

•
논산 쌍계사 대웅전 정면 모란무늬 꽃살문

•
운흥사 대웅전 수미단 부분. 모란과 동자가 보인다.

조선 시대 발원문을 넣어두던 목조소통.
목단(모란)문에 육자진언이 새겨져 있다.

•
부안 내소사 모란무늬 꽃살문

들의 사랑을 독차지하게 되었다. 그러나 국가 이념이 바뀌었다고 오랫동안 뿌리내린 크고 화려하며 농염한 모란 애호가 민간에서도 쉽게 사라진 것은 아니었다. 신라 때부터 긴 시간 동안 모란을 애호해왔던 만큼 갖가지 공예품에 모란의 무늬가 사용되었다. 특히 사찰에서 모란은 중요한 공양화로 쓰였고 화단에도 널리 심어졌다. '꽃 중의 왕'이 모란이듯이 세상에서 가장 존귀한 분이 바로 부처님이라는 뜻도 있었기 때문이다.

조선 시대 모란병풍

영주 소백산 성혈사 나한전(보물 제832호)은 명종 8년(1553)에 처음 지어졌고 인조 12년(16334)에 중건된 건물인데 어간문의 연꽃 꽃살문도 유명하지만 오른쪽 끝의 문짝에 있는 굵은 줄기에서 뻗어 올라간 모란꽃도 화려해 눈여겨 볼만하다. 이렇게 문창살에 모란의 줄기부터 잎과 꽃까지 통째로 조각된 문짝은 강화도 정수사 법당(보물 제161호), 순천 선암사 원통전 등에도 보이고 모란무늬 꽃살문도 논산 쌍계사 대웅전(보물 제408호), 부안 내소사 대

웅보전(보물 제291호) 등에서 흔하게 발견할 수 있다.

수미단도 마찬가지다. 여러 사찰을 나열할 필요도 없이 고찰의 수미단에는 모란꽃이 여기저기에 새겨져 있다. 또 발원문을 넣어두는 통은 대개 나무로 만들어 불단에 세워놓았던 것인데 이 목조소통(木造疏筒)의 무늬도 연꽃무늬와 함께 모란무늬를 많이 쓰고, 소망을 적어서 부처님 앞에 세워놓는 나무 원패(願牌)나 불교의식에 쓰는 가마에도 모란무늬가 많이 나타나 있다.

이처럼 불교에서는 고려 시대부터 이어온 모란무늬를 조선 시대에도 끊임없이 이용하며 그 전통을 지켜왔다. 조선의 궁실이나 관리사회에서도 오랫동안 써왔던 모란 문양이 시대가 바뀌었다고 순식간에 사라질 수는 없었다. 우선 17세기 전반기까지는 관리들의 흉배에 모란꽃을 썼다. 흉배는 왕과 문무백관의 품계를 구별하기 위해 가슴과 등에 부착하는 표식으로 조선 시대에만 쓰이던 것이다. 이러한 관리들의 흉배에 모란꽃을 쓰던 관례는 1600년대 초기까지 이어졌고 이후에는 점차 십장생 문양을 이용한 흉배로 바뀌어간다.

조선 초기의 인물인 강희안(1417~1464)의 『양화소록(養花小錄)』에는 모란에 대한 설명이 아예 그 대상에서 빠져 있지만 유박(1730~1787)의 『화암수록(花庵隨錄)』「화목구등품제(花木九等品第)」에는 일등에 높고 뛰어난 운치를 취하여 소나무·대나무·매화·연꽃·국화를 뽑았고 이등에는 부귀를 취하여 모란·작약· 일본철쭉·파초·해류(海榴)를 꼽고 있다. 곧 선비정신과 어울리는 꽃과 나무를 우선으로 하고 화려하고 풍성한 식물은 이등으로 밀려났음을 알 수 있다. 그러나 민간생활에서의 모란은 다른 대접을 받았다. 박미(1592~1645)는 선조 36년(1603)에 선조의 딸인 정안옹주와 혼인한 인물인데 혼례 때 해당 관서에서는 옛 제도에 따라 제작해 준 모란병풍을 썼다고 하였다. 이 병풍은 10폭 병풍이었는데 모란을 여섯 가지 색으로 그렸다고 하였으니 가문의 부귀를 바라는 일반적 소망은 그대로 이어졌던 것이다.

지금까지 전해지고 있는 궁중모란도나 민간의 모란도는 대개 19세기 이후의 작품들이다. 그 이전의 작품들을 보기가 어렵다. 그래도 궁중모란도는 왕실의 혼례나 상례·제례·경사일 등에 두루 쓰였기 때문에 계속 제작되어 왔을 것으로 추정되고, 또 양반가에서는 혼례 때 왕실의 의복·식품을 관장하는 제용감(濟用監)에서 모란 병풍을 빌려 썼다는 기록이 남게 되었을 것이다.

1800년대 들어와 민간에서도 민화가 크게 유행함에 따라 궁중양식을 유지한 모란도가 상류층 사이에서 만들어지기 시작했고 점차 민간에까지 널리 퍼지면서 수많은 민화 모란도가 제작되었다. 또한 이러한 풍조는 절집의 벽화에도 자연스럽게 나타나서 모란 그림을 쉽게 만날 수 있게 되었던 것이다. 모란은 부유함과 존귀함이라는 상징성 때문에 궁실의 왕비나 공주의 옷에 들어갔고, 차츰 신부의 예복인 원삼이나 활옷에도 수놓아졌으며, 선비방의 책거리 병풍 그림에도 나타났다. 모란 그림에는 그 화제(畵題)로 '부귀옥당(富貴玉堂)'을 많이 쓰는데 '부귀함이 댁의 집안에 깃들기 바란다'는 뜻이다. 뜻이 그러하니 여염집 아낙네의 자수병풍에도 모란은 빠질 수 없었을 것이다. 모란은 비록 간소한 선비의 기질은 없을지라도 일반 백성의 평범한 소망이 담겨 있었기 때문에 절집 벽화로도 남아 있게 되었을 것이다. _◑

포
도

서역에서 건너오다

전 세계에서 생산되는 과일의 1/3이 바로 포도다. 물론 직접 먹기 위해 쓰이는 용도는 15퍼센트 정도고 나머지는 모두 포도주를 만들기 위해 사용된다.

중앙아시아가 원산지인 포도는 원어가 'Budow'여서 한자로 음차하여 '葡萄'가 되었고 한국에서는 포도로 읽게 되었다.

이 포도를 포도주로 제조한 역사는 7,000년이나 되었다고 한다. 기원전 4100년 경 만들어진 아르메니아 동굴에서는 포도주를 만드는 양조장이 발견되었다. 또 이집트 상형문자에도 포도주 담그는 법이 실려 있다. 로마인들은 기후가 적당한 곳이면 본토나 식민지나 가리지 않고 어디에나 포도나무를 심었는데, 점차 지역이 확대되면서 유럽에서는 가장 중요한 음료수가 되었다. 심지어 프랑스에는 '포도주 없는 하루는 태양 없는 하루와 같다'는 말까지 있다. 사마천의 『사기』에는 서역의 개척자 장건(?~BC 114)이 현재 키르기스스탄의 페르가나 지역에 있던 대완국(大宛國)에서 중국으로 포도를 들여온 것으로 되어 있고, 한무제는 이궁 옆에 이 포도나무를 심고 포도궁이라 불

운흥사 수미단 부분. 다람쥐와 포도.

렸다 한다. 이처럼 포도의 역사가 길다 보니 유대인의 경전인 『탈무드』에도 포도 이야기가 실려 있다.

> 이 세상 최초의 인간이 포도나무를 심을 때 악마가 찾아와 '무엇을 하고 있느냐'고 물었다. 그래서 인간은 '이 나무가 자라면 아주 달콤한 열매가 열리고 그 열매가 익은 후에 그 즙을 내어 마시면 아주 행복해진다'고 하였다. 악마는 그 말을 듣고 '나에게도 그 즙을 마시게 해주게. 나도 나무가 자라는데 도움을 주겠네' 하면서 양, 사자, 원숭이, 돼지를 데리고 와서는 이 네 마리의 짐승을 죽인 후 그 피를 포도나무의 거름으로 주었다. 이렇게 해서 이 세상에 포도주가 생겨나게 되었다. 그래서 사람들이 처음 술을 마시면 양과 같이 온순하다가, 조금 더 마시면 사자처럼 사납게 되고, 그보다 더 마시면 원숭이처럼 춤을 추고 노래를 부르며, 더 많이 마시게 되면 토하고 뒹굴며 돼지처럼 지저분하고 더럽게 된다. 곧 이것은 술을 마시는 인간에게 악마가 베푼 선물이다.

술의 폐해는 동서양이 똑같다. 악마의 선물을 받지 않으려면 과음해서는 안 된다는 교훈을 『탈무드』는 심어준다.

그럼 우리나라에는 언제 포도가 들어왔을까? 한국의 야생포도는 머루라고 부른다. 산에서 주로 자라며 종류로는 왕머루, 까마귀머루, 새머루, 개머루 등이 있는데, 개머루 외에는 다 먹을 수 있다. 외국산 포도가 언제 들어왔는지는 뚜렷한 기록이 없다. 그러나 8세기 신라 시대 암막새기와에 이미 잘 다듬어진 포도 넝쿨무늬가 나타난다. 이 무늬는 당나라에서 건너와 쓰기 시작했겠지만 포도도 들어와 재배되었는지는 확실히 알 수 없다.

통일신라 시대 포도 넝쿨무늬 암막새

고려 시대에 이르면 원나라 세조가 사위인 충렬왕(재위 1274~1308)에게 포도주를 하사한 기록이 있고, 강희안의 『양화소록』에 청흑색포도는 원나라 공주에게 장가 들었던 충숙왕(1294~1339)이 원나라에서 돌아올 때 들여온 것이라 기록하고 있어 고려 시대 후기에는 이미 포도 재배가 이루어지고 있음을 알 수 있다. 조선 시대 홍만선(1643~1715)의 『산림경제』에는 포도의 여러 가지 품종을 언급하고 있어 재배 품종도 다양해졌음을 알 수 있다. 1910년에 이르면 수원과 뚝섬에 유럽종과 미국종 포도나무를 도입 재배하며 전국에 퍼지게 되었다.

넝쿨의 의미

포도는 문화적으로 어떤 상징을 가지고 있을까?

일찍부터 서아시아에서는 포도나무를 생명불사의 나무로 보았다. 아무 땅에서나 잘 자라고 널리 퍼지며 겨울철에도 잘 얼지 않아 강한 생명력을 지닌 장수나무로 여긴 것이다. 또 탐스런 포도송이를 보면 누구나 풍요로움을 생각하기 때문에 다산과 풍요는 포도의 상징이 되었고, 이를 인간 생활에 적용하여 수태와 다산이 가져오는 자손창성의 의미로 생각하였다.

포도는 열매가 많이 달리기도 하지만 한 가지 특성이 더 있다. 바로 손처럼 뻗어나가는 넝쿨이다. 가늘고 긴 넝쿨이 끝가지에서 자라며 옆으로도 퍼지고 나무에도 올라간다. 넝쿨을 뜻하는 한자의 만대(蔓帶)는 대대로 이어지는 세대를 뜻하는 만대(萬代)와 그 의미가 상통하여 자손이 번성하고 길게 이어지는 '자손만대(子孫萬代)'의 뜻을 담게 되었다. 또한 포도 넝쿨의 끝이 가늘고 길게 뻗은 것이 마치 용의 수염을 닮았다고 하여 용수(龍鬚)라고 하였고, 그러한 용이 지상에서 말 달리듯 뻗어가며 내어주는 열매라고 해서 마유(馬乳)라고 이름을 붙였다. 그래서 옛 시에는 이 용수마유를 노래한 작품들이 있다. 동명 정두경(1597~1673)의 시에 이런 구절이 있다.

> 我家西隣有龍鬚아가서린유용수
> 斬木爲架高堂隅참목위가고당우
> 庭前八月秋露白정전팔월추로백
> 摘來盤中馬乳熟적래반중마유숙
> 우리 집 이웃에 이 용수가 자라는데
> 나무 잘라 집 근처에다 시렁 얽어 세웠다네.
> 뜰 앞은 8월이라 가을 이슬 새하얀데
> 잘 익은 마유 따라 소반에 담아놓았네.

용의 수염을 가진 포도나무가 태몽에 나타나면 큰 인물의 잉태를 의미했다. 또 포도 넝쿨은 용을 상징하기 때문에 벽사(辟邪)의 상징으로도 쓰였다. 포도

고려 시대 청자 상감 포도무늬 표주박 모양 주전자

그림을 집에 걸어두면 자손창성, 가문을 빛낼 인물의 출생, 벽사 등의 여러 가지 의미를 한 장의 그림으로 나타낼 수 있었다는 뜻이다.

이러한 복합적인 상징 때문에 포도 넝쿨무늬는 신라 때부터 사용되기 시작했고, 고려 시대에 이르면 더욱 흔하게 쓰이게 된다. 수많은 고려청자에 나타난 포도 넝쿨무늬가 그 증거다. 국립중앙박물관에 소장된 '청자 상감 포도무늬 표주박 모양 주전자'를 보면 호리병 모양의 주전자 몸통에 포도 넝쿨무늬가 가득 베풀어져 있다.

동자(童子)의 등장

고려의 포도무늬 청자를 보다 보면 포도무늬만 그려진 청자보다 어린 아이들이 포도나무 가지 사이에서 놀고 있는 모습이 나타난 청자가 쉽게 눈에 띈다. 이를 보통 포도 동자무늬라고 하는데 포도 열매가 많이 열리듯이 남자 아이들이 많이 배출되어 가문이 번창하기를 바라는 뜻을 담은 것이다. 곧 옛사람들이 선호하였던 부귀다남(富貴多男)을 하나의 그림으로 표현한 것이라 하겠다. 또한 포도 넝쿨이 계속 뻗어가며 이어지듯이 대대로 가문이 이어지기를 함께 기원한 것이기도 하다.

이렇게 어린아이들이 모여서 놀고 있는 것을 그린 그림을 영희도(嬰戲圖)라고 한다. 송나라 때 유행했지만 더 멀리는 당나라 때 곽분양행락도(郭汾陽行樂圖)와 연결된다. 곽분양은 한평생 어려움 없이 부귀영화를 누린 당나라 때의 곽자의(697~781)를 지칭하는 것으로, 안녹산의 난을 평정하고 분양왕(汾陽王)에 봉해진 인물이라 보통 곽분양이라고 부른다. 85세까지 장수했으며 자손들도 모두 번창하여 8명의 아들과 7명의 딸에서 낳은 손자들이 근 100명에 이르렀다 한다. 역사상 세상에서 팔자가 가장 좋은 사람으로 손꼽혀 '곽분양팔자'라는 말이 생겨나기도 했다. 이 사람의 많은 손자들을 그린 그림을 백동자도(百童子圖)라고 하는데 조선 시대 민화로도 크게 유행하였다. 보통 병풍으로 많이 그려져서 혼례의식 때 곽분양행락도와 함께 많이 사용되었다는 내용이 유득공(1749~1807)의 『경도잡지』에 실려 있다. 하여간 송나라에서 유행하는 아이들 그림은 고려에 전해지고 이러한 그림들은 도자기에 응용되어 포도 동자무늬 상감 청자로 완성되었다.

이뿐만이 아니다. 연꽃 넝쿨 동자무늬나 모란 넝쿨 동자무늬도 등장하는데 이러한 무늬도 송나라 도자기에서 발견되기 때문에 고려에 건너와 계

•
고려 시대 청자 상감 동화 포도 동자무늬 조롱박 모양 주전자와 받침

•
조선 시대 민화. 백동자도 병풍 일부

속 이어졌을 것이다. 연꽃 넝쿨 동자무늬는 연생동자(連生童子), 곧 연이어서 남자아이의 출산을 소망한 것이고, 모란 넝쿨 동자무늬는 부귀다남(富貴多男)이 계속 이어지기를 바라는 뜻이었을 것이다. 또 동자무늬만 베푼 도자기도 출현한다. 그래서 이러한 문양들은 청자 주전자, 유병(油甁), 접시, 합(盒)에도 나타나지만 청동거울에도 나타나고 경합(經盒)에도 나타나 다양하게 응용되었음을 알 수 있다. 이러한 유행은 고려 시대에 발달한 나전칠기에도 영향을 주었을 것인데, 현재 15점 가량 남아 있는 고려의 나전에는 이러한 무늬가 보이지 않는다. 이처럼 고려 시대에 일반화되었던 무늬들이 조선 시대 들어와 변화가 일어났다. 포도무늬, 연꽃무늬, 모란무늬는 조선의 도자기 무늬에 그대로 전승되었는데, 동자(童子)가 사라져버린 것이다. 나전칠기에는 포도 동자무늬를 베푼 조선 시대 옷상자가 전해지고 있는데, 도자기에는 동자가 들어간 무늬를 청화백자나 분청사기에서도 잘 볼 수가 없다. 동자(童子)가 불교적 색채를 갖고 있기 때문일까?

원래 동자는 어린아이를 지칭하는 말이다. 그러나 불교에서는 절에 와서 머리를 깎고 불교를 배우지만 아직 출가하지 않은 사내아이를 말한다. 또한 부처의 아들이란 의미로 동자라 부르기도 한다. 문수동자나 선재동자가 바로 그런 예이다. 곧 부처님의 법을 이어받을 보살이기 때문에 전법의 아들이라는 상징으로서 아이 모습으로 나타낸 것이다.

조선의 민간에서는 고려 시대 동자무늬가 사라졌지만 절집에는 그대로 전승되어 수미단의 조각이나 문살의 조각으로 살아남았다.

은해사 백흥암 극락전(보물 제790호)은 인조 21년(1643) 무렵에 지어져 여러 번의 중수가 있었지만 원형을 잘 보존하고 있는 법당이다. 특히 내부의 수미단은 조선 시대의 가장 화려한 조각 솜씨를 자랑하는 불단으로서 따로 보물 제486호로 지정되어 있다. 이 수미단에 연꽃 봉우리를 들고 연꽃 받을

고려 시대 청자 상감 모란 넝쿨무늬 대접

고려 시대 청자 상감 연꽃 넝쿨무늬 주전자

•
백흥암 극락전 수미단 부분. 양쪽에 동자가 보인다.

헤쳐 나가는 동자가 조각되어 있다. 또 소백산 성혈사 나한전(보물 제832호) 문살에도 연잎 위에 쌍상투를 튼 동자가 연꽃 가지를 들고 평화롭게 앉아 있는 모습이 보인다. 삼천포 운흥사 대웅전 수미단에는 모란꽃 사이로 걸어가는 동자가 새겨져 있다. 포도 그림도 연꽃, 모란과 함께 조선 시대에도 계속 그려졌는데 가문이 번창하고 자손이 번성한다는 의미는 그대로 이어졌기 때문이다.

조선은 국가 운영 이념으로 유교를 선택하였지만 도덕과 윤리만으로는 해결하지 못하는 문제가 있었다. 곧 중생들의 원초적 희망인 무병장수와 질병퇴치, 사후명복이었다. 이러한 문제들은 불교라고 해서 해결해 줄 수 있는 문제는 아니었지만, 기도할 수 있는 공간과 의식을 제공해 주었기 때문에 조선 시대에도 불교는 살아남을 수 있었다. 고대 사회부터 인류는 하늘에 빌든, 산천에 빌든, 바위에 빌든 인간 스스로 해결할 수 없는 문제들을 빌어 왔다. 그렇게 비는 문화는 인지가 발달하면서 고등종교인 기독교, 불교, 이슬람교로 옮겨갔지만 인간의 소망을 비는 풍습은 없어지지 않았다. 조선 시대 들어와서도 국가의 이념은 유교였지만 왕가의 안녕과 장수, 선왕의 명복을 비는 것은 절집에 의존했고, 그렇게 해서 생긴 원당사찰이 도처에 있다.

그렇다고 유가의 사대부들까지 드러내 놓고 절집에 드나들 수는 없는 일. 자연스럽게 고려 시대부터 이어져온 상징적 그림들을 그려서 집안에 비

청도 운문사 관음전 수미단 부분. 다람쥐가 보인다.

치해 두었다. 그 대표적인 그림이 바로 포도 그림이라고 필자는 생각한다.

조선 초기부터 포도 그림은 계속 그려졌다. 조선 중기에 이르면 병풍으로 그린 포도 그림이 유행했는지 현재까지 다수가 남아 있다. 휴옹 이계호(1574~1646)는 포도 그림으로 일가를 이룬 분인데 역시 병풍에 그린 포도 그림이 남아 전하고 있다. 또 비슷한 시기에 활동했던 택헌 이음정(?~?)의 6폭 병풍 포도 그림도 큐슈박물관에 소장되어 있다. 이러한 포도 그림은 19세기에 활동한 낭곡 최석환(1808~?)에게까지 이어졌고, 이후 민화가 민간에 유행하면서 점차 일반 백성도 접할 수 있는 그림이 되었다.

그러나 조선 초기에는 포도와 넝쿨만 그리던 포도 그림에 조선 후기로

가면 점차 다람쥐가 나타난다. 그래서 민화 포도 그림에는 다람쥐가 함께 그려진 것이 많다. 고려 시대 포도무늬에 나타났던 동자가 사라지고 대신 다람쥐가 들어선 것인데 그 의미가 조금 다르다. 다람쥐는 부지런히 돌아다니며 이곳저곳에 식량을 비축하고 새끼들을 잘 보살펴 기르기 때문에 순조로운 자녀양육을 의미한다. 대대손손 자손창성하고 재산도 많으며 자녀양육도 성공적으로 이루어지길 염원하였던 것이다.

민간의 바람이 이러하니 포도 그림도 민화를 따라 자연스레 절집에 벽화로 남아 있고, 다람쥐 조각도 여러 절집의 수미단에 조각으로 남아 있다. _◑

매란국죽

육법공양(六法供養)

절집에서는 부처님오신날이나 큰 법회 때 육법공양이라는 의식을 제일 먼저 행한다. 육법공양이란 '여섯 가지 법다운 공양'이란 말로 부처님께 올리는, 진리에 합당한 여섯 가지 공양물을 일컫는다. 또 공양(供養)이란 '받들어 기른다'는 말로 부처님께 공양물을 올리는데서 그치지 않고 '부처님이 가르치신 진리의 법을 잘 받들어서 내 몸과 마음을 기른다'는 깊은 뜻을 가지고 있다. 그러므로 여섯 가지 공양물인 향, 등(燈), 꽃, 쌀, 과일, 차(茶)는 각각 중요한 의미를 가지고 있다.

향은 해탈향(解脫香)이다. 어디에도 집착하는 마음이 없어져 어디에도 걸림이 없는 해탈을 의미하는 향이다. 꽃향기는 바람에 실려 이쪽저쪽으로 흘러가지만 수행자의 인품의 향기는 바람의 영향을 받지 않는다. 그래도 그 향기는 저절로 퍼져 온 세상을 밝게 채운다. 향을 피우면서 내 마음이 어디로 향하고 있는지 스스로 살펴보아야 한다.

등(燈)은 반야등(般若燈)이다. 캄캄한 방에 등을 켜면 일시에 다 밝아지는 것처럼 미혹의 세계를 밝히는 반야의 지혜를 상징하는 등이다. 부처님이 깨달음을 얻고 그 깨달음의 길로 모든 중생들을 인도하셨듯이 우리도 부처님의 가르침을 따라 배우며 반야의 지혜를 얻어 또 다른 중생들에게 전하고자 하는 마음을 담아 올리는 것이 바로 이 반야등이다.

차는 감로다(甘露茶)이다. 예부터 차는 수행자의 벗이었다. 다선일미(茶禪一味)라고 하듯이 차와 선(禪)의 정신은 하나의 맛이다. 차를 고요한 마음으로 마셨을 때 몸과 마음이 순식간에 정화되는 것이 마치 부처님의 법문을 듣고 모든 갈증이 풀린 중생들의 마음과 같다는 것이다. 부처님 법을 감로법(甘露法), 감로수(甘露水)라고 하는 것과 같다.

부처님께 올리는 공양. 해인사 대적광전 팔상도 중 녹원전법상 부분

成等正覺
詣菩提場

●
관룡사 약사전 외벽 매란국죽 벽화

산청 대원사 대웅전 매란국죽 문창살

양평 용문사 대웅전 매란국죽 문창살

●
통도사 불이문 源宗第一大伽籃(원종제일대가람) 편액 밑으로 매란국죽 그림이 보인다.

과일은 보리과(菩提果)이다. 과일은 식물이 살아가면서 맺는 마지막 결과물이다. 봄이 되어 새싹이 나고 꽃이 피고 열매가 맺힐 때까지 모든 식물은 인고의 세월을 보내야만 한다. 부처님께서도 여러 가지 역경을 딛고 바른 깨달음을 이루셨는데 이를 보리(菩提)라고 한다. 우리도 그 깨달음의 과일을 얻기 위해 더욱 수행하기를 다짐하면서 올리는 것이 바로 과일이다.

쌀은 선열미(禪悅米)이다. 요즈음은 쌀밥이 흔한 음식이지만 예전에는 가장 귀한 음식이었다. 몇 끼를 굶었던 사람이 밥을 먹으면 그 사람의 행복감은 이루 말할 수 없을 것이다. 진리에 굶주린 사람도 이와 같아서 진리에 도달한 선열(禪悅)의 기쁨은 어디에도 비교할 수 없을 것이다. 그 선열을 맛보기 위해 정진하겠다는 마음으로 올리는 것이 쌀공양이다.

꽃은 만행화(萬行花)이다. 불교에서는 꽃들의 다양한 모습을 만 가지 행(行)에 비유해서 만행화라고 부른다. 만행(萬行)은 수행자가 한곳에 머물지 않고 여러 곳을 두루두루 자유롭게 다니며 제각기 수행하는 것을 말하기도 하지만, 우리의 모든 일상생활이 수행의 일부임으로 모든 행동에서 수행자의 본분을 잃지 않고 지켜가는 것을 의미하기도 한다.

꽃은 저마다 색깔도 다양하고 모양도 다양하고 크기도 다양하다. 계절마다 피는 꽃도 다르다. 그러나 그 꽃들은 저마다 겨울과 가뭄과 홍수 등 모든 어려움을 이겨내고 결국 자기만의 꽃을 피운 것이다. 수행자도 수행의 온갖 어려움을 이겨내고 자신의 지혜를 밝혀 깨달음의 꽃을 피우겠다는 마음으로 올리는 것이 바로 꽃공양이다.

꽃공양은 부처님 당시부터도 있었다. 지금도 가지가지 꽃으로 불전을 장식하기도 하기도 하고 개별적으로 꽃공양을 올리기도 한다. 모든 꽃은 부처님께 올릴 공양물이 된다. 올리지 못하는 꽃은 없다. 물론 불교의 대표적인 꽃은 연꽃이다. 그런 까닭에 지금도 동남아시아에 가면 연꽃 공양을 많이 올린다. 하지만 우리나라 같이 추운 겨울이 있는 곳에서는 종이로 꽃을 만들어 불전을 장식했다. 수덕사 대웅전에 남겨졌던 고려 벽화 자료에 보면 한 수반에는 백련, 홍련을 비롯한 여러 가지 야생화가, 또 한 수반에는 모란, 맨드라미, 부들 등의 꽃들이 풍성히 꽂혀 있다.

꽃은 어느 시대나 부처님 전에 올리는 중요한 공양물이었고, 이러한 전통은 19세기 말에 본격적으로 민화가 절집에 들어오는 걸 촉진했다. 법당 내·외벽에 민화풍의 꽃 그림을 그리는 것이 서민들에게 친숙하게 다가가는 방편이 되기도 했기 때문이다.

그럼 어떤 꽃그림들이 어떻게 절집에 들어왔을까? 당연히 조선 시대 선비들이 애호하였던 매(梅)·란(蘭)·국(菊)·죽(竹) 사군자(四君子) 그림들이 들어왔고 화왕(花王)이라 불리는 모란도 더욱 많이 그려졌다. 서민들의 소원을 담은 상징적 민화들도 법당 내에 그려지게 되고, 문짝에도 다양한 꽃문양을 담은 문살이 나타나게 되었다.

매화(梅花)

매화는 군자(君子)의 꽃이다. 매일생한불매향(梅一生寒不賣香)이라는 글처럼 매화는 매번 추운 겨울을 이겨내고 제일 먼저 꽃을 피우지만 그 향기를 팔지 않는다. 군자가 어려움에 처했다고 지조를 굽힌다면 군자가 아니라는 말과 같은 의미다.

사군자는 조선 시대 선비들이 가장 애호하였던 식물들로, 모두 군자의 고아함과 지조를 상징하던 것이다. 이 중 매화는 소나무·대나무와 함께 세한삼우(歲寒三友)라고도 하는데 겨울 추위에도 변함없이 푸른 잎을 지니고

법주사 팔상전 내부 매화 그림

있고 꽃을 피우기 때문에 절개의 상징으로 삼았다.

매화의 원산지는 중국의 사천성으로 알려져 있다. 매화에 대한 글도 이미 『시경(詩經)』 〈표유매(摽有梅)〉란 시에 등장하고 있다. 『시경』은 BC 11세기에서 BC 6세기까지 민간에서 유행하던 민요를 중심으로 하여 모은 시가집(詩歌集)으로 305편의 시가 실려 있다. 그러니깐 중국에서는 이미 2,500년 전에 매화에 대한 민요가 유행하였다는 뜻이다. 이후 점차 중국 전역에 퍼지면서 당나라 때에 이르면 매화를 소재로 한 본격적인 작품들이 등장했다. 이러한 매화 사랑은 송나라까지 계속 이어진다.

송나라 임포(林逋:967~1028)는 매화 사랑으로 유명한 사람인데, 항주 고산(孤山)에 은거하며 결혼도 하지 않고 학 한 마리와 사슴 한 마리를 데리고 살았다. 지인의 권유로 매화나무를 심은 이후로는 매화에 완전히 심취하여 매화를 시로 읊고 그림으로 그리며 세월을 보냈다. 후대의 사람들이 그를 가리켜 '매화로 부인을 삼고, 학으로 아들을 삼았다'고 하여 '매처학자(梅妻鶴子)'라고 불렀다.

중국의 매화 사랑은 이후로도 끊어져 본 적이 없다. 대만의 국화(國花)가 매화이기도 하다. 중국은 공식적으로 국화가 정해져 있지는 않지만 모란과 매화가 나라를 대표하는 꽃이라고 국민들은 믿고 있다. 두 꽃을 놓고 오랜 논쟁이 있었지만 한 가지로 정하지 못했다. 한편에서는 일국(一國) 이국화(二國花)로 하자는 의견도 대두되었다.

그러면 매화는 무엇이 귀한 것일까? 매화를 품평하는데도 기준이 되는 네 가지 귀한 모습이 있다고 한다.

첫째, 희소한 것을 귀하게 여기고 번성한 것을 귀하게 여기지 않는다.
둘째, 늙은 모습을 귀하게 여기고 연약한 것을 귀하게 여기지 않는다.

•
영광 불갑사 대웅전 내부 매화 그림

셋째, 마른 모습을 귀하게 여기고 비만한 모습을 귀하게 여기지 않는다.

넷째, 꽃봉오리를 귀하게 여기고 꽃이 활짝 핀 것을 귀하게 여기지 않는다.

이러한 매화관이 일찍부터 형성되었기에 옛사람들은 매화가 어떤 모습을 갖추어야 품격을 갖춘 매화인지를 분변할 수 있는 안목을 기를 수 있었다.

그럼 매화는 우리나라에 언제 들어왔을까? 『삼국사기』에 고구려 대무신왕 24년(41) 8월에 매화꽃이 피었다는 기록이 있어 우리 땅에서도 이른 시기에 매화가 식재되어 자라고 있었음을 알 수 있다.

매화는 모란과 더불어 당나라에서 들어와 민간에 퍼졌을 것으로 추측되며 삼국 시대를 거쳐 고려 시대에 이르러서는 더욱 널리 퍼졌을 것으로 짐작된다. 하지만 매화가 급부상한 계기는 조선 시대에 들어와서다. 선비정신을 가진 꽃으로 부각되었기 때문이다.

조선조 세조 때의 선비 성삼문(1418~1456)은 호가 매죽헌(梅竹軒)이었고, 퇴계 이황(1501~1570)은 매화 사랑을 시로 남기기도 했다. 퇴계는 『매화시첩』에서 이렇게 노래했다.

玉色天然超世昏옥색천연초세혼
高情不入衆芳騷고정불입중방소
천연의 옥색은 세속의 어두움 뛰어넘고
고고한 정취는 뭇꽃의 소란스러움에 끼어들지 않네

퇴계 선생이 임종 직전에 남긴 말도 또한 널리 알려졌다.

"저 매화나무에 물 주거라."

선비들의 매화 사랑은 조선 말까지 이어졌고 민화를 따라서 절집 벽화에도 자연스럽게 나타났다.

난초(蘭草)

요즈음은 풍성한 서양란이 너무 흔해져서 작은 동양란은 전시장 축하 화분으로도 보기가 어려워졌지만, 옛사람들이 오랫동안 즐겨온 난은 청초한 아름다움과 그윽한 향기를 지닌 작은 동양란이다.

난초는 중국인들에 의해 문화적·정신적 가치를 부여받으면서 발전했고, 또 우리나라나 일본에도 난초뿐 아니라 그 정신까지 전파되었기 때문에 그 상징성은 어느 나라나 다 비슷하다.

『공자가어(孔子家語)』에는 난초에 대하여 이렇게 쓰여 있다.

> 지초(芝草)와 난초는 깊은 숲속에서 자라지만 사람이 찾아오지 않는다고 향기를 풍기지 않는 일이 없듯이 군자도 도를 닦고 덕을 세우는 데 있어서 곤궁함을 이유로 절개나 지조를 바꾸는 일이 없다.

군자의 자세가 어떠해야 하는지를 난을 빗대어 정리하고 있다. 지초(芝草)는 보통 '지치'라고 부르는데 약용식물로도 쓰지만 그 뿌리를 가지고 옷감을 자주색으로 물들이는 물감의 재료로도 쓴다. 또 난초는 '변하지 않는 우정을 상징'하기도 하기 때문에 '지란지교(芝蘭之交)'라는 말이 여기에서 나왔다. 난초는 줄기와 잎이 청초하고 그 꽃의 모습이 고아할 뿐 아니라 향기가 그윽하여 함부로 대하기 어려운 기품을 가지고 있다.

우리나라 남부지역에 자생하는 춘란(春蘭)은 긴 겨울을 숨은 듯이 이겨내고 초봄의 쌀쌀한 날씨 속에서 작은 꽃대를 내밀고 은은한 향을 풍기며 애잔한 꽃을 피운다. 그 고고함을 보면 저절로 찬탄의 미소를 짓게 된다. 춘란이 피면 봄이 시작되니 보춘화(報春花)라고도 부르는 이유가 여기에 있다.

난초를 사랑하는 사람들은 사군자가 다 지조와 절개를 상징하지만, 그중에서도 난초가 제일 완벽한 군자라고 칭송한다. 소나무는 향기가 적고, 대나무는 꽃이 없으며, 매화는 꽃이 필 무렵 잎을 볼 수 없기 때문이다.

『삼국유사』「가락국기」에는 '난액(蘭液)'이라는 말이 나온다. 난초에 대한 우리나라 최초의 기록이다. 김수로왕이 아유타국의 공주 허황옥과 그 일행을 맞이할 때 '난액과 혜서(蕙醑)로 대접했다'는 대목이다. 난액은 난초에서 짜낸 액체라는 뜻으로 보통 좋은 술을 이르는 말이고, 혜서는 향기 나는 풀로 담근 술이라는 뜻이다. 곧 좋은 향이 나는 풀로 난이 이미 대접받고 있었음을 알게 해 준다. 중국인의 난초 사랑은 고대부터 시작되었지만 당나라 때 들어와서 문화가 꽃피면서 더욱 시인들의 사랑을 받게 되었다. 당나라 시대 이태백은 그의 시에서 이렇게 읊었다.

爲草當作蘭위초당작란
爲木當作松위목당작송
蘭幽香風遠난유향풍원
松寒不改容송한불개용
풀이 되려거든 난초가 되어야 하고
나무가 되려거든 솔이 되려무나.
난초의 그윽한 향은 바람에 실려 멀리 가고
솔은 추워도 그 모습을 바꾸지 않나니.

•
고성 옥천사 명부전 외벽 난초 그림

당나라 때의 이러한 문화는 신라에 전해졌고 또 이 땅에서도 난에 대한 사랑은 면면히 이어졌다. 『본초경』에는 '집안에 난초를 기르면 상서롭지 못한 일이 생기지 않도록 막아준다'는 내용이 있다. 여기에 '난초 꽃이 번창하면 그 집에 식구가 는다'는 민간의 속신(俗信)이 합해져 액운방지와 자손창성의 의미로 집안에 난초 그림을 걸어두는 풍속도 생겨난 것으로 보인다. 이러한 민간의 바람들이 민화의 바람을 타고 절집에 들어와 역시 벽화로 남아 있게 되었다.

국화(菊花)

국화는 중국이 원산지라고 하지만 우리나라에도 국화가 있었다. 중국 송나라 때 국화를 잘 기르는 대가로 알려진 유몽(劉蒙)이 지은 『유씨국보(劉氏菊譜)』에는 이름 난 국화 세 종에 대해 기록하면서 '품종은 신라국(新羅菊)이라 하고 옥매(玉梅) 또는 능국(陵菊)으로도 부른다'고 적고 있다.

중국의 고대 서적 『산해경』에는 '여궤(女几)의 산에 국화가 많이 있다'는 대목이 나오고, 굴원(屈原:BC 343?~BC 278?)이 지은 〈초사(楚辭)〉에는 '아침에는 목란(木蘭)의 이슬을 먹고 저녁엔 가을 국화의 꽃을 씹는다'는 시구가 나온다. 아주 오래 전부터 국화에 대한 이해와 정보가 있었음을 알 수 있다.

우리나라는 고유의 국화와 함께 중국으로부터 유입된 국화를 재배하였을 것으로 추정되는데, 조선 세조 때의 문신 강희안(1417~1464)이 원예에 관해 쓴 『양화소록(養花小錄)』에 고려 충숙왕(1294~1339) 때 원나라에서 학정홍(鶴頂紅)·소설백(笑雪白) 등 여러 국화 품종이 다른 꽃들과 들어왔다고 기록되어 있다. 하지만 『고려사』에는 고려 의종 14년(1160) 9월에 '왕이 국화를

제천 신륵사 극락보전 외벽 국화 그림

제천 신륵사 극락보전 외벽 국화 그림

감상했다'는 기록이 있어 국화를 재배하고 감상하는 풍조는 훨씬 더 오래되었을 것으로 추정된다. 국화는 사군자 중에서도 숨어 있는 군자라 하여 은군자(隱君子) 또는 은사(隱士)라는 별명을 가지고 있다. 이는 뭇꽃이 다투어 피는 봄이나 여름을 피하여 황량한 늦가을에 홀로 고고하게 피어나기 때문이다. 자연 속에서 인생의 진실을 배웠던 옛사람들은 늦가을 찬바람이 몰아치는 벌판에서 외롭게 피어난 그 모습을 보고 세상의 시비와 영화를 다 버리고 자연 속에 숨어사는 선비의 풍모를 느꼈을 것이다.

〈귀거래사〉를 읊은 도연명(365?~427?)은 그 유명한 〈음주(飮酒)〉라는 시에서 은사(隱士)의 풍모를 절창으로 표현했다.

> 採菊東籬下 채국동리하
>
> 悠然見南山 유연견남산
>
> 동쪽 울타리 아래에서 국화꽃 꺾어들고
>
> 고요히 먼 남산을 바라다본다.

도연명의 심경이 자연과 국화 속에 잘 용해되어 있는 이 시로 인해 국화는 은사(隱士)를 대표하는 꽃으로 자리 잡게 되었다. 국화는 모든 꽃이 시든 다음 서리가 내리고 찬바람이 부는 늦가을이 되어서야 핀다. 봄에 새싹이 돋아나 가뭄이나 홍수, 더위와 추위를 다 견디고서야 피어난다. 오랜 세월 고통을 견디어 낸 인고와 희생이다. 또 외압에 굴하지 않고 굳은 의지로 살아가는 것을 상징하기도 한다. 그래서 국화는 굳센 인물, 충정 그리고 여인의 절개를 상징하기도 한다.

국화는 또 불로장수를 뜻하기도 한다. 여러 신선들이 국화를 복용한 후 신선이 되고 장생불사하였다고 한다. 도사 주유자(朱孺子)는 국초(菊草)를 달여 마시고는 구름을 타고 하늘로 올라갔으며, 팽조는 국화를 먹고 1,700세를 살았다고 한다. 국화 그림의 화제에 송국연년(松菊延年)이나 기국연년(杞菊延年)이라고 쓰는 것도 국화에 이런 상징이 있기 때문이다.

이처럼 국화는 지조와 절개, 불로장수라는 여러 가지 상징을 갖고 있어서 고대로부터 지금까지 계속 우리의 곁에 중요한 의미로 머물렀으며, 자연스럽게 그림으로도 많이 그려졌다. 절집에 들어와서는 벽화뿐 아니라 문살의 조각으로도 나타나고 법당 내부의 장식조각으로도 나타나게 되었다.

대나무

대[竹]를 풀로 볼 것이냐 나무로 볼 것이냐는 옛날부터 논란이 있었다. 대는 한 번 자라고 나면 그 뒤부터는 몸체가 더 커지는 성장을 하지 않기 때문에 풀이라는 의견도 있었고, 오래 사는 다년생 식물임으로 나무라는 주장도 있었다.

그러나 대는 풀이라기보다 나무에 가깝다. △몇십 년이 지나도 줄기가 살아 있으며 △매년 잔가지가 자라고 새 잎이 돋으며 △단단한 목질부를 가지고 있기 때문이다. 그래서 우리는 대나무로 부른다.

대나무도 역시 군자의 상징이다. 특히 생태적으로 군자의 몸가짐과 맞는 부분이 많다. 다년생으로 사계절 내내 푸르고 눈이 와도 부러지지 않는 점은 군자의 지조와 같으며, 우뚝하게 홀로 곧게 서는 모습은 어디에도 의지하지 않는 군자의 자세와 같다. 마디가 있어 절도가 있으니 군자의 나아가고 물러섬에 절도가 있는 것과 같으며, 줄기의 속이 비어 있는 것이 군자의 마음이 어디에도 매어 있지 않은 것과 같기 때문이다. 군자라고 불리는 식물 중에서 매화는 올곧고 담담한 아름다움이 있다면 국화와 난초는 어딘가 그윽하고 고요한 정적미가 느껴진다. 연꽃은 원만하고 고결한 풍모가 엿보인다면 대나무에서는 시원하고 상쾌한 분위기가 있다.

군자의 덕목 중에서 가장 중요한 것이 지조와 절개다. 대나무는 줄기를 곧게 뻗고 마디가 뚜렷해서 강직함을 유지한다. 그래서 우리의 선조들은 선비의 강직한 성품과 부인의 절개를 대나무에 비유했다.

이처럼 대나무는 일찍부터 선비들의 상징이 되었기 때문에 문인화가들도 대나무를 많이 그렸다. 또 계절에 맞추어 대나무를 그리다 보니 그림의 종류도 다양해졌다. 죽순이 돋아나는 봄날의 순죽(筍竹), 비오는 날의 우죽(雨竹), 댓잎바람 일렁이는 풍죽(風竹), 겨울 눈속의 설죽(雪竹)이 그것이다.

제천 신륵사 극락보전 외벽 대나무 그림

대나무의 굳센 의지는 수행자의 본분과도 잘 맞아서 스님들도 대나무를 많이 애호하였다. 고려 시대 보조 국사(1158~1210)의 제자인 진각 국사 혜심(慧諶:1178~1234)은 〈죽존자전(竹尊者傳)〉을 지었는데, 대나무를 죽존자라는 존칭으로 부르며 그 고결한 성품을 수행자의 덕목으로 삼았다.

我愛竹尊者아애죽존자
不容寒暑侵불용한서침
年多彌勵節연다미려절
日久益虛心일구익허심
나는 죽존자(대나무)를 사랑하나니
추위와 더위에도 굴하지 않고
해가 더할수록 절개를 굳게 하고
날이 오랠수록 더욱 마음을 비우네.

선조들의 이러한 대나무 사랑은 절집에서도 예외가 아니어서 남부지역 사찰에는 대나무 숲을 잘 가꾼 곳이 많다.

또한 대나무가 가지고 있는 여러 가지 상징들은 문인화나 민화의 소재가 되어 많이 그려지게 되었고, 서민들이 애호한 만큼 절집의 벽화나 조각으로도 남겨지게 되었다. _◑

사진 출처

- 문화재청
  17, 20. 21(우), 33, 45(상), 45(중), 130, 144 145, 146, 147, 267, 268, 297, 422, 455(하), 481
- 국립중앙박물관
  46, 48, 73, 81, 126(상), 149, 242, 245, 248(상), 249, 321, 329, 337, 366, 386, 396, 416, 417, 430, 435, 446, 448, 453, 455(상), 459, 466, 473, 475, 477, 478, 480
- 국립민속박물관
  42, 76(상)
- 국립공주박물관
  330
- 국립춘천박물관
  302
- 동북아역사재단
  328
- ICOSMOS 한국위원회
  38, 39, 40, 41, 438
- 조계종민족공동체추진본부
  318, 322, 342, 343, 457
- 불교중앙박물관
  152
- 통도사 성보박물관
  182, 183, 463
- 봉정사
  150
- 심원사
  190
- 붉은악마
  247
- 강우방
  456
- 이진우
  126(하), 320, 462(하), 471, 344, 345
- 강대철
  331, 344(상)
- 노승대
  43(하우), 51, 100, 212(하), 254, 357, 364, 370(하), 377, 460
- 셔터스톡
  55, 72, 79, 98, 195(상), 206, 219, 224, 309

- 공공기관을 통해 사용한 사진은 공공누리 제1유형 자료를 이용하였음을 밝힙니다.
- 출처 표시 이외의 사진은 모두 불광미디어 사진 아카이브 자료입니다.
- 저작권 표시에 오류가 있는 경우 출판사로 연락주시기 바랍니다.
- 사진 게재를 허락해 주신 단체와 개인에게 감사드립니다.

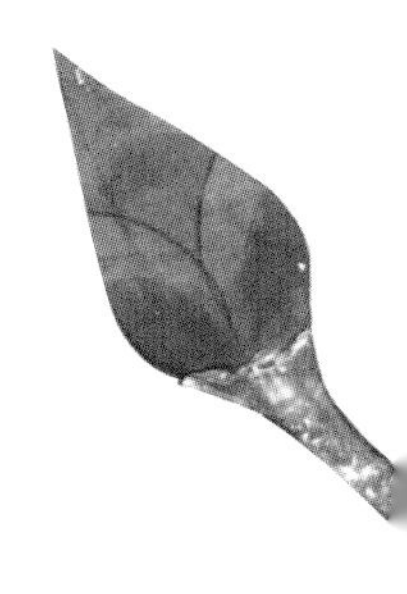

사찰에는
도깨비도 살고
삼신할미도
산다

2019년 10월 10일 초판 1쇄 발행
2023년 5월 10일 초판 4쇄 발행

글 노승대
발행인 박상근(至弘) • 편집인 류지호 • 상무이사 김상기 • 편집이사 양동민
편집 김재호, 양민호, 김소영, 최호승, 하다해 • 디자인 쿠담디자인
제작 김명환 • 마케팅 김대현, 이선호 • 관리 윤정안
콘텐츠국 유권준, 정승채
펴낸 곳 불광출판사 (03169) 서울시 종로구 사직로10길 17 인왕빌딩 301호
대표전화 02) 420-3200 편집부 02) 420-3300 팩시밀리 02) 420-3400
출판등록 제300-2009-130호(1979. 10. 10.)

ISBN 978-89-7479-697-6 (03910)

값 28,000원